Wolfgang Licht

Pascal

Ein Leben mit Wiedergeburten

TAUCHAER VERLAG

Licht, Wolfgang:
Pascal - Ein Leben mit Wiedergeburten /
Wolfgang Licht
1. Aufl. [Taucha]: Tauchaer Verlag 2016
ISBN 978-3-89772-283-5

Satz: Tauchaer Verlag
Herstellung: Neumann & Nürnberger Leipzig GmbH
Druck und Binden:
Tesinska Tiskarna, a.s.
ISBN 978-3-89772-283-5

Inhalt

Prolog

Wir schreiben das Jahr 2013: Ein Sommergewitter war abgezogen. Das Pflaster der Straße, auf der Pascal mit anderen Touristen ging, dampfte noch.
Die Gruppe war am Körnerplatz angekommen. Der Platz lag unterhalb des Straßenniveaus. Man musste, um zu ihm zu gelangen, breite Steinstufen hinabsteigen.
Der Stadtführer blieb stehen, um den Touristen vom Leben Theodor Körners zu erzählen, dessen Denkmal auf einem Rondell inmitten einer Wiese stand. Das Denkmal war, des Dunstes wegen, der sich über der Niederung gebildet hatte, nicht deutlich zu erkennen.
Das aber war nicht der Grund, warum Pascal dem Redner plötzlich ins Wort fiel: Entschuldigen Sie bitte, aber hier hat doch immer ein Gebäude mit einem Zwiebelturm gestanden. Wieso ist es verschwunden, oder verwechsle ich jetzt diesen Platz mit einem anderen? – Was für ein Gebäude meinen Sie denn, fragte der Stadtführer freundlich. – Ich meine die Villa, die hier stand, die aussah wie ein Schloss. Sie besaß einen Zwiebelturm mit einem Kupferdach. – Hier hat tatsächlich einmal eine solche Villa gestanden. Sie ist aber vor etwa 100 Jahren abgerissen worden, nachdem ein Brand sie zerstört hatte. – Vor 100 Jahren? Das ist doch unmöglich. Ich selbst habe sie noch deutlich vor Augen. – Meines Wissens hat hier nach der Abgerissenen keine neue Villa oder ein anderes ähnliches

Gebäude gestanden. Wie sah denn die Villa oder das Schloss aus, das Sie meinen?
Pascal beschrieb nun sein erinnertes Gebäude in allen Einzelheiten, nannte sogar das Wappen über dem mit Skulpturen versehenen Portal. Es war ein Wappen mit verschlungenen Symbolen, aus denen ich nicht schlau wurde. Ich bin aber auch kein Heraldiker, setzte er hinzu.
Hm, machte der Stadtführer: Ich bin von Haus aus Historiker, kenne die Geschichte dieser Stadt, in der ich übrigens auch geboren bin. Die Villa, die Sie beschrieben haben, gleicht tatsächlich jener, die damals abgerissen wurde.
Der Sprecher, ein mittelgroßer Mann mit glattem dunklem Haar, in dem sich schon graue Strähnen zeigten, sah Pascal an: In seiner Miene zeigten sich Erstaunen und Befremden gleichzeitig.
Ein junger Mann in Pascals Alter, der wie die übrigen Touristen das Gespräch verfolgt hatte, sagte jetzt: Sind Sie vielleicht ein Wiedergeborener? In seiner Stimme war kein Spott.
Pascal, dem die Auskunft des Stadtführers, der sich der Gruppe als Dr. Keller vorgestellt hatte, ziemlich verwirrte, schwieg. Er achtete wenig auf die weiteren Ausführungen Dr. Kellers. Die später vorgestellten Objekte nahm er kaum wahr.
Er war verunsichert. Begann seinen eigenen Wahrnehmungen nicht mehr zu trauen. Er war erst vor kurzem von einer Meningo-Enzephalitis genesen, die mit Halluzinationen einhergegangen war. Könnte es sein, dass ein Schaden bei ihm zurückgeblieben war? Aber, dachte er weiter, durch

eine Gedächtnis- oder Wahrnehmungsstörung kann einem doch nicht das Bild einer Villa vorgegaukelt werden, die vor 100 Jahren tatsächlich existiert hatte, und zwar exakt, wie ihm Dr. Keller bestätigt hatte.
Die Führung war zu Ende. Nachdem Dr. Keller die Teilnehmer entlassen hatte, kam er nochmals auf Pascal zu: Ihre Schilderung geht mir nicht aus dem Sinn, sagte er in einem Ton, als überlege er, was von dem Vorgang zu halten wäre.
Ich werde heute nochmals in das Stadtarchiv gehen und genau hinsehen, wie die fragliche Villa ausgesehen hat. Pascal erwiderte, dass er von dem Ergebnis der Nachforschung gern unterrichtet wäre. Sie vereinbarten, dass sie sich morgen gegen sechzehn Uhr im »Caffebaum« treffen wollten.
Pascal studierte Medizin im 10. Semester. Er bewohnte in der Talstraße ein möbliertes Zimmer, das ihm eine ältere Wirtin vermietet hatte. Das Zimmer war geräumig. Ein Schreibtisch stand am Fenster. Pascals Blick fiel auf eine Linde. Sie nahm ihm zwar Licht, aber ihres Wuchses und der Blätterpracht wegen war sie ihm lieb.
Er stützte sich mit beiden Armen auf die Fensterbank und vertiefte sich in den Anblick des Baumes. Wie alt wird er sein, dachte er. Da fiel ihm ein, was der Volksmund von einer Linde sagt: 300 Jahre kommt sie, 300 Jahre steht sie und 300 Jahre vergeht sie.
Diese Sommerlinde könnte also durchaus 1000 Jahre alt sein. Vielleicht hat er sie sogar früher schon einmal gesehen? Früher. Ob er, Pascal, ein Wiedergeborener sei, hatte ihn der junge Mann am Körnerplatz gefragt.

Das Bild der verschwundenen Villa kam ihm wieder vor Augen. Er hatte es am helllichten Tage »wiedergesehen«. Morgen würde er von Dr. Keller Näheres über das ominöse Haus erfahren.
Er fühlte sich jetzt seltsam erschöpft. Ihm war, als kehre die überstandene Krankheit zurück. Nach einem letzten Blick auf die Linde ging er zeitig zu Bett.

Kaum hatte er sich auf seinem Lager ausgestreckt fiel er in einen seltsamen Traum. Was er in diesem langen Traum erlebte, erschien ihm aber als Wirklichkeit, als reales Geschehen. Er hatte nicht das mindeste Traumgefühl. Die Welt in seinem Traum war farbig, die Bilder scharf, die Handlung logisch, wenn sie auch kein Kontinuum war.
In seinem »Traum« hatte er sich, von der Schule kommend, verspätet, weil er mit seinem Freund Ferdinand ein längeres Gespräch geführt hatte, in dem es um Pascals Schwester Lucie ging.
Etwas atemlos betrat er jetzt das Esszimmer. Die Familie saß bereits um den runden Tisch, der, wie üblich zum Mittagessen, durch zwei ausgezogene Mittelplatten verlängert worden war. Pascal liebte dieses Biedermeiermöbel wegen seines schellackpolierten Mahagonifurniers. Es stammte aus Norddeutschland. Er bedauerte jedes Mal, dass die schöne Maserung durch die mittags aufgelegte Damastdecke verdeckt wurde.
Der Vater saß neben der Mutter an der rechten Breitseite des Tisches, die Schwester ihnen gegenüber. Der Stuhl neben ihr war für Pascal bestimmt. In dieser Sitzordnung wurden alle Mahlzeiten eingenommen.
Pascal setzte sich, nachdem er einen Gruß gegen die Anwesenden gesagt und um Entschuldigung für sein Zuspätkommen gebeten hatte.

Pascal hatte heute Geburtstag. Er wurde 18 Jahre alt. Ausgerechnet heute gab es eine Mathearbeit, sagte Pascal leichthin. Er wollte die durch sein Zuspätkommen entstandene Verärgerung seines Vaters, der absolute Pünktlichkeit verlangte, mildern. – Du musst es als Ehre ansehen, als Geschenk zu deinem Geburtstag. Und: Bist du mit dem Ergebnis zufrieden? – Das erfahren wir erst übermorgen. – Na, du wirst doch deine eigene Arbeit selbst einschätzen können. – Natürlich. Aber man macht doch manchmal Fehler ohne sie zu bemerken oder man hat einen falschen Lösungsansatz verwendet.

Inzwischen war das Dienstmädchen Martha eingetreten und stellte die Terrine auf den Tisch. Die Mutter gab nun die Suppe auf die Teller.

Pascal bemerkte heute zum ersten Mal, dass der Vater, der auf seine letzten Worte nichts erwidert hatte, sehr gerade saß. Ohne die mit Leder bezogene Lehne seines Stuhles zu berühren, führte er den Löffel mit gewinkeltem Ellenbogen zum Munde. Das gab ihm eine gewisse Steifheit. Die Mutter dagegen beugte sich gewissermaßen dem Löffel entgegen und hielt ihn ein wenig seitlich, um die Suppe aufzunehmen. Dabei blickte sie unverwandt auf ihren Teller.

Lucie, die Schwester, strich ihren Löffel jedes Mal am Tellerrand ab, bevor sie ihn zum Munde führte. Er, Pascal, war offenbar der einzige Ungeschickte. Von seinem Löffel tropfte häufig Suppe auf den Tellerrand und manchmal auch auf die Serviette. Verwunderlich, dachte er, dass ihm das Essverhalten der Familie heute zum ersten Mal bewusst wurde.

Während der Mahlzeit wurden nur belanglose Bemerkungen getauscht. Der Vater wünschte so genannte »Problemdiskussionen« während den Mahlzeiten nicht. Deshalb sagte er erst, nachdem das Dessert verzehrt war, zu Pascal, heute Abend wollen wir uns gemütlich zusammensetzen und über deine Zukunft sprechen. Er stand vom Tisch auf, was ihm die Familie nachtat. Er wünschte allen noch einen guten Tag und verließ das Esszimmer, wobei er der Mutter den Vortritt ließ.

Wenig später klopfte Pascal an das Zimmer seiner Schwester und trat sogleich ein. Lucie saß an ihrem Schreibtisch, hatte gerade Schulhefte aus einem Fach genommen, das sie wieder verschloss. Der zierliche Schreibtisch, der einen Aufsatz besaß, war, wie alle Möbel in diesem Zimmer, weiß lackiert. Das verstärkte die Helle, die durch ein großes, nach dem Garten gelegenes Zimmer ohnehin einfiel. Ich habe etwas für dich, sagte Pascal mit einer verschwörerischen Miene. Er nahm einen Brief aus seiner Jackentasche und gab ihn der Schwester. – Von Ferdinand, fügte er hinzu. Das Gesicht Lucies rötete sich flüchtig. Hat er etwas gesagt, fragte sie den Bruder, der neben ihr stehen geblieben war. – Er wartet auf Antwort. Lucie nahm einen Brieföffner aus einer Schale, zögerte einen Augenblick, worauf Pascal demonstrativ einen Schritt zurücktrat. Dann las sie das Geschriebene.

Dabei hatte sie den Mund leicht geöffnet, ihre Blicke huschten über die Zeilen. Schließlich faltete sie den Brief zusammen, behielt ihn aber in der Hand. – Sag ihm, dass ich komme, Freitag, sechzehn Uhr am Pavillon.

Lucie und Ferdinand liebten sich. Doch der Vater sah ihre Verbindung nicht gern. Er hatte das nicht direkt gesagt. Aber während eines Theaterbesuchs mit seiner Tochter bemerkte er in einer Pause, er könne sich nicht vorstellen, dass Lucie mit einem Mann glücklich werden könne, dessen Familie eine kulturelle Bildung nicht fördere. Er machte diese Bemerkung wohl, weil Pascal ihm einmal gesagt hatte, sein Freund Ferdinand lehne das Theater ab, weil es den Menschen eine Welt vorspiele, die unsere heutigen Probleme außen vor ließe. Dabei besuchte der Herr Professor das Schauspielhaus nur äußerst selten. Er hatte den Ausspruch Ferdinands wohl auch nur als Vorwand benutzt. In Wahrheit glaubte er, dass sich Menschen von einer »niederen« Herkunft nicht mit Angehörigen »höherer Schichten« verbinden sollten. Als Lucie dieses Gespräch Ferdinand übermittelte, sagte dieser: Ihr Herr Vater vergisst wohl, dass noch im vorigen Jahrhundert nur Adlige Offiziere werden konnten.
Die Mutter teilte die Standesvorurteile ihres Gatten nicht. Sie selbst stammte aus einer Gutsbesitzerfamilie, die ihren Ursprung in Russland hatte. Ihr Vater besaß ein vier Hektar großes Land in der Nähe von Smolensk. Er hatte den Besitz wegen der Kriegswirren unter Napoleon verkauft und war mit seiner Familie nach Deutschland gezogen, wo er sich als Getreidegroßhändler niederließ.

***

Pascal traf Ferdinand in der Druckerei seines Vaters. Der Freund saß in einem kleinen bretterverschalten Raum, der dem Vater als Büro diente und korrigierte Druckfahnen. Pascal war, als er ihn über die Schrift gebeugt vorfand, leise an ihn herangetreten und hinter ihm stehen geblieben. Dabei versuchte er, über die Schulter des Freundes spähend, den Text der Druckvorlage zu entziffern. Plötzlich gab Ferdinand einen Laut von sich und drehte sich blitzschnell um, als wolle er sich gegen einen Feind wappnen. Ach du bist es, rief er erleichtert. – Fürchtest du dich etwa, sagte Pascal ironisch. – Fürchten! Das ist nicht das richtige Wort. Aber ich habe Briefe bekommen von Leuten, die mir drohen. Es hängt mit meinem Engagement für die Sozialdemokraten zusammen. Ich habe dir ja erklärt, dass es eine Gründungsversammlung gegeben hat, in der Bebel gesprochen hatte. Ich war nicht dabei, habe aber für die Partei geworben. Überall dort, wo es sich gerade ergab.

Plötzlich stand er auf, legte beide Hände auf Pascals Schultern: Zuerst gratuliere ich dir zu deinem Eintritt in die Welt vor 18 Jahren. Die Zukunft möge für dich glücklich sein. Und für uns, fügte er leise hinzu. – Danke, sagte Pascal, und umarmte den Freund kräftig. Ich wollte dir nur Lucies Antwort überbringen. Sie kommt, Freitag 16.00 Uhr, in den Pavillon. Danke, erwiderte Ferdinand, ich freue mich. Aber entschuldige, ich muss die Bögen noch fertig korrigieren. Sie kommen in die Abendausgabe der »Wallstätter Nachrichten«; du kannst dich inzwischen in der Druckerei umsehen. – Ich sage deinem Vater guten Tag, erwiderte Pascal. Ich habe ihn gerade zwischen den Maschinen gesehen.

Der Vater hatte ihn aber schon erblickt und streckte ihm, als er heran war, beide Hände entgegen, die Pascal so-

gleich ergriff. Sichtlich bewegt, sagte auch der Vater: Schön, dass du auf der Welt bist.
Dann drehte er sich um, entnahm einem Fach eine dünne Mappe, die er Pascal überreichte. – Ferdinand und ich haben für dich ein kleines Präsent produziert. Pascal schlug die in blaues Bütten gehüllte Mappe auf. Sie enthielt einen Faksimile-Druck von Goethes Handschrift »Der Erlkönig«. – Ferdinand hat die Handschrift aufgegabelt und wir haben sie gedruckt. – Danke, danke, sagte Pascal, und umarmte nun auch den Vater.
Der Vater war groß wie Ferdinand, hatte die gleichen dichten schwarzen Haare wie sein Sohn, buschige Brauen, und, wie Pascal fand, schöne braune Augen, die förmlich leuchteten, wenn er sein Gegenüber aufmerksam ansah.
Von Ferdinand wusste er, dass dessen Vater 47 Jahre alt war. Jetzt war er dabei, die metallenen Lettern in die Rahmen zu setzen. Es roch nach Druckerfarben und auf der Zunge hatte Pascal einen metallenen Geschmack.
Gibt es interessante Neuigkeiten, fragte er leichthin. Der Vater legte die Lettern zurück, atmete tief auf: Es gibt zwei Schwerpunkte, sagte er schließlich. Da ist einmal der Konflikt mit Frankreich. Wie du wissen wirst, ist der spanische Königsthron verweist. Wilhelm will ihn mit einem Hohenzollern besetzen. Frankreich fühlt sich von einer preußisch-deutschen Vorherrschaft bedroht. Was heißt übrigens »Deutschland« und »Frankreich« in diesem Zusammenhang? Diese Begriffe umfassen ja nicht die Gesamtheit der jeweiligen Bevölkerung dieser Länder. Es geht immer nur um die Interessen von Gruppen, die nur vorgeben, das Wohl des Landes und somit das der Bevölkerung im Auge

zu haben. Und auch die Bevölkerung ist doch nicht homogen. Sie besteht aus Schichten, Gruppen. Ein Krieg! Ich will nicht davon reden. – Er schüttelte sich.
Du sprachst von zwei Schwerpunkten, sagte Pascal in das folgende Schweigen hinein. – Ja, der zweite sind die Auseinandersetzungen zwischen, sagen wir einmal, der Oberschicht und den Massen. Diese wenig Begüterten wollen mitentscheiden, wenn es um die Belange geht, die die ganze Gesellschaft berühren, also auch sie. Zwar gibt es Wahlen. Aber das Drei-Klassen-Wahlrecht zementiert die Herrschaft der Besitzenden.
Er machte eine Pause und fuhr dann fort: Es hat sich eine neue Partei gebildet. – Ich weiß, Ferdinand hat mir davon erzählt. – Du solltest einmal so eine Versammlung besuchen. – Ich werde es mir überlegen. Pascal sagte es zögernd, was der Vater sehr wohl bemerkte und nicht weiter von der Sache redete.
Pascal hielt die Auffassungen von Vater und Sohn für eine idealistische Schwärmerei Er selbst hielt grundsätzliche Veränderungen in der Gesellschaft nicht für nötig. Im Gegenteil, er fürchtete sie. Ohnehin waren ihm so genannte politische Diskussionen unangenehm, weil sie in seinen Augen nur jeweils einseitige Theorien bedienten. Ihn verdrossen zwar die Standesvorurteile seines Vaters und dessen Umgang mit seinesgleichen in dem Klub, zu dem er ihn einmal mitgenommen hatte. Aber dagegen stand die Mutter, die ja auch der besitzenden Klasse angehörte, und dennoch in allen Menschen »achtenswerte Geschöpfe Gottes« sah, wie sie sich ausdrückte.

***

Pascal hatte sich von Ferdinand und dessen Vater verabschiedet und die Druckerei verlassen. Es wehte ein kühler Wind, aber das war nicht der Grund, warum er rascher lief. Er war mit Nadin, seiner heimlich Geliebten, am Gellert-Berg verabredet. Das war ein Hügel am Rande der Stadt, auf dessen Gipfel eine Schlossruine stand, die sich ein adliger Grundbesitzer hatte errichten lassen. Der Edelmann war verstorben ohne Erben zu hinterlassen und der Gellert-Berg war städtisches Eigentum geworden.
Am Fuße des Berges angekommen, setzte sich Pascal auf einen Findling, der von ehemaligen Gletschern aus Skandinavien hierher geschoben worden war. Er wartete auf Nadin.
Der kühlende Wind hatte nachgelassen, aber der Himmel blieb bedeckt. Nur hin und wieder zeigte sich die Sonne als milchige Scheibe hinter dünnem Gewölk. Er dachte an Nadin, stellte sich vor, wie er sie küssen, lieben wollte.
Er verließ den Stein, lief auf der schrägen Wiese auf und ab. Um diese Zeit gab es hier nur wenige Passanten. Deshalb hatten sie sich an diesem Ort verabredet. Endlich sah er sie am Ende der Straße. Er eilte ihr entgegen, auch sie lief jetzt schneller. Als sie, etwas außer Atem, vor ihm stand, umarmte er sie, presste sie an sich. Nadin war kleiner als er, hatte blonde, glatte Haare wie Lucie, aber braune Augen, die er jetzt küsste.
Komm, sagte er dann. Er war erregt, begehrte sie. Sie gingen einen Wiesenpfad entlang, der ziemlich steil in die Höhe führte, sich schließlich verlor. Sie erreichten jetzt einen

Sandweg, der sich in Windungen bis zum Gipfel des Hügels hinzog und vor der Ruine endete.
Durch das Steigen und seine Begierde erhitzt, zog er Nadin stürmisch heran, nestelte an ihrem Rock. Während sie ihn nun selbst ablegte, zog er sein Jackett aus und half Nadin, sich darauf zu legen. Das geht doch nicht, sagte sie leise, wenn Leute kommen. Man kann doch alles einsehen.
– Heute kommen keine Leute. Und: wenn schon.
Auch Nadin begehrte ihn und umarmte ihn. In diesem Augenblick hatte sich das Wolkengespinst vor der Sonne aufgelöst und sie strahlte von einem plötzlich kobaltblauen Himmel. Wenn das kein Zeichen ist, rief Pascal, nachdem sie ihre Lust gestillt hatten. – Ein Zeichen für was? – Für eine frohe Zukunft für uns. Nadin schwieg. Sie kleideten sich wieder an. Und Pascal bewunderte wieder ihren Körper. Sie war schlank, hatte feste runde Brüste, eine schmale Taille, geschwungene Hüften und wohlgeformte Beine.
Vor der Ruine gab es eine Steinbank. Sie setzten sich nebeneinander und fassten sich an den Händen. Ich habe dir noch nicht einmal gratuliert. – Du hast mir das schönste Geschenk gegeben, das es für mich auf der Welt gibt, rief Pascal emphatisch, und küsste ihre Hand. Du hast den Sonnenschein ein Zeichen genannt, ein Zeichen für unsere Zukunft, die du dir glücklich wünschst. Sie schwieg, blickte über das Land, das sich um den Berg erstreckte. Jetzt ist alles wunderbar friedlich, sagte sie: Ich habe Angst, dass es nicht so bleibt – Wie kommst du darauf? fragte Pascal. In seiner Stimme schwang Ironie mit. – Mein Vater redet immer von einer Bedrohung, die von den Franzosen ausginge. Und Ulfried, der in einem Schützen-

verein mittut, will endlich nicht nur auf Scheiben schießen müssen. Nach einer Pause fragte Pascal, wie alt ist Ulfried eigentlich? – Er ist vor einem Monat 21 geworden. – Ich dachte, er will einmal die Werkstatt seines Vaters übernehmen. Oder sich eine eigene anschaffen. Da kann er doch keinen Krieg gebrauchen. Und nach einer Weile: Denkt Gotthold auch so? – Ja, unsere ganze Familie. Sie meinen, Deutschland müsse nach zwei Kriegen, die noch kein einiges Vaterland gebracht hätten, endlich die Reichseinheit erringen, sonst wären alle Opfer in den bisherigen Kriegen umsonst gewesen. Zudem verehren sie Wilhelm, den sie ihren König nennen und gern als Kaiser von Deutschland sehen würden. Aber lassen wir das. Sie sprechen auch gut von dir. Sie wissen, dass du heute Geburtstag hast und möchten dir gern gratulieren. Kannst du nicht einmal bei uns vorbeikommen? – Natürlich, gern. Heute geht es aber nicht mehr. Mein Vater will mit mir reden. Wahrscheinlich über meine Zukunft. Aber übermorgen? – Gut, ich werde es ihnen sagen. Sie kletterten noch eine Weile in der Ruine herum. Und Nadin sagte: Verrückt, sich hier eine Ruine bauen zu lassen. – Das gehört eben zum Lebenszuschnitt manches Adligen, erwiderte Pascal.

***

Nach dem Abendbrot sagte der Vater, an Pascal gewandt: Machen wir es uns im Wohnzimmer bequem. Lucie, die wusste, dass der Vater mit Pascal reden wollte, bat, in ihr Zimmer gehen zu dürfen, was ihr erlaubt wurde.
So saßen sie zu dritt in den Sesseln des Wohnzimmers.

Eine Stehlampe mit einem orangefarbenen Schirm gab ein dämpfendes Licht. Pascal war froh, dass auch die Mutter bei ihm war, die an diesem Abend in eine Tournüre gekleidet war, die ihre Taille betonte.
Der Vater trug ein graues Sakko, dazu eine dunkelgraue Hose. Eine blaue Krawatte schmückte seine Brust. Im Gegensatz zur herrschenden Mode war er bartlos. Sein kurzgeschnittenes dunkelblondes Haar war von grauen Strähnen durchzogen, was Pascal heute besonders auffiel. Auf dem runden Tisch standen drei Gläser, die der Vater jetzt mit Wein füllte, nachdem er die Flasche der Mutter vorgezeigt und dann aus seinem Glas gekostet hatte. – Ein Riesling aus dem Weingut »Rebner«, Jahrgang 1860, bemerkte er beiläufig.
Mein lieber Sohn, sagte er in feierlichem Ton: Lass uns auf deine Zukunft trinken. Alle ergriffen ihre Gläser und stießen sie leicht gegen Pascals.
Mutter und ich wünschen dir eine glückliche Hand bei all deinen Unternehmungen. In einem Monat wirst du dein Matura haben, und danach die Universität beziehen. Bist du noch entschlossen, Arzt zu werden? – Ja, selbstverständlich, erwiderte Pascal. Ich wüsste nichts Besseres.
Die feierliche Art des Vaters, dessen Worte er bei sich »gestelzt« nannte, hatte ihn verlegen gemacht, und seine Stimme klang etwas belegt. Für mich jedenfalls, fügte er noch hinzu. Du weißt, so der Vater weiter, dass du dich damit in den Dienst von Kranken stellst, deren Genesung dein Denken und Handeln bestimmen muss. In dieser Art redete er noch eine Weile weiter.
Das Gesicht des Vaters hatte sich leicht gerötet. Er beugte

sich im Reden gegen den Sohn vor. Gleich einem Missionar wollte er seinem Sohn seine Berufsauffassung wie ein Vermächtnis überbringen.
In einer Gesprächspause fiel die Mutter ein: Du wirst auch einmal eine Familie gründen wollen. Lass dich bei der Wahl deiner künftigen Gattin weder von Begierden noch von Schönheit leiten. – Worauf der Vater in beinahe eiferndem Ton hinzufügte: Bedenke auch, dass deine Erwählte deinem gesellschaftlichem Stand angehört. Standesunterschiede schlagen sich auch in unterschiedlichen Lebensvorstellungen nieder.
Die Mutter lehnte sich jetzt in ihrem Sessel zurück, sagte: Was der Vater gemeint hat, kann manchmal zutreffen, aber ich finde, dass es bei der Wahl eines Lebenspartners vor allem auf dessen Persönlichkeit ankommt, auf seinen Charakter. Und ich bin sicher, dass Pascal, sie sah ihm dabei in die Augen, dafür einen Sinn hat. Er ist ja schließlich auch mein Sohn. Das sagte sie leichthin und mit einem Lächeln. Wohl auch, um dem Anflug von Unmut in des Gatten Miene zu begegnen.
Und noch etwas, sagte der Vater jetzt, offenbar entschlossen, das Gespräch wieder an sich zu ziehen: Dass du rechten Glaubens bist, wissen wir, jedenfalls glauben wir, es zu wissen. Dabei sah er den Sohn prüfend an, mit einem Ausdruck, als sei er sich seiner Annahme nicht ganz sicher. – Du meinst den Protestantischen? fragte Pascal, dem der Ton des Vaters missfiel. – Ja, natürlich, erwiderte dieser, sagen wir lieber den Christlichen. Und Pascal, etwas widerspenstig: Auch die Katholiken sind Christen. – Und die Russisch-Orthodoxen, fuhr die Mutter dazwischen. Pascal

dachte, so wie sie ihr Anliegen vorbrachte, schien sie die vom Vater erwähnten Glaubensfragen für nicht so wichtig zu halten, dass man sie in die Zukunftsproblematik des Sohnes hätte einbringen müssen. Der Vater erwiderte nichts. Er goss Frau und Sohn die Gläser wieder voll und sein eigenes.

Pascal schien es, als ob sich der Vater noch gerader setzte, den Rücken gegen die Stuhllehne drückte, als bereite er sich auf eine Auseinandersetzung vor.

Du weißt, sagte er, den Sohn anblickend, dass ich bei Königgrätz dabei war unter Moltke und der persönlichen Führung König Wilhelms. Die preußische Armee hatte große Verluste erlitten. Ich war damals noch Oberstabsarzt. Habe die schlimmen Folgen dieser Schlacht in den Lazaretten gesehen. Es haben sich Szenen abgespielt, die mich noch heute erschüttern. – Er machte eine Pause, den Blick ins Leere. –Schließlich siegten die Unseren über die Österreicher. Dieser »Deutsche Krieg« war der Zweite, der den von Bismarck gewollten deutschen Nationalstaat schaffen sollte. Bismarck entschied sich für die kleindeutsche Lösung. So genannt, weil sie Deutsch- Österreich, Lichtenstein, Luxemburg und die Deutsch-Schweiz ausschloss. Also nicht den ganzen deutschen Sprachraum umfasste. Durch den Sieg im deutschen Krieg erzielte Bismarck einen großen innenpolitischen Erfolg. Der Sieg löste eine Welle der Euphorie im Volke aus. Die preußischen Abgeordneten billigten ihm sogar nachträglich Straffreiheit zu, weil er ohne gesetzlichen Haushalt regiert hatte.

Kriege, sagte der Vater plötzlich, und ließ jegliches Pathos aus, das er unwillkürlich in seine Stimme gelegt hatte.

Kriege, wiederholte er, sind schrecklich. Aber uns bleibt nichts, als weiterhin für einen deutschen Nationalstaat zu kämpfen. Er sah den Sohn jetzt fest an. Ich erwarte von dir, dass auch du dich mit deiner ganzen Person dafür einsetzen wirst.
Er hatte diesen Satz wie einen Befehl ausgesprochen. Gegen diesen Satz gab es keinen Widerspruch.
Rechnest du mit einem neuen Krieg, fragte die Mutter, und ihre Miene war voller Abwehr. – Noch haben wir unseren Staat nicht, antwortete der Vater heftig. Und Frankreich verfolgt Bismarcks Bestreben mit Argwohn. Aber lassen wir das. Er fasste nach Pascals Hand: Ich freue mich, dass du dich für das Medizinstudium entschieden hast. Vielleicht wählst du später noch die Chirurgie.
Er ergriff jetzt die Weinflasche, hielt sie sich vor Augen, blickte dann auf die Gläser und stellte die leere Flasche wortlos ab.
Pascal erwartete, dass der Vater die Tafel aufhebe, da sagte dieser: Ich möchte dir, lieber Sohn, noch etwas sagen. Er hielt eine Weile inne, den Sohn ansehend, als wolle er sich dessen Aufmerksamkeit versichern, und fuhr dann fort: Du willst doch im Laufe deines Berufslebens anerkannt und geachtet werden. Das wirst du zweifellos vor allem durch deine Arbeit erreichen. Es gibt aber noch eine Komponente, die einen großen, ja manchmal einen entscheidenden Einfluss auf deine Karriere hat. Das ist dein Umgang mit Meschen, mit bestimmten Menschen. Es gibt in unserer Gesellschaft Kräfte, die an der Stabilität unseres Landes nicht interessiert sind, sondern Veränderungen zu ihren Gunsten wollen. Du musst achtgeben, dass du nicht in die

Nähe solcher Menschen gerätst. Und: Er strich sich über das Kinn, ich habe die Befürchtung, dieser Ferdinand, mit dem du dich häufig triffst, könnte die Liebe zu deinem Vaterland, sagen wir, erschüttern.
Ferdinand ist ein Patriot, entgegnete Pascal mit Schärfe, nur hat er das ganze Volk vor Augen und nicht nur eine Kaste.
Das Gesicht des Vaters hatte sich gerötet. Aus deinen Worten erkenne ich, wie weit sein Einfluss schon auf dich gewirkt hat. Der Vater schien ernstlich verstimmt. Er beherrschte sich aber und fuhr, ohne auf Pascals Einwand einzugehen, fort: Ich habe dich schon einmal in unseren Klub mitgenommen. Ich bitte dich nun, diese Besuche zu wiederholen. Dort wirst du wahre Patrioten kennen und schätzen lernen.
Und ich, sagte die Mutter jetzt, will dich einmal in das Land meiner Eltern locken. Sie sagte es rasch, als wolle sie die entstandene Missstimmung auflösen. Meine Eltern hatten, wie du weißt, ein großes Gut in der Nähe von Smolensk. Dort hat mein Vater deine Großmutter geheiratet, die in Smolensk geboren wurde. Ich selbst würde dieses Gut gern noch einmal besuchen, und ich lade dich ein, mich dorthin zu begleiten.
An der Miene seines Vaters konnte Pascal ablesen, dass dieser von den Plänen seiner Frau nichts gewusst hatte. Aber der Vater überwand sein Erstaunen und Befremden und sagte: Diese Überraschung ist dir geglückt. Und: Ich hoffe nur, dass du in deiner Planung auf Pascals Studium Rücksicht genommen hast. – Ja, rief Pascal, sprang auf und umarmte die Mutter.

Auf dem Wege zu seinem Zimmer traf er auf Lucie. Sie war aufgeregt, fasste den Bruder am Arm, sagte: Ich habe vorhin im Vorübergehen den Namen Ferdinand gehört. Was hat Vater über ihn gesagt? Ich habe nichts Näheres verstanden, da ich nicht stehen bleiben wollte. – Du wolltest keine Lauscherin sein, was? Dabei legte er den Arm um die Taille seiner Schwester: Es muss uns gleich sein, sagte er, was Vater von unseren Freunden denkt. Wir müssen uns, Gottlob, nicht danach richten. Schließlich wird Ferdinand einmal Jurist und kann sich gegen mögliche Anfeindungen leicht wehren. – Und wenn die Eltern deine Beziehungen zu Nadin entdecken? – Das ficht mich erst recht nicht an. Übrigens, wie war denn euer Treffen im Pavillon? Ich meine, gab es etwas Wichtiges, was er dir sagen wollte? Außer, natürlich, dass er dich liebt. – Und ich liebe ihn auch! Sehr. Aber komm in mein Zimmer und rede leise.
Wichtiges, sagte sie, im Zimmer angelangt: Er fragte mich, ob ich seine Frau werden wolle. – Ich dachte, das bist du schon. Pascal lachte sie an. Lucie ging nicht darauf ein. – Heiraten können wir ja erst, wenn er sein Studium beendet hat, und er fragte mich, ob ich solange warten wolle.
Lucie hatte nur die Nachttischlampe angezündet, deren Schein ihr Gesicht erhellte, aber das Zimmer im Halbdunkel beließ. Wie lange wird sein Studium dauern, fragte sie ein wenig zaghaft. – Jedenfalls Jahre, erwiderte Pascal. Und du glaubst, du könntest euer Verhältnis, eure Liebe meine ich, solange geheim halten? – Das müssen wir abwarten. Zudem hoffe ich, Vater wird seine Meinung über Ferdinand ändern. – Aber Ferdinand nicht die seine, was

den Zustand der Gesellschaft angeht. – Lucie schwieg. Im Lampenlicht spiegelte ihre Miene Bestürzung und Trauer. Was willst du eigentlich machen während dieser ganzen Zeit? – Ich werde ein Lehrerinnenseminar absolvieren. Das ist für mich die einzige Möglichkeit, mich weiter zu bilden. Viel lieber möchte ich Medizin studieren.
Du musst es machen wie Dorothea Exleben aus Quedlinburg oder Charlotte von Siebold-Heidenreich. Die wurden von ihren Arzteltern ausgebildet. Vater würde das wohl ablehnen. – Da hast du sicher recht. Pascal lachte höhnisch. – Du siehst, ich kann nur Lehrerin werden. Ach, Pascal, du hast Glück, ein Junge zu sein. – Sie schlug die Hände vor ihr Gesicht: Ich könnte weinen.
Die Geschwister waren aufgestanden und Lucie ging ans Fenster, sah hinaus und sagte: Dunkel, wie meine Zukunft. – Da umarmte Pascal die Schwester, schlaf gut, sagte er und verließ rasch das Zimmer.

***

Die Reicherts besaßen ein kleines Haus in der Hermanngasse. Oswald Reichert war Schlossermeister. Er hatte seine Werkstatt im Haus eingerichtet, in dem die Familie auch wohnte.
Pascal blieb eine Weile vor dem kunstgeschmiedeten Eingangstor stehen, um es zu betrachten. Wie ihm Nadin erzählte, hat es ihr Bruder Ulfried gemacht. Es war sein Gesellenstück, wie sie sagte. Er ist ein wirklicher Künstler, dachte Pascal. Und so einer soll sich einen Krieg wünschen? Als gäbe es eine Spaltung seiner Natur in eine

künstlerische und eine kriegslüsterne, nationalistische Person. Unbegreiflich!
Da wurde die Haustür geöffnet und Nadin trat in den Vorgarten. Sie hatte gesehen, wie Pascal das Werk ihres Bruders betrachtete und sagte jetzt: Nicht wahr, er hat Geschick! Und als Pascal erwiderte, ja, wirklich, sagte sie: Und nun ist ihm das passiert. – Was passiert? – Er hat auf dem Schießstand einen Kameraden angeschossen. Sie sagte leise und rasch: Komm jetzt.
Im Wohnzimmer fand Pascal die ganze Familie mit Ausnahme der Hausfrau vor. – Sie ist zu Siegbert in die Klinik gefahren, erklärte Nadin. – Das ist schön, dass Sie uns besuchen, sagte Oswald Reichert: Wir gratulieren Ihnen von Herzen zu Ihrem Geburtstag und wünschen Ihnen ein erfolgreiches Studium. Leider trübt Ulfrieds Unfall unsere Freude über Ihren Besuch. Das werden Sie verstehen.
Ulfried stand so, dass ihm das Tageslicht ins Gesicht fiel. Er war größer als Pascal, wirkte schlank, trotz breiter Schultern. Er war sichtlich verstört, hatte die Lippen fest aufeinandergepresst. Sein kurzer Schnurrbart, der bis zu den Lippenwinkeln reichte, verstärkte den Ausdruck von schmerzlicher Trauer. Seine Augen unter den dichten schwarzen Brauen blickten Pascal an, scheinbar ohne ihn wahrzunehmen. Vielleicht lag das aber auch daran, dass er, wie es Pascal schien, ein wenig nach innen schielte. Er war blass, als stünde er unter Schock.
Ich weiß ja noch gar nicht, was passiert ist, sagte Pascal, ein wenig hilflos, um das Schweigen zu durchbrechen, das sich wie eine Lähmung verbreitet hatte.
Nadin war es dann, die den Hergang des Unfalls berich-

tete, nur hin und wieder von einer Bemerkung Ulfrieds oder Gottholds unterbrochen.
Es war gestern passiert. Wie an jedem Mittwoch trafen sich die Mitglieder des Schützenvereins »Heimat« auf dem Gelände des Schießstandes. Sie traten an, um auf Scheiben zu schießen. – Auf was denn sonst, warf Gotthold ein. Nadin atmete hörbar und fuhr fort: Die Schützen waren ausgelassen, scherzten miteinander. Besonders ausgelassen waren Ulfried und sein Freund Siegbert Und dann geschah es. – Sie wandte sich an ihren Bruder: Was sagtest du zu ihm? – Und Ulfried: Ich sagte: jetzt bist du ein Franzose. – Ja, fiel Gotthold ein: Jetzt bist du ein Franzose, sagte Ulfried und legte auf ihn an. – Wie konntest du das tun, fuhr Oswald Reichert dazwischen: Da gibt es doch Vorschriften! – Ja, aber das entscheidende war, Ulfried hatte sein Gewehr nicht gesichert! – Unglaublich, sagte der Vater wieder: Angelegt auf einen Kameraden und das Gewehr nicht einmal gesichert. – Das habe ich doch nicht gewusst, schrie Ulfried jetzt: Ich hatte doch geglaubt, es sei gesichert. Ich kann das selbst nicht verstehen. Ich fühlte doch, dass der Sicherungshebel eingerastet war. – Und dann kam er an den Abzug, sagte Gotthold, und der Schuss ging los. – Um Gottes willen, rief Pascal unwillkürlich: Und Siegbert? – Siegbert wurde an der Schulter getroffen, verlor aber nicht das Bewusstsein. Er wurde sofort in die Klinik gebracht. – Hat Ihr Herr Vater davon erzählt? fragte Oswald Reichert – Nein. Oder doch. Nicht direkt. Er kam gestern Abend spät aus der Klinik heim und sagte beiläufig zur Mutter, er habe heute einen jungen Mann mit einer Schussverletzung operiert. Zum Glück sei der Patient nicht

lebensgefährlich verletzt worden. Vielleich hat er der Mutter Einzelheiten erzählt, aber Lucie und ich waren nicht dabei.
Nicht lebensgefährlich! rief Oswald Reichert, hörst du!
Pascal, der Ulfried aus den Augenwinkeln beobachtete, erstaunte über den abrupten Stimmungswechsel, der sich in der Miene des jungen Mannes zeigte. Eben noch niedergeschlagen, ja, verzweifelt. Er hatte vor sich hin gemurmelt: Das Blut, das viele Blut. Offenbar war ihm der Anblick des verletzten Freundes nicht aus dem Sinn gekommen, veränderte sich jäh. Seine Blässe wich. Freude, Erleichterung, ein Gefühl der Erlösung spiegelte sich in seinen Zügen.
Nadin ging zu ihm, umarmte ihn, sagte: Danke deinem Schutzengel – Ulfried stöhnte leise. Pascal glaubte, das Glitzern von Tränen in seinen Augen zu erkennen. – Der hatte auch einen, sagte Nadin.
Sie redeten nun alle auf einmal. Pascal wurde wieder und wieder bedrängt, die Worte seines Vaters zu wiederholen. Endlich war die Mutter zurückgekommen. Sie hatte Siegbert besuchen können. – Er ist außer Gefahr, sagte sie. Die ganze Familie und Pascal brachen in Jubelrufe aus. Schließlich rief die Mutter: Jetzt haben wir zwei Gründe für eine kleine Feier. Den guten Ausgang von Ulfrieds Unfall und natürlich Pascals Geburtstag.
Bald saßen alle um den großen Tisch, den Nadin inzwischen gedeckt hatte. – Sie müssen zulangen, sagte die Mutter zu Pascal und legte ihm selbst ein Stück von der Buttercremetorte auf seinen Teller. Am Schluss der Kaffeestunde sagte die Muter zu Nadin: Weiß Pascal schon

von dem Wettbewerb, an dem Ulfried sich beteiligt hat, und dass er vielleicht einen Preis bekommt? – Nein, erwiderte Nadin: Aber das soll Ulfried selbst erzählen.
Ulfried bekam einen Hustenanfall vor Aufregung und begann zögernd von seiner Arbeit an dem Objekt zu berichten: Es handelt sich um einen Balkon für ein historisches Gebäude, der ein kunstgeschmiedetes Geländer erhalten soll. Ich habe das Modell entworfen und in Vaters Werkstatt angefertigt. – Vielleicht sehen Sie es sich einmal an, fragte der Vater an Pascal gewandt. – Gern, sehr gern, so Pascal.
Es war, als sei Ulfried mit dem Betreten der Werkstatt in eine ihm vertraute Welt gelangt, die ihm Schutz bot und seinen Unfall vergessen ließ. Fast tonlos sagte er nur: Hier, und zeigte auf das Modell des Balkons, das auf einer hölzernen Werkbank aufgestellt war. Pascal, dem man gewissermaßen einen Ehrenplatz eingeräumt hatte, stand vor den anderen allein vor dem Modell und war überwältigt: Das ist ja ein Meisterwerk, sagte er schließlich. Das Balkongeländer war an der Vorderseite nach außen vorgewölbt. Seine Fläche bestand aus dünnen vertikal angeordneten Stäben, die nach beiden Seiten mit floralen Elementen versehen waren. Beim näheren Hinsehen erkannte Pascal, dass sie Blätter darstellten. Blätter von verschiedener Form und Größe. Man konnte glauben, in ein beblättertes Astwerk aus Eisen zu blicken. Die beiden seitlichen Flächen waren stärker vorgewölbt. Dadurch wurde der Eindruck verstärkt, ein lebendiges Blätter- und Astwerk vor sich zu haben. Das Ganze war mit Metallbändern wie von einer Kopf- und Fußleiste eingefasst.

Pascal hatte sich zu Ulfried umgedreht, der mit angespanntem Gesicht seitlich von seinem Vater stand, und streckte ihm unwillkürlich beide Hände entgegen. – Ich gratuliere dir, sagte er bewegt. Ich freue mich, dass du den Preis bekommen wirst.

Ich komme noch ein Stück mit, sagte Nadin, als Pascal sich in der Diele von den Reicherts verabschiedet hatte. Draußen war die Dämmerung hereingebrochen. Ein lauer Wind ging und verwehte Nadins Haar, das sie sich ein paarmal aus der Stirn strich. – Es ist heute, im März, schon erstaunlich warm, sagte Pascal. Dann schwiegen sie eine Weile. Nadin hatte ihre Hand unter Pascals Arm geschoben. Sie dachte wohl an Ulfrieds Schießunfall, denn sie sagte plötzlich: Jetzt hat er erlebt, wie es ist, auf Menschen statt auf Scheiben zu schießen. – Ob sich an seiner Einstellung zum Krieg etwas ändert? fragte Pascal. – Ich weiß es nicht, erwiderte Nadin: Der Vater, aber auch Gotthold nehmen den Vorfall lediglich als Unfall. Gotthold vermutet sogar einen technischen Defekt an dem Gewehr. Keiner erwähnte Ulfrieds Schießmotiv. – Schießmotiv? – Ulfried hatte doch gesagt: Jetzt bist du ein Franzose. Danach schwieg sie. Ein Schweigen, von dem Pascal glaubte, sie überlege eine Sache, die auszusprechen schwierig wäre. Und dann sagte sie sehr leise: Ich glaube, ich muss es dir sagen: An irgendeiner Stelle des Berichtes, den er dem Vater gab, sagte er, wenn es nur ein Franzose gewesen wäre, aber es war eben kein Franzose. Dabei stampfte er mit dem Fuß auf.

Die Straßenlampen waren angegangen. Pascal blieb abrupt unter einer Laterne stehen. Ihr Schein fiel auf Nadins Gesicht, und er sah, dass sie weinte. Er ist doch mein Bruder, sagte sie schluchzend. Pascal küsste sie und sie umschlang ihn heftig. – Das hat er wohl auch aus Trotz gesagt, meinte Pascal begütigend: Immerhin hat er heute von vergossenem Blut gesprochen. Sie gingen weiter. Nadin schmiegte sich an ihn. Schaufenster warfen ihr Licht über den Bürgersteig. Viele Fenster an den Häuserfronten waren erleuchtet. Menschen eilten hin und her. Kutschen fuhren; ihre Laternen erhellten die Fahrbahn. Nadin blieb stehen, schaute in den Himmel: Sieh mal, der Orion! Und plötzlich: Ich habe solche Angst, dass es Krieg geben könnte.

***

Am kommenden Sonntag trafen sich Nadin und Pascal mit Lucie und Ferdinand zu einer Bootsfahrt auf der Plathe. Vor dem Bootsverleih beratschlagten sie, was für ein Boot sie nehmen wollten. Pascal war für ein zweisitziges Ruderboot für jeweils ein Paar, aber Ferdinand und vor allem Lucie fanden es besser, wenn sie in einem Boot fahren würden. Schließlich mieteten sie ein großes Ruderboot fur vier Stunden. Ferdinand übernahm die Ruder: Fürs erste, wie er sagte

Pascal wollte das Steuer bedienen, aber Lucic verlangte das Amt für sich. Auf diese Weise konnte sie Ferdinand ins Gesicht sehen. Zwischen ihnen und nebeneinander saßen Nadin und Pascal. – Dafür, dass ihr euch ins Gesicht sehen könnt, fassen wir uns an den Händen, rief Nadin fröhlich und ergriff Pascals rechte Hand. So glitten sie eine Weile schweigend dahin. Der Fluss machte hier zahlreiche

Biegungen. Ein lauer Wind kräuselte seine Oberfläche, in der sich ein blaufarbener Himmel spiegelte, zusammen mit den tausendfältigem Grün der Büsche, Bäume und hohen Gräsern, die seine Ufer säumten.
Pascal wurde allmählich unruhig. Eine Unruhe seiner Muskeln gewissermaßen, die das Stillsitzen ausgelöst hatte. Er hatte plötzlich die Vorstellung, er sei der Ruderei nicht gewachsen, lasse es zu, dass Ferdinand ihm unter die Arme greifen müsste. Solcher Art Gedanken kamen ihm mitunter, wenn er Menschen bei körperlicher Arbeit antraf. Da kam ihm manchmal sogar sein Studium fad vor, als führe es am wirklichen Leben vorbei. Diese Anderen lebten von ihrer Hände Arbeit, und ich? Was tue ich? Aber solche Stimmungen dauerten nicht an.
Er sah nun auch, wie sich mit der Zeit die Ruderarbeit auf Ferdinand auswirkte. Kleine Schweißtropfen bedeckten seine Stirn, und hin und wieder spannte er seine Kaumuskeln an. Als Ferdinand einen weit in den Fluss ragenden Ast einer Weide umfahren wollte, drohte ihm die hier stärkere Strömung vom Kurs abzubringen. Er packte die Ruder kraftvoll, um sich gegen die Strömung zu behaupten.
Da sagte Pascal: Es ist genug, lass mich mal ran. Dass Ferdinand ihm ohne Widerrede sogleich die Ruder überließ, überraschte ihn, und er fühlte eine Art Genugtuung. Es war dann nicht leicht, in dem schwankenden Kahn die Plätze zu tauschen.
Und ich, rief Nadin unmutig: Soll ich wieder nur dasitzen und mich fahren lassen? Es wäre nur billig, wenn ich mit Lucie tauschte. Und so geschah es auch.

Es waren heute nur wenige Boote auf dem Fluss. Das Blau über den Wipfeln hatte sich eingetrübt, als sie den »Wassergott« erreichten. Die Gaststätte war auf Pfählen errichtet worden, die bis in die Flussmitte reichten. Sie stiegen auf einer hölzernen Leiter bis zu einer Plattform, die dem Eingang der Stätte vorgesetzt war, und betraten den Gastraum. Im Inneren herrschte Stimmenlärm. Etwa zwanzig junge Männer saßen an einer langen Tafel, die aus aneinandergerückten Tischen bestand. Es waren offenbar Studenten der hiesigen Universität, die hier zusammengekommen waren, um ein Gelage abzuhalten. Ihre farbigen, runden Mützen wiesen sie als Korpsstudenten aus.
Die Ankömmlinge sahen sich flüchtigen Blicken ausgesetzt. Zwei der Studenten, die den Blick auf den Fluss hatten, hoben ihre Gläser den neuen Gästen entgegen, wobei sie Pfiffe ausstießen, die offenbar den Mädchen galten.
Nadin wies auf einen Ecktisch am Fenster, an den sie sich setzten. Auf einer Schiefertafel vor der Theke waren Tagesgerichte angeschrieben. Alle vier wählten das Fischgericht: Rotbarschfilet mit Kartoffelsalat. – Und was trinken wir? – Auch Bier, sagten die Mädchen gleichzeitig.
Nach einer Weile äußerte Pascal: Ärgerlich, dass ausgerechnet heute diese Lärmhelden unseren »Wassergott« besetzt halten. Die Reden der bierseligen Studenten waren in der Tat immer lauter und heftiger geworden. Einzelne Redner suchten ihre Thesen durch großen Stimmaufwand verständlich zu machen und gegen andere durchzusetzen Dann wieder schienen alle einer einzigen Meinung zuzustimmen und sie mit einem förmlichen Triumphgeschrei zu verkünden. Das war so, als ein dunkelblonder Bursche

mit einem Backenbart und breiten Schultern schrie: Es sollte endlich einen Waffengang gegen Frankreich geben. Sämtliche Studenten sprangen von ihren Sitzen auf und brachen in ein frenetisches Geschrei aus. Ein ziemlich beleibter Kommilitone stieg auf einen Stuhl, schob seine bebänderte Mütze in den Nacken und rief: Es lebe die Einheit unseres Vaterlandes. Bei all dem wurden einige Humpen umgeworfen und Bier ergoss sich über die polierte, hölzerne Tischplatte; bildete Pfützen und tropfte schließlich an den Rändern des Tisches herunter.
Ein kleiner, schlanker Student schrie, Wir sollten hier und jetzt unseren König auffordern, endlich gegen Frankreich zu ziehen. Ein Jubel setzte ein. Sie riefen nach dem Wirt, dass er ihnen Papier und Federn bringe, um sogleich ihre Forderung verfassen zu können.
Ferdinand, der schon eine Weile mit zunehmender Erregung die Debatte verfolgt hatte, konnte wohl jetzt nicht mehr ruhig bleiben. Er legte sein Besteck auf den Teller, stemmte beide Hände auf den Tisch und rief den Studenten zu: Ich staune, dass Sie sich so lautstark zu Preußen bekennen. Es ist noch nicht allzu lange her, dass Sie beziehungsweise Ihre damaligen Kommilitonen zusammen mit deren Professoren die Annahme jener Verfassung gefordert hatten, die von der Nationalversammlung in der Paulskirche erarbeitet worden war. Der Preußenkönig war es, der sie und damit den deutschen Nationalstaat vehement abgelehnt hatte. – Das ist Geschichte, schrie einer der Studenten zurück. Es war ein großgewachsener, schlanker Mann mit dunklem Lockenhaar, das seitlich aus seiner bunten Mütze hervorquoll. – Wollen Sie etwa leugnen,

dass Frankreich heutzutage die Einheit Deutschlands mit scheelen Augen betrachtet, ja, sie verhindern will? – Der deutschen Einheit wegen sind schon zwei blutige Kriege geführt worden. Meinen Sie wirklich, dass der deutsche Nationalstaat nur durch weiteres Morden erreicht werden kann? rief Ferdinand wütend. Morden! Habt ihr das gehört, schrie der Große.

Nach einer plötzlich eingetretenen Stille, in der man jetzt nur das Tropfen des Bierhahnes vernahm, brach Tumult los. Studenten sprangen auf, Stühle stürzten um. Die Worte Verräter, Franzosenfreund und der Fischfresser solle sich schämen, waren deutlich aus dem ohrenbetäubenden Lärm heraus zu hören.

Pascal sagte entschlossen: Los, gehen wir. Er legte Geld auf den Tisch und schob die Mädchen vor sich her, als wolle er sie vor den Wütenden schützen. Ferdinand folgte ihnen nach einigem Zögern.

Sie waren dabei, ihr Boot zu besteigen, das Pascal am Bug festhielt, um das Schwanken des Kahnes zu verhindern. Die Mädchen waren schon eingestiegen. Da stürzte einer der Studenten aus der Gaststätte heraus und rannte auf Ferdinand zu. Es war der dunkelblonde Bursche mit dem Backenbart. Ferdinand bemerkte ihn erst, als der andere vor ihm angelangt war und ihm im gleichen Augenblick mit der flachen Hand ins Gesicht schlug. – Das für das »Morden«, rief er keuchend. Ferdinand reagierte rasch. Er packte den Schläger am Arm. Beide rangen erbittert miteinander. Pascal wollte dem Freund helfen, musste aber den Kahn, den er schon losgebunden hatte, festhalten. Plötzlich glitt der Bursche aus und stürzte zusammen mit

Ferdinand, den er nicht losgelassen hatte, in den Fluss. Beide tauchten sofort wieder auf und jeder hangelte sich jetzt an dem Bootssteig aus dem Wasser. Wortlos ging der Blonde zurück in die Gaststätte, eine Wasserspur hinter sich herziehend. Und Ferdinand, ebenfalls triefend, gelangte mit Pascals Hilfe ins Boot, das Pascal sofort abstieß. Ferdinand zog sein Hemd aus. Lucie nahm es ihm ab und wrang es, sich über den Bootsrand beugend, aus. Meine Schuhe, sagte Ferdinand klagend: Sie sind quietschnass. Dann löste er die Senkel und zog sie samt den Socken aus. – Die Hose auch, sagte Lucie. Zögernd streifte er sie unter Murren ab. – Die Unterhose, los. Und: Wir alle haben schon nackte Männer gesehen. Doch Ferdinand behielt das Wäschestück an. Wortlos.

Kanntest du diese Studenten? fragte Ferdinand: Sie waren doch von der hiesigen Uni. – Nein, ich kannte keinen. Sie waren von anderen Fakultäten.

Unbegreiflich, sagte Ferdinand vor sich hin: So eine Verblendung!

Schweigend fuhren sie weiter. Beim Aussteigen am Bootsverleih sagte Lucie zu Ferdinand, der seine feuchten Sachen wieder anzog: Hoffentlich erkältest du dich nicht.

Pascal gingen die Ereignisse im »Wassergott« nicht aus dem Sinn. Auch ihn hatten die Worte Ferdinands bestürzt, Mord im Zusammenhang mit der erwünschten Einheit des Vaterlandes. Auch er hielt die Bezeichnung: »Mord« für kriegerische Handlungen nicht angebracht. Aber hatte Ferdinand nicht doch Recht? Bei seinem nächsten Treffen mit Nadin wollte er sie um ihre Meinung befragen.

Es war ein sonniger Tag. Sie gingen wieder an den Ufern der Plathe entlang. Der Weg folgte dem verwinkelten Lauf des Flusses. An manchen seiner Ränder blühten Wiesenblumen, die Pascal kaum bemerkte. Bist du verstimmt? fragte Pascal und fasste nach ihrer Hand. Nadin seufzte, sagte dann: Mir gehen Ferdinands Worte nicht aus dem Sinn. – Welche meinst du denn? – Na, das Krieg führen gleich Morden sei, was dann zu dem Tumult der Studenten geführt hatte. Ist es nicht ein zu starkes Wort, die Kämpfe an der Front den Taten von Mördern gleichzusetzen?

Pascal ließ ihre Hand los und ging eine Weile wortlos neben ihr her, wobei er starr auf den Weg blickte. – Du sagst gar nichts? fragte Nadin und fasste ihrerseits nach seiner Hand, die er ihr ziemlich brüsk, wie sie fand, entzogen hatte. – Wie würdest du das gezielte Töten von Menschen nennen? fragte Pascal. – Soldaten wollen doch nicht unbedingt töten, im Gegensatz zu Mördern, erwiderte Nadin. – Was wollen sie denn, wenn sie auf Menschen schießen? – Sie wollen den Gegner kampfunfähig machen oder gefangen nehmen. Du musst doch zugeben, dass zwischen einem gemeinen Mörder und einem kämpfenden Soldaten ein gewaltiger Unterschied besteht. Nadins Stimme klang gereizt. In den Motiven schon, erwiderte Pascal jetzt ebenfalls eifernd, aber nicht im Handwerk, nicht in der Absicht, zu töten. Ach, nicht die Absicht, ich meine die Folgen der Tat. Die sind gleich. Nicht umsonst wird in der Bibel das Töten von Menschen verboten, geächtet. Ein Mensch, der nach dem Ebenbild Gottes geschaffen ist, der wird vernichtet, zerstört, zumeist unter grässlichen Schmerzen.

Pascal trat Nadin in den Weg, legte beide Hände auf ihre Schultern, ließ sie dann auf ihre Taille gleiten, zog sie schließlich an sich: Nadin ließ sich küssen ohne den Kuss zu erwidern.
Über das Töten in Kriegen wurde nicht mehr gesprochen. Zu hören war jetzt das Trillern von Feldlerchen. Beide blickten in das reine Blau über sich und betrachteten die kleinen flatternden Vögel, die in der Luft zu stehen schienen.

***

In diesen Tagen verlangte Pascals Vater von ihm, dass er den Klub endlich wieder einmal besuchen solle. Am nächsten vorlesungsfreien Nachmittag machte sich Pascal auf den Weg zum Klub. Die Sonne, die am Vormittag über der Stadt leuchtete, hatte sich hinter Wolken versteckt. Noch einmal, bevor sie ganz im Grau verschwand, hatte sie die Front des Rathauses in ein gleißendes Licht getaucht, so, als wolle sie Pascal das Gebäude vor Augen führen. Die Fassade, aus Klinkersteinen errichtet, zeigte bunte Wappen, die in Form von Schilden zwischen den Strebepfeilern angebracht waren. Vier kleine Türme, die mit ihren hohen Pfeildächern die Fassade gliederten, gaben dem Gebäude einen zwiespältigen Charakter. Man konnte meinen, ein Schloss vor sich zu haben oder aber eine Festung.
Ein aus floralen Elementen bestehendes Ziergitter war dem Eingang des Rathauses vorgesetzt. Auf den folgenden Steintreppen verlangsamte Pascal seine Schritte, drückte

dann entschlossen die schwere Messingklinke und trat ein. Die Räume des Kellers besaßen Kreuzgewölbe mit schönen Schlusssteinen, auf die Pascal einen kurzen Blick warf.
Der Klubraum war auf einer Art Empore eingerichtet. Eine Glastür mit vergoldetem Rahmen trennte ihn von den übrigen Räumen ab. Pascal trat ein und blieb hinter der Tür stehen. Etwa zehn Personen saßen in schwarzen Ledersesseln. Dazwischen standen niedrige Beitische aus Mahagoni, darauf ein silberner Aschebecher und Gläser für verschiedene Getränke.
Die Wände waren mit Teakholz getäfelt, die Gewölbedecken weiß getüncht ohne Stuk oder sonstigen Schmuck. Drei mächtige Kronleuchter hingen von der Decke herab. Ihre in geometrische Gebilde geformten Kristallgläser waren an messingfarbenen Metallkonstruktionen befestigt. Ein Mann am Nachbartisch von Pascals Vaters hatte den Eintretenden bemerkt: Hallo, Pascal, rief er und hob leicht die Hand. Es ist schön, dass du uns wieder einmal besuchst. Pascal hatte den Namen des Herrn vergessen. Er wusste nur, dass es ein Hofrat war. Sein Vater hatte den Kopf erhoben, zeigte auf den freien Sessel neben sich.
Pascal setzte sich. Der Vater fragte, was er trinken wolle. – Ein Glas Weißwein, bitte. – Sie haben hier einen guten Traminer, sagte der Vater und zeigte auf das zur Hälfte gefüllte Glas vor ihm. Möchtest du? – Ja, gern.
Der Hofrat hatte sich zu Pascal umgedreht, fragte: Was macht das Studium? – Pascal berichtete von den physiologischen und anatomischen Vorlesungen und fügte hinzu: Ich bin immer wieder voller Verwunderung, wie es der

Natur gelungen ist, gewissermaßen im Selbstlauf so komplizierte Wesen wie den Menschen zu erschaffen, zu konstruieren, muss ich eigentlich sagen. – Ja, bemerkte der Hofrat, die Schöpfung ist schon wunderbar. – Ja, die Schöpfung, warf der Vater ein, und der Schöpfer. Und nach einer Pause: Schwierig ist für mich die Deklaration auf dem Vatikanischen Konzil zu verstehen, nämlich, dass die Entscheidungen des Papstes unfehlbar seien. Schließlich ist der Papst kein Schöpfer. Der Hofrat sagte dazu nichts. Und der Vater wieder zu Pascal: Die Hauptsache, du vergisst über das Staunen nicht das Lernen. – Ja, das Lernen, Forschen, das ist uns vom Schöpfer zugeteilt worden, erwiderte der Hofrat nun: Nicht bloßes Betrachten, sondern die Welt erkennen, innerhalb der uns gezogenen Grenzen, versteht sich.
Pascal hörte aus der Rede des Hofrates eine Euphorie heraus, die ihn zum Spott reizte. – Ja, sagte er, beinahe eifernd. Jüngst wurde der Kettenantrieb für Fahrräder erfunden. – Das ist ja erfreulich, lobte der Hofrat, aber die Fahrräder werden der Eisenbahn kaum Konkurrenz machen. Dabei zog er aus einem ledernen Behältnis, das vor ihm auf dem Tisch lag, eine Zigarre heraus, schnippte mit einem Messerchen die Spitze ab, zückte ein Feuerzeug und begann mit paffenden Geräuschen die Zigarre anzuzünden. Bald wölkte sich blauer Rauch empor, der, wie Pascal fand, angenehm roch.
Pascal, der ein solches Taschenfeuerzeug noch nie gesehen hatte, fragte den Hofrat nach dem Hersteller des Gerätes. – Es stammt von der Firma Repeating Light, 1865 wurde es erfunden.

Der Duft der Zigarre mischte sich mit den Gerüchen des Saales. Pascal glaubte, auch den Geruch teuren Tuches aus den Kleidern der Klubmitglieder aufzunehmen.
Nach einem langen Schweigen – Vater und Sohn hatten ein weiteres Glas Traminer ausgetrunken – nahm der Hofrat wieder das Wort. Er sah zur Decke, ehe er zu sprechen begann, als habe er dort einen Hinweis gefunden:
Wir können uns aber nicht aus unserer Unmündigkcit lösen, wenn wir uns nicht von einem Höheren leiten lassen. So ähnlich hat es wohl Immanuel Kant formuliert. – Sie lassen dabei, so der Vater, die, jedenfalls für mich, wichtigen Folgesätze aus, in denen Kant sagt, dass wir uns nicht lösen könnten, wenn wir nicht den Mut hätten, uns unseres Verstandes zu bedienen.
Na, dann bedient euch mal, sagte plötzlich ein schlanker Mann, der am nächsten Tisch saß. Es war der Gerichtspräsident Helfrich. Er trug ein schwarzes Sakko mit einer grau gestreiften Hose. Über den weißen, hohen Kragen reckte sich ein blasses Gesicht, in dem die Wangenknochen hervortraten. Seine Brauen waren fast farblos, ebenso seine Augen, die zu dem fahlgelben Haaren passten. Ein kurzer Kinnbart wuchs unter schmalen Lippen, die, seltsam zinnoberrot, porzellanweiße Zähne sehen ließen, wenn sie durch des Präsidenten höflich spöttisches Lächeln entblößt wurden – Was ich Sie fragen wollte, Herr Geheimrat, sagte er jetzt, an den Vater gewandt, wie geht es dem jungen Menschen, der, wie man hört, auf dem hiesigen Schießstand verletzt worden ist? – Er ist in guter Verfassung, sagte der Professor kurz angebunden. – Wie mir mein Sekretär berichtet, habe der Verletzte auf eine Klage gegen

den Unglücksschützen verzichtet? – Der Vater schwieg. – Das heiße ich Kameradschaftsgeist. Ich bin froh über solche Jungen. Und an Pascal gewandt: Ich freue mich, dass unser junger Freund solche Burschen zu Freunden hat. Sie gehen doch in der Familie ein und aus? Aber vielleicht lockt Sie die Schwester des Buben? Sie soll recht hübsch sein. Dabei zeigte er wieder sein Lächeln, das Spottlust und Höflichkeit gleichzeitig ausdrückte.
Pascal spürte, dass der Vater auf eine Erklärung seinerseits wartete. – Ulfried ist ein begabter Kunstschmied, entgegnete Pascal abwehrend, ich schätze seine Arbeiten. Er hat neulich sogar einen Preis gewonnen. – Aber er ist vor allem ein Patriot. Königstreu wie die ganze Familie, sagte Helfrich. Sie sind ein Beispiel für den Bürgerwillen, Frankreich in seine Grenzen zu zwingen. Überall sehen und hören wir doch Zustimmung für die nationale Sache, die unser König betreibt. Ich erinnere nur an die Begeisterung, die losbrach, als in der Rheingegend ein antiker Silberfund gemacht wurde, der dem römischen Feldherrn Varus zugeschrieben wurde. Armin, der Cheruskerfürst, hat ihn besiegt und Germanien war frei. Das sollte sich der Dritte Napoleon hinter die Ohren schreiben.
Das aber wird er gerade nicht tun.
Von einem Tisch aus, der vor der Fensterfront stand, mischte sich jetzt ein Mann ins Gespräch, den Pascal schon eine Zeitlang beobachtet hatte, seines ausgebildeten Knebelbartes wegen. Der Mann besaß einen starken Körperbau, einen kurzen Hals. Die Augen unter den buschigen Brauen waren in ständiger Bewegung, als wolle der Mann gleichzeitig mehrere Dinge und Menschen im Blick haben.

Er trug einen Eckerskragen mit Plastrom unter einem schwarzen Cutaway. Pascal fragte sich, ob der dickleibige Herr ein Korsett benutzte, wie es bei einigen Männern Brauch war. – Nein, im Gegenteil! Er wird nach Gründen suchen, um Preußen eins zu verpassen. Wer ist denn dieser Napoleon? Was sind seine Ziele? Auf welche Weise hat er die Franzosen hinter sich gebracht? Nach zwei gescheiterten Putschversuchen versuchte er, auf demokratischem Wege an die Macht zu kommen.
Der Mann rückte jetzt seinen Sessel so, dass er dem Gerichtspräsidenten und Pascals Vater gegenüber saß und abwechselnd beide Herren ins Auge fasste:
Im Dezember achtundvierzig gewann er die Präsidentenwahl. Sein Programm von damals: stabile Regierung, soziale Konsolidierung und – nunmehr jede Silbe betonend – nationale Größe! Dabei blickte der Sprecher wieder von einem zum anderen Herren, wobei er jeden eine Zeitlang fest in die Augen sah.
Er ertastete nun sein Weinglas und nahm einen kräftigen Schluck von dem Roten, fuhr sich dann mit der Zunge über die Oberlippe, wobei es Pascal schien, als wolle er einige Haare seines Bartes von den Lippen wischen, und setzte seine Rede fort: Kurz vor Ende seiner Amtszeit als Präsident führte er am 2. Dezember 1851 einen Staatsstreich durch, der zu blutigen Kämpfen in ganz Frankreich führte, die er schon am 5. Dezember für sich entscheiden konnte. Noch am 21. Dezember ließ er die Franzosen über eine neue Verfassung abstimmen, die ihm die Vollmachten eines Diktators gab. Und, man glaubt es kaum, knapp acht Millionen stimmten für diese Verfassung, knapp 650 000

dagegen. Seine Gegner trieb er außer Landes. Unter ihnen Viktor Hugo. Ein Jahr später, am 2. Dezember, ließ er sich zum Kaiser der Franzosen krönen.
Aber das wissen wir doch alle, warf der Gerichtspräsident jetzt ein. Warum legen Sie sich so ins Zeug, um den Mann zu charakterisieren? – Er muss, so der Redner, seine Macht festigen; die instabil geworden ist. Deshalb wird er einen Krieg gegen Preußen vom Zaune brechen. Und: Wir müssen uns darauf einstellen.
Pascal erinnerte sich jetzt eines Gespräches mit Ferdinand über dieses Thema. Der hatte damals gesagt: Unsere Mächtigen, Bismarck vor allem, wollen diesen Krieg doch auch. Nach zwei Kriegen ist die nationale Einheit Deutschlands noch nicht erreicht. Und Frankreich steht dieser Einigung im Wege. Beide Seiten streiten sich um die Vorherrschaft in Europa, es geht auch um Landgewinne.
Und das Volk? hatte Pascal gefragt. – Das so genannte Volk, hatte Ferdinand geantwortet: Das macht mit. Auf beiden Seiten. Es setzt Leben und Besitz ein für Ziele, die nichts mit ihrem Leben, ihrer Existenz zu tun haben. Du hörst doch, was in der Öffentlichkit formuliert wird: Der Deutsche hat schon immer Blut und Leben, und seinen Besitz auch, für sein Vaterland gegeben. Und jetzt wollen unsere Mächtigen gegen Frankreich marschieren. Das heißt, sie wollen uns marschieren lassen.
Ein livrierter Bediensteter kam jetzt mit raschen Schritten an Pascals Tisch. Herr Geheimrat, sagte er leise, ein Nachricht für Sie von der Klinik. Ein Bote hat sie gebracht. Pascals Vater öffnete das Kuvert, wobei er in Richtung des

Bankdirektors murmelte: Entschuldigen Sie mich bitte, las dann das Schreiben: Ich muss sofort in die Klinik, sagte er, schon im Aufstehen begriffen. Und zu Pascal: Du kannst ruhig noch hierbleiben. Er winkte den Herren zu und verließ den Saal.
Das Los des Mediziners, sagte ein Mann in der Uniform eines Oberst, der an einem entfernteren Tisch saß. Das haben die Ärzte mit den Militärs gemeinsam: Zu jeder Zeit abrufbar sein zu müssen. – Da haben Sie Recht, erwiderte der Bankpräsident. Ich mutmaße, dass auch Sie bald aufgefordert werden, die Garnison in Marsch zu setzen.
Pascal erinnerte sich, von dem Ortskommandanten schon gehört zu haben. Er hieß Freiherr von Fritsche. Er musterte den Mann heimlich, der ihn freundlich anlächelte. Er hatte bereits einen leichten Bauchansatz, wirkte aber in seiner Uniform soldatisch schlank – Wir alle müssen bereit sein, Herr Mannay, meinte der Oberst, und Pascal war erleichtert, nun den Namen des Bankmenschen zu kennen.
Nur wenig später verließen die meisten Herren den Klubraum. Herr Mannay hielt sich neben Pascal: Sie werden wohl beruflich Ihren Herrn Vater nacheifern. Wir alle sind stolz, einen Gelehrten wie ihn an unserer Universität zu haben. Das sagte er mit einem gewissen Pathos in der Stimme. – Ich hoffe jedenfalls zu genügen, erwiderte Pascal. Er versuchte herauszufinden, was der Banker für ein Interesse an ihm haben könnte.
Vor dem Portal des Hauses hielt eine Kutsche, die mit zwei Schimmeln bespannt war. Vor dem geöffneten Verschlag stand eine junge Frau in einem hechtgrauen Kostüm, die blonden Haare bedeckte ein breitrandiger Hut.

Als sie den Bankpräsidenten entdeckte, eilte sie auf ihn zu. – Hier, meine liebe Dietlinde, sagte Mannay, indem er ihre Hand nahm, bringe ich dir Herrn Pascal, den Sohn unseres Ordinarius M. Auch er hat sich der Medizin verschrieben.
Diese Dietlinde war elegant. Ihre Bewegungen folgten, so schien es Pascal, einem gewissen Ritual. Sie streckte ihm ihre Hand her, die er ergriff und unwillkürlich an seine Lippen führte, worauf sie ihre Hand rasch zurückzog. – Wir schätzen alle Ihren Herrn Vater, rief sie fröhlich, und zu ihrem Vater: Ich könnte doch Pascal zu seinem Haus kutschieren. Es wäre nur ein kleiner Umweg. – Meinetwegen, erwiderte Mannay. Pascal wollte den Vorschlag ablehnen. Er ginge gern zu Fuß. Aber Dietlinde erwiderte: Zieren Sie sich nicht. Oder ist Ihnen die Kalesche nicht gut genug? – Sie hatte es in leichtem Ton gesagt, aber doch war eine gewisse Verstimmung nicht zu überhören. Pascal zeigte sich nun erfreut: Wie können Sie das denken, sagte er und stieg mit Herrn Mannay in die Kutsche.
Dietlinde kletterte auf den Kutschbock, ergriff Zügel und Peitsche, die sie über den Pferderücken knallte, und fuhr in raschem Tempo los.

***

Eine Woche danach sagte der Vater zu Pascal: Ein Bote der Bank hat mir diesen Brief gebracht. Dietlinde lädt dich ein, sie zu besuchen, lies selbst. – Mich? – Pascal hielt den Brief in der Hand ohne ihn zu lesen. Mich allein? – Sie ist eine selbstständige junge Frau. – Und wenn ich nicht gehe? – Das wäre sehr unhöflich. – Wie alt ist sie eigentlich? – 18 Jahre. – Sie kommt mir ... hoffärtig vor. Das sagte er, ohne es zu meinen. Er war Beute eines zwiespältigen Gefühls. Sie hatte ihn in Wirklichkeit beeindruckt. Wie sie die Kalesche und die Pferde beherrschte. Als sie vor seinem Hause angelangt waren und er sich von Mannay verabschiedete und ausstieg, war sie auf ihrem Platz sitzen geblieben. Die Reitpeitsche lässig zwischen den Fingern der linken hatte sie ihm ihre rechte Hand gereicht. Er umfing sie mit Blicken. Ihr Kostüm betonte ihre schlanke Gestalt. Ihr Hut, ein so genannter Schwinger, umrahmte ihr Gesicht. Und ihre Stimme! Hell aber mit einem gutturalen Unterton. Jetzt noch hatte er sie im Ohr. Es erstaunte ihn schon, dass sie gerade ihn zu sich einlud. Er fühlte sich auch geschmeichelt.

Er hatte von sich die Vorstellung, erst am Anfang seiner Laufbahn zu stehen. Nicht, dass er sich für mittelmäßig hielt. Im Gegenteil. Er glaubte, einstmals noch etwas Besonderes leisten zu können.

Dass der Vater offenbar eine weitere Begegnung mit dieser Dietlinde wünschte, machte Pascal misstrauisch. Vielleicht hatte er das sogar mit dem Bankier eingefädelt. Mannay und ich, hatte der Vater gesagt, kennen uns seit langem. Unser Umgang miteinander ist nicht mehr förmlich. Wir treffen uns, wenn es nötig ist. Wenn ich etwas von ihm will oder er von mir. Sollte der Vater, dachte Pascal, seine Verbindung mit Nadin erfahren haben oder selbst einen solchen Verdacht hegen, könnte das die Ursache für sein Verhalten sein? Eine Liaison mit der Tochter des Bankers würde ihn mehr freuen, als eine aus »niederen« Kreisen

stammende Schwiegertochter. Nadin und Ferdinand waren in seinen Augen wohl »gefährliche« Personen, keine Personen »von Stand«.
Diese Grübeleien nahmen ihm an diesem Tage den Schlaf. Er wälzte sich im Bett, zog die Vorhänge vor sein Fenster, doch die Kraft des vollen Mondes durchdrang diese Barriere und fiel auf Pascals Gesicht. Und vor seinem inneren Auge, gewissermaßen vom fahlen Licht des Mondes beleuchtet, standen die Mitglieder des Klubs, die er an diesem Tage erlebt und die auf ihn eingewirkt hatten. Gut, ich werde sie besuchen, hatte er schließlich gesagt, und der Vater hatte ihm zufrieden auf die Schulter geklopft.

***

Am folgenden Morgen fühlte er sich kraftlos. Der Schlaf hatte ihn nicht erquickt. Sein Frühstück rührte er nicht an, trank nur eine Tasse Kaffee. Auf dem Weg zur Klinik überlegte er, wo er sich mit Nadin treffen könnte, um mit ihr über den bevorstehenden Besuch zu sprechen. Der Pavillon käme in Frage, dachte er, das war der Ort, wo sich Lucie und Ferdinand begegneten. Doch wenig später kamen ihm Bedenken. Er könnte ihr ja fast nichts über diese Dietlinde sagen, würde sie nur beunruhigen. Besser wäre es, zuerst den Besuch zu absolvieren und dann über seine Eindrücke mit Nadin zu sprechen. Er hätte dann auch Vaters Wunsch erfüllt und die Sache hinter sich gebracht. Ja, so wollte er es machen.
Der auf der Einladung angegebene Sonntag war gekommen. Pascal, gekleidet in ein schwarzes Sakko und graue,

gestreifte Hosen, stand eine Weile vor der Villa des Bankiers. Das Gebäude war dreigeteilt Ein Mittelteil war halbkreisförmig vorgewölbt. Die Fassade hellocker verputzt. Pascal trat jetzt vor bis zu einer halbringförmig angeordneten Begrenzung aus gusseisernem Ziergitter, das auf steinernem Sockel errichtet und durch mit Figuren besetzten Pfeilern in Segmente gegliedert war. Schließlich fand er das Eingangstor. Nachdem er einen messingfarbenen Klingelknopf gedrückt hatte, erschien ein Bediensteter in weißen Handschuhen. Er führte ihn über eine aus kostbaren Hölzern gefügte Treppe zu einem im ersten Stock gelegenen Raum. Nachdem er angeklopft hatte, öffnete er die Tür mit den Worten: Das gnädige Fräulein erwartet Sie. Dietlinde stand am Fenster und wand sich jetzt dem Eintretenten zu: Schön, dass Sie mich nicht warten lassen, sagte sie und reichte ihm ihre Hand, die er diesmal korrekt an seine Lippen führte ohne sie zu berühren. Er umfasste ihre Gestalt mit einem raschen Blick. Sie trug eine mit Spitzen besetzte weiße Bluse zu einem Rock in der Farbe der Hausfassade. Unwillkürlich fiel Pascals Blick auf ihr Brüste, die sich in der dünnen Bluse plastisch abzeichneten. Bitte, sagte sie, und wies auf zwei Ledersessel, die einen niedrigen Tisch umstanden, der mit Intarsien geschmückt war.
Als hätte er durch die Wände sehen können, kam in diesem Augenblick der Bedienstete herein. Er schob einen Servierwagen, auf dem Geschirr und eine Schale mit Gebäck und eine zweite mit Obst stand, und stellte die Sachen auf den Tisch. Er schenkte Kaffee in die Tassen und entfernte sich dann samt Wagen ohne ein Wort zu verlieren.

Pascal fiel auf, dass sich Dietlinde nur durch ein Kopfnicken bedankt hatte.
Nach einigen belanglosen Worte über die Jahreszeit und das milde Wetter fragte sie plötzlich: Worüber reden die Herren im Klub? Gibt es interessante Gespräche? Und: Ich möchte wissen, warum keine Frauen anwesend sind. – Das wisse er auch nicht, sagte Pascal und lachte: Vielleicht, weil sie den dicken Zigarrenrauch nicht vertragen. Es ging unter anderem um die Person Napoleons des Dritten, sagte Pascal schließlich. Aber auch um Patriotismus im deutschen Volk und um einen möglichen Krieg zwischen Frankreich und Deutschland. Jedenfalls meinten das die Herren. Er, Pascal, zweifle daran, dass sich einfache Bürger nach einem Waffengang gegen Frankreich sehnten.
Aber Sie wollen doch auch die Einheit unseres Vaterlandes, warf Dietlinde ein. – Natürlich, erwiderte Pascal. Ich glaube aber nicht, dass ein Krieg das geeignete Mittel dazu ist. – Ein starkes Volk muss seinen Willen durchsetzten, notfalls eben auch mit Gewalt. Nur der Starke kann überleben. Das lehrt uns doch auch die Natur.
Sie schlug die Beine übereinander. Dabei gab der Rock ihre Knie frei. Und Pascal fand ihre Beine schlank und wohlgeformt. Sie wartete nicht darauf, dass Pascal Fragen nach weiteren Gesprächen im Klub beantwortete, sagte stattdessen: Mein Vater hat Krupp unterstützt, der neue Kanonen entwickelt hatte. Hinterlader heißen die Dinger, glaube ich, die das Militär anfangs nicht haben wollte. Später stellte sich heraus, dass eben durch diese Kanonen der Preußisch-Östereichische Krieg von Preußen gewonnen werden konnte. Das jedenfalls war die Meinung von

Oberst von Fritsche. Der verkehrt also auch hier, dachte Pascal. Er war irritiert, solche Reden von einer schönen jungen Frau zu hören, einer Frau, deren Körperlichkeit seine Sinne zu reizen begannen. – Interessiert Sie denn die Produktion von Waffen? fragte er.
Zu uns kommen viele Leute und ich höre mitunter ihren Gesprächen mit Vater zu.
Ziemlich brüsk stand sie dann auf, als wolle sie auf weitere Gespräche über Besucher nicht mehr eingehen. Sie wand sich einem schwarzen Flügel zu, der vor einem breiten Fenster stand und beinahe ein Drittel des ganzen Raumes einnahm. Sie fragte Pascal nicht, ob er ihr Spiel hören wollte. Stattdessen sagte sie: Sie hören doch sicher Musik auch gern. Pascal entgegnete, wohl auch, um eine gewisse Verlegenheit, die ihn befallen hatte, zu unterdrücken: Ja, aber Noten lesen kann ich nicht.
Das brauchen Sie auch nicht, sagte sie, während sie sich auf den Klaviersessel setzte. Dort hielt sie eine Weil still. Endlich begann sie mit einem Lied von Schubert, das Pascal kannte. Zuhöchst überrascht hörte er, wie sie, sich selbst begleitend, das Lied sang. Sie hatte eine schöne, klare Stimme, die vielleicht nicht voll genug war, aber über eine ausgezeichnete Modulation verfügte.
Pascal war angerührt. Die Eleganz des Raumes, die Kostbarkeit der Ausstattung. Darin Spiel und Gesang des schönen Mädchens, in dessen Zügen sich jetzt die Innigkeit spiegelte, die der Komponist wohl empfunden haben musste. All das bewirkte, dass Pascal die Wärme seines Blutes zu spüren meinte. Bislang nur entschlossen, seine Besucherrolle korrekt zu absolvieren, fühlte er sich jetzt

zu der Pianistin hingezogen. Unwillkürlich war er aufgestanden und neben sie getreten. Die Nachmittagssonne tauchte den Raum und die Spielerin in ein seltsames Dämmerlicht, das wohl durch den Abglanz der Möbel entstanden war.
Dietlinde hatte wohl bemerkt, wie sehr ihr Gast von ihrem Spiel ergriffen war. Sie spielte und sang noch zwei Lieder. Danach blieb sie wieder eine Weile ruhig sitzen. Pascal klatschte leise und verbeugte sich. Nun ging sie zu einem zierlichen Schrank aus glattem Makasa-Holz, entnahm ihm eine Kristallkaraffe, die sie auf den Tisch stellte. Zur Feier Ihres Besuches. Und: Es ist Rémy Martin. Sie trinken doch ein Gläschen mit? sagte sie lächelnd. Aus einem wurden mehrere. Und Pascal musste sein Verlangen, sie zu küssen, mit Mühe unterdrücken.
Plötzlich sprang sie auf: Ich will Ihnen etwas zeigen. Kommen Sie! Sie führte ihn in den Garten der Villa. Hier, sie blieb vor einem Rondell stehen, auf dem Rosen gepflanzt waren. – Das sind besondere Sorten. Ich pflege sie mit Hilfe unseres Gärtners. Ich kenne immerhin die wichtigsten Schädlinge dieser schönen Blumen. Es waren in der Tat Rosen von seltenem Wuchs und außergewöhnlicher Färbung. Manche verströmten einen köstlichen Duft. Sie gingen weiter. Gewandt bewegte sie sich zwischen Bäumen und Pflanzen, bückte sich jetzt, um einen Zweig hochzuheben und darunter hindurch zu schlüpfen. Pascal hatte Mühe, ihr zu folgen.
Vor einer Buschgruppe kauerte sie sich nieder und wies Pascal auf eine dicke Erdkröte hin. – Ein possierliches Geschöpf, sagte sie in einem zärtlichen Ton. Sie ergriff rasch

die wegspringende Kröte und hielt sie Pascal hin. Sehen Sie die kleinen Höcker auf der Haut? Sie ähneln Warzen, sind aber Hautdrüsen, wie mir der Gärtner sagte. Und hier, sie tippte mit dem Finger darauf, das breite rundliche Maul. Damit vertilgen sie Würmer, Spinnen und Asseln. Pascal aber hatte kaum einen Blick für die Kröte. Er starrte auf die infolge des Kauerns entblößten Schenkel des Mädchens, das seine Stellung gar nicht wahrzunehmen schien. Schließlich waren sie in Dietlindes Räumlichkeiten zurückgekehrt. Sie setzten sich wieder in die Sessel. Dietlinde brachte jetzt das Gespräch auf Modefragen. – Sie als Mediziner, sagte sie, müssten doch gegen das Tragen von Korsetts wettern. Es stimmt doch, dass dadurch innere Organe deformiert werden? Pascal hielt die Frage für Geplänkel. Er glaubte ihr ansehen zu können, dass sie etwas anderes im Sinn hatte.

Und tatsächlich, ohne Pascals Antwort abzuwarten, sagte sie, sich gewissermaßen selbst unterbrechend: Wollen Sie nicht eine Birne? – Als er daraufhin eine Birne nahm und im Begriff stand, sie mit dem Obstmesser zu zerteilen, fragte sie: Spielt Ihre Freundin auch ein Instrument? Pascal war so verblüfft, dass er Birne und Messer reglos in den Händen behielt. Ehe er antworten konnte, fuhr sie fort: Es war doch Ihre Freundin? – Wen meinen Sie denn? erwiderte er. – Ich habe Sie beide während einer meiner Kutschfahrten durch die Stadt gesehen. Sie gingen dicht nebeneinander, und mir schien, Sie seien in ein zärtliches Gespräch miteinander vertieft. – Ja, sagte Pascal, wie beiläufig, es war meine Freundin. – Und, spielt sie ein Instrument? – Blockflöte! – Blockflöte, wiederholte sie in einem

Ton, als hätte sie nichts anderes erwartet. Pascal war verärgert. Sie ist also doch hoffärtig, dachte er. – Sie heißt Nadin, nicht war? – Ja, antwortete Pascal kurz. – Mein Vater kennt ihre Familie, geschäftlich, fuhr sie fort. Und: In ihren Kreisen hat man wohl nicht die Mittel für ein richtiges Instrument. – In vielen Konzerten werden Blockflöten eingesetzt, so Pascal. – Na, nicht in vielen. Aber reden wir nicht mehr darüber.
Als Pascal nun seinen Besuch beenden wollte, hielt sie ihn nicht zurück. Sie bestand jedoch darauf, ihn, trotz seines Widerspruchs, mit der Kutsche nach Hause zu fahren. Schließlich willigte er ein.
Sie benutzte diesmal einen Einspänner, auf dem Pascal neben ihr auf dem Kutschbock zu sitzen kam. Als er bemerkte, dass sie nicht die Richtung nach seinem Hause in der Hermannstraße nahm, sagte er es ihr. Und sie darauf: Einen kleinen Umweg können Sie sich doch gönnen. Es ist heute ein so schönes Wetter. Er schwieg und fand es schließlich interessant, die Stadt einmal aus der Perspektive einer fahrenden Kutsche zu erleben.
Sie durchfuhren jetzt den Stadtpark. Pascal erfreute sich an den Zypressen und Lebensbäumen vor einem kleinen Weiher. Für einen Augenblick gab er sich der Vorstellung hin, in einem exotischen Land zu sein.
Aus den Augenwinkeln blickte er auf die kutschierende junge Frau, die ihm jetzt besonders schön erschien. Die runde weiße Stirn, in die eine Strähne ihrs Haares geraten war, die schmale, gerade Nase, die etwas aufgeworfenen Lippen, die feucht glänzten, und ein leichter Geruch ihres Körpers betörte ihn.

Ihre Bemerkung über Nadins Familie vorhin, hat sie doch wohl nicht aus böser Absicht gemacht, dachte er jetzt. Sie hatten unterdessen den Stadtpark verlassen. Nach einer Kreuzung dreier Straßen, die in den Pfarrplatz mündeten, kamen sie zur Stadtpfarrkirche, die eine Längsseite des Platzes begrenzte. In diesem Augenblick wurde das Portal der Kirche geöffnet. Ein Hochzeitspaar trat heraus. Die Braut in einem langen weißen Kleid trug einen Jungfernkranz aus weißen Blumen auf ihren in der Sonne glänzenden braunen Locken. Kinder, ebenfalls mit Blumenkränzen geschmückt, trugen die weiße seidene Schleppe der Braut, deren Gesicht voller Freude und Stolz förmlich leuchtete. Der Bräutigam in schwarzem Frack, einen Zylinder in der Linken, führte die Braut mit der Rechten. Zahlreiche Hochzeitsgäste aber auch Neugierige bevölkerten den Platz. Eine Frauenstimme aus den Reihen der Umstehenden rief: Wir wünschen dem Paar viele Kinder, worauf Viele klatschten. Dietlinde hatte die Kutsche angehalten. An ein Weiterfahren war vorerst nicht zu denken. Da fiel Pascals Blick auf zwei schwarze Inschrift-Tafeln aus Marmor mit Giebeln und Konsolen, die neben dem Kirchenportal angebracht waren. – Die werde ich mir einmal ansehen, sagte er, weiterfahren könne wir jetzt ohnehin nicht. – Ich muss das Pferd halten, sagte Dietlinde, müssen Sie das unbedingt lesen? – Bin gleich zurück, erwiderte Pascal, stieg aus und näherte sich den Tafeln. Auf beiden stand ein hervorgehobener Text: »In Erfüllung der schwersten und edelsten Bürgerpflicht haben den rühmlichen Soldatentod gefunden folgende Angehörige der Stadt und Umgebung«. Auf der linken Tafel standen die Namen

der Gefallenen der Jahre 1848 und 1849. (Revolution), rechts jene aus den Kriegsjahren 1864 (Krieg gegen Dänemark) und 1866 (Schlacht bei Königgrätz). Später erfuhr er, dass dieses Denkmal das erste sei, auf dem die Namen der Gefallenen aufgeführt waren.
Nun wissen Sie, was auf den Tafeln stand? fragte Dietlinde – Die Namen von Kriegstoten. Ich habe sie nicht gezählt, es hätte zu lange gedauert. Ob sie ihren Tod rühmlich nennen würden? sagte Pascal wie zu sich selbst. – Dulce et decorum est pro patria mori, sagen die Lateiner, erwiderte Dietlinde – Ich möchte lieber für das Vaterland leben. – Aber Sie würden doch auch nicht zögern, Ihr Leben für unser Deutschland einzusetzen? Pascal schwieg.
Das Brautpaar war in einer Kutsche abgefahren. Die Menge auf dem Platz hatte sich zerstreut. Wolken hatten sich vor die Sonne geschoben. Und während sie weiterfuhren, dachte er daran, wie sich Nadin an ihn geklammert hatte und gerufen: Ich lasse dich nicht in den Krieg gehen. Und er hatte wieder ihr liebes Gesicht vor Augen, in dem sich Schmerz und Verzweiflung gespiegelt hatte.

In den nächsten Tagen hatte Lucie ihn gefragt, ob er eine neue Freundin habe. – Wie kommst du darauf? – Ich habe dich neulich auf dem Pfarrplatz gesehen, du saßest neben Dietlinde Mannay in deren Kutsche. – Ach so, das meinst du. Ich habe von Mannay eine Einladung bekommen, vielmehr von seiner Tochter, und zu meiner Überraschung hat Vater, der die Einladung entgegengenommen hatte, ausdrücklich gewünscht, dass ich ihr folgen solle. – Er will euch wohl verkuppeln? – Er sagte mir, Mannay und er kennten sich schon lange. Weißt du den Grund für diese Freundschaft? – Genau nicht, sagte sie und hob die Schultern: Mir hat er einmal beiläufig erzählt, dass er die Ehefrau Mannays behandelt hat. Es sei eine langwierige Erkrankung gewesen. Er habe sie operieren müssen. Ich glaube, es war eine gynäkologische Sache. Sie schien wieder hergestellt, aber dann kam ein Rückfall. Vater konnte ihr nicht mehr helfen. – Sie ist gestorben? – Ja, in dieser Zeit, und danach waren Mannay und Vater häufig zusammen. Wir waren damals noch Kinder. Du müsstest dich eigentlich erinnern. – Ich habe viele Leute bei uns gesehen und keinen wirklich beachtet. – Dietlinde ist sein einziges Kind. So hat er sich wohl an sie gehängt, die ohne Mutter aufgewachsen ist. Er hat ihr alle Freiheiten gelassen. Wahrscheinlich hat sie sich jetzt in den Kopf gesetzt, dich zu kapern. – Aber warum gerade mich? Sie kennt mich doch gar nicht – Das weiß ich auch nicht. Begehren fragt nicht nach Gründen. Es ist einfach da. Im Übrigen finde ich, die hat ja Beine bis unter die Ohren. Du müsstest blind sein, wenn du Nadin gegen sie eintauschen würdest.

***

Die Wirtschaft »Zum Krug« befand sich auf dem Altmarkt, dem Rathaus gegenüber. Sie war im Erdgeschoss eines Fachwerkhauses eingerichtet. Pascal hatte das Gebäude bislang nur flüchtig wahrgenommen. Heute musterte er es aufmerksam. Besonders gefiel ihm das kunsthandwerklich geschmiedete Schild über dem Eingang, das einen altdeutschen Krug in Weinlaubranken zeigte. Es er-

innerte ihn an die Arbeiten von Ulfried.
Er schritt durch eine mit Schnitzereien verzierte schwere Tür aus Eichenholz und gelangte in den Schankraum. Er grüßte den Wirt, der in einer grünen Lederschürze hinter dem Tresen stand und Bier zapfte. Umherblickend entdeckte er Ferdinand in einem holzgetäfeltem Abteil vor einem tönernem Bierkrug.
Ich dachte schon, du kommst nicht, sagte er, dem Freund die Hand reichend. Pascal setzte sich ihm gegenüber auf eine mit Leder bezogene Holzbank. – Entschuldige, erwiderte Pascal, der den Termin beinahe vergessen hatte.
Als der Wirt herankam bestellte er: Auch ein Bier.
Sie redeten zunächst von ihren Studien, von den Eigenheiten ihrer Professoren. Mein Vater ist ein guter Lehrer, so Pascal, er erscheint mir dort wie ein anderer Mensch. Die Objektivität, mit der er sein Fach, auch im Rahmen der gesamten Medizin, darstellt, tut mir richtig gut. Wäre er nur auch in anderen Bereichen so objektiv. – Willst du auch Chirurg werden? fragte Ferdinand, ohne auf Pascals Rede einzugehen. – Ja, da kann man das Leiden direkt angehen. Es ist einfach ein intelligentes Handwerk. – Und du? Was für eine Richtung willst du in der Juristerei einschlagen? – Ich interessiere mich für Staatsrecht. – Und für Lucie, warf Pascal lachend ein. – Darüber können wir später reden. Aber, weil du von Frauen redest, ich habe von der Bekanntschaft mit Dietlinde Mannay gehört. Ist da was dran? – Schon, aber ich glaube, die Angelegenheit hat sich erledigt. Sie ist eine falsche Patriotin. – Was heißt das? – Sie findet Krieg für das Vaterland brauchbar. Aber zurück zu Wichtigerem: Was reizt dich am Staatsrecht? – Was uns

alle bewegt, jedenfalls große Teile der Bevölkerung, ist doch die Frage des Nationalstaates. Und da lohnt sich ein Rückblick. Am 28. März 1849 war eine Verfassung des Deutschen Reiches verkündet worden. Diese so genannte Paulskirchenverfassung sah eine Monarchie mit einem Erbkaiser vor. Dieser Kaiser sollte der Preußenkönig Friedrich Wilhelm IV. sein. Man schickte eine 32-köpfige Delegation zu ihm. Doch der lehnte das Angebot ab mit der Berufung auf sein Gottesgnadentum. An seinen Gesandten Bunsen schrieb er:

»Die Krone, die ein Hohenzoller nehmen dürfte, ist eine die den Stempel Gottes trägt, die den, dem sie aufgesetzt wird, nach der heiligen Ölung von Gottes Gnaden macht.«

Das wusste ich nicht, sagte Pascal, das ist ja unglaublich.

– Es kommt noch schlimmer. Diese Verfassung wurde dennoch im Reichsgesetzblatt vom 28. April abgedruckt und damit rechtskräftig. Der Preußenkönig und die übrigen deutschen Fürsten des Deutschen Bundes verweigerten weiterhin die Annahme der Verfassung. In der Bibliothek der Uni fand ich zu diesem Thema einen Bericht von dem Prinzen Johann von Sachsen. In seinem Tagebuch hatte er folgendes notiert:

»Den ganzen Vormittag war mein Bruder mit Deputationen bestürmt worden, die ihn zum Nachgeben bewegen sollten. Selbst wohlgesinnte und treue Leute wie mein Freund Carus stimmten in dieses Lied ein. Dieser warf sich der Königin zu Füßen und bat sie, meinen Bruder umzustimmen. Mein Bruder, tief erschüttert, warf sich vor Gott auf die Knie, und gestärkt durch das Gebet gab er kund, auf seinem Vorsatz zu beharren.«

So kam es am 3. Mai zu Aufständen. Der König und seine Familie flohen nach der Festung Königstein. Doch die königlichen Truppen konnten die Lage nach tagelangen Kämpfen mit Hilfe preußischer Regimenter wenden. Am 9. Mai hörte das Schießen auf. Die Revolution war gescheitert. So weit in Sachsen, sagte Ferdinand. Solche Aufstände gab es in vielen deutschen Ländern. Die Aufständischen wollten überall die deutschen Fürsten zur Annahme der Verfassung zwingen. Aber schon im Sommer 1849 wurden diese Erhebungen mit Hilfe preußischer Truppen niedergeschlagen. In Sachsen mussten Richard Wagner und Gottfried Semper ins Exil gehen. Andere wurden hingerichtet. Auf diese Weise scheiterte das Verfassungswerk auch politisch.
Ferdinand trank seinen Bierkrug leer. Nach einem langen Schweigen sagte Pascal: Es ist doch grotesk, wenn jetzt die Reichseinigung durch Bismarcks Thesen von Blut und Eisen erkämpft werden soll, wo man sie 1849 friedlich hätte haben können.
Glaubst du, fragte Pascal nach einer Weile, dass die Bevölkerung der Einheit wegen einen Krieg will? – Sicher nicht die ganze Bevölkerung, das ganze Volk. Aber durch die allgemeine Wehrpflicht sind schließlich alle Bürger betroffen.
Zudem glaube ich, dass die Bereitschaft, einen Krieg gegen Frankreich zu führen, ziemlich groß ist. Jedenfalls sind Stimmen, die den Krieg grundsätzlich verdammen, sehr, sehr selten zu hören.
Die Bierkrüge waren leer. Jenseits der Butzenscheiben, durch die Pascal jetzt blickte, erschienen die Konturen der

Häuser wie aufgeweicht. Auch die auf den Bürgersteigen am Haus vorbeigehenden Menschen glichen schwammigen, bunten Wesen.

***

Am 17. Juli 1870, zwei Tage vor der Kriegserklärung Frankreichs an Preußen, trafen sich Pascal und Ferdinand in jenem Pavillon, der auch Ferdinand und Lucie als Treffpunkt diente. Als Pascal durch das Portal trat, sah er Ferdinand vor der Skulptur Adalbert Stifters stehen. Eine Hand am Kinn, schien er in Gedanken versunken. Pascal berührte ihn an der Schulter. Ferdinand begrüßte ihn mit einer Umarmung. Sie setzten sich auf die im Halbkreis angeordnete Steinbank. Draußen flimmerte die Luft in der sengenden Sonne. Hier sitzt man wenigstens kühl, wenn auch nicht bequem, sagte der Freund. – Was gibt es Neues? fragte Pascal fröhlich. – Warte, entgegnete Ferdinand, und zog aus seiner Kollegmappe eine Zeitung hervor, die er Pascal gab. Aus unserer Druckerei, fügte er hinzu. Und: Es geht um die Vorgeschichte der so genannten »Emser Depesche«. 1868 war die spanische Königin von einem Militärputsch abgesetzt worden. Als Kandidat für die Wahl eines neuen Königs war Prinz Leopold von Hohenzollern ins Auge gefasst worden. Der Prinz lehnte das Angebot ab, wurde aber von Bismarck überredet, die Kandidatur anzunehmen. Wilhelm I. stimmte zu. Frankreich reagierte empört über die angebliche Absicht, Frankreich mit Hohenzollernkönigen in Preußen und Spanien einzukreisen. Daraufhin zogen Wilhelm I. und Prinz Leopold die Kandidatur zurück. Doch Frankreich begnügte sich nicht mit dieser Haltung. Der französische Botschafter Graf Benedetti sprach den König auf der Kurpromenade in Ems direkt an und verlangte, neben einer Entschuldigung, zu versprechen, »nie wieder einer hohenzollernschen Thronkandidatur in Spanien zuzustimmen«. Der König reagierte höflich und reserviert. Heinrich Abeken schickte darüber einen Bericht an Bismarck, der das Dokument stark verkürzte. Aber lies nun selbst:

Pascal faltete die Zeitung auf und las: »Recherchen über die Emser Depesche. Aus sicherer Quelle erfahren wir, auf welche Weise die so genannte Emser Depesche zustande gekommen ist. Der Ministerpräsident von Preußen, Otto von Bismarck, hatte den Kriegsminister Roon und General Helmut von Moltke am 13. Juli eingeladen mit ihm ′zu Drei' zu speisen. Bei Tische habe er ihnen folgendes mitgeteilt: Der Haltung Frankreichs gegenüber zwänge uns nach seiner Ansicht das nationale Ehrgefühl zum Kriege. Sonst verlören wir auf dem Wege zur Vollendung unserer nationalen Entwicklung den ganzen 1866 gewonnenen Vorsprung und das 1866 durch unsere militärischen Erfolge gesteigerte deutsche Nationalgefühl südlich des Mains, wie es sich in der Bereitschaft der Südstaaten zu den Bündnissen ausgesprochen hatte, müsste wieder erkalten. Er, Bismarck sei überzeugt, das die Kluft ... zwischen dem Süden und dem Norden des Vaterlandes nicht wirksamer überbrückt werden könne, als durch einen gemeinsamen nationalen Krieg gegen den seit Jahrhunderten aggressiven Nachbarn.

Während dieser Unterhaltung erhielt Bismarck ein 'Zifferntelegram' aus Ems, das Geheimrat Abeken auf Befehl des Seiner Majestät redigiert und unterzeichnet hatte. Dieses Telegramm habe Bismarck seinen Gästen vorgelesen. Roon und Moltke seien daraufhin so niedergeschlagen gewesen, dass sie Speise und Trank verschmäht hätten. Mit der Empfindung, dass der Krieg nur auf Kosten unserer preußischen Ehre und des nationalen Vertrauens auf dieselbe verhindert werden könne, machte Bismarck von der königlichen Ermächtigung Gebrauch, den Inhalt des Telegramms zu veröffentlichen, und reduzierte in Gegenwart seiner beiden Tischgäste das Telegramm durch Streichungen, ohne ein Wort hinzuzusetzen oder zu verändern, auf eine Fassung, die Napoleon als Provokation empfinden musste.
Der Unterschied in der Wirkung des verkürzten Textes der Emser Depesche im Vergleich mit der, welche das Original hervorgerufen hätte, war kein Ergebnis stärkerer Worte, sondern der Form, welche diese Kundgebung als eine abschließende erscheinen lies, während die Redaction Abekens nur ein Bruchstück einer schwebenden und in Berlin fortzusetzenden Verhandlung in Paris erscheinen würde.
Nachdem Bismarck seinen beiden Gästen die ‚concentrierte Redaction' vorgelesen hatte, sagte Moltke: So hat das einen anderen Klang, vorher klang es wie Chamade, jetzt wie eine Fanfare in Antwort auf eine Herausforderung. Bismarck erwiderte: Dieser Text wird vor Mitternacht in Paris bekannt sein und dort den Eindruck des roten Tuches auf den gallischen Stier machen. Schlagen müssen wir, wenn wir nicht die Rolle des Geschlagenen ohne Kampf

auf uns nehmen wollen.
Die Generale hatten plötzlich die Lust zu essen und zu trinken wiedergefunden und sprachen in heiterer Laune. Roon sagte: Der alte Gott lebt noch und wird uns nicht in Schande verkommen lassen. Und Moltke schlug sich mit der Hand vor die Brust und sagte: Wenn ich das noch erlebe, in solchem Kriege unsre Heere zu führen, so mag gleich nachher die alte Carcasse der Teufel holen.«
Pascal lies die Zeitung sinken. Also Krieg, sagte er erschüttert. Und beide Seiten wollen ihn. Ferdinand erwiderte: Ja, Napoleon wollte ihn schließlich auch, aber nur, weil er ihn wollen musste. Und Bismarck hat sein Ziel erreicht, ihn zu einer Kriegserklärung an Preußen zu zwingen. Vor der Weltöffentlichkeit wird Preußen nun genötigt, sich gegen den Angriff Frankreichs zu wehren. Diese Täuschung hat auch die gewünschte Wirkung auf die Deutschen in den einzelnen Ländern. Der ohnehin herrschende Patriotismus wird nun aufflammen wie ein Waldbrand. Es gilt nun das bedrohte Vaterland vor seinen Feinden zu schützen. Während im Deutschen Bruderkrieg 1866 die meisten deutschen Staaten preußenfeindlich eingestellt waren, werden sie nun, durch Verträge gebunden, ihre Soldaten an die Seite Preußens schicken.

Am 19. Juli 1870 wurde der Reichstag des Norddeutschen Bundes einberufen und mit einer Thronrede König Wilhelms eröffnet. Unmittelbar danach erhielt Bismarck die französische Kriegserklärung. Die Mitteilung darüber wurde in der anschließenden Reichstagssitzung mit Jubel begrüßt.

***

Am späten Nachmittag des 21. Juli fuhren Pascal und ein zweiter Sanitäter in einem Pferdegespann zu einem Truppenverbandsplatz, der zwei Kilometer hinter der Front lag. Die Fahrt durch eine bislang wellige Landschaft führte jetzt durch einen kleinen Wald. Die sengende Sonne über dem Land, die sie bislang hatten aushalten müssen, wurde nun vom Schatten des Waldes gemildert. Für einen Augenblick glaubte Pascal in ein Urlaubsgebiet zu gelangen, das er jetzt vor Augen hatte: Eine Flusslandschaft, deren Ufer mir Erlen gesäumt war; er glaubte, den Duft grüner Wiesen zu verspüren. Und die Vogelstimmen, die er vernahm, stammten von wirklichen Vögeln, die in dem Wald wohnten.

Als das Gespann den Wald verließ, sah er in den Feldern, die sich auftaten, tiefe Trichter, abgenickte Bäume, die wie knochige Gebilde in den tiefblauen Himmel ragten. Und mit einem Male hörte er dumpfe Explosionen und ein Rattern, das in Wellen sein Ohr traf.

Da begann sein Herz schneller zu schlagen. Ihm war, als sei die Luft zu dick, um in seine Lungen strömen zu können. Seine Handflächen waren nass geworden; er schloss seine Hände und öffnete sie wieder. Das wiederholte er mehrmals. Ihm war, als habe er eine Grenze überschritten, die ihn von einer vertrauten Welt in eine unheilvolle trieb.

Das Gefährt hielt endlich an. Sie befanden sich im Hofe eines Gutes, dessen drei Flügel ihm seltsamer Weise das Gefühl gab, sich in einem Refugium zu befinden. Sein Atem ging wieder freier. Sie stiegen aus und Pascal sah

jetzt, dass zwei der weitläufigen Gebäude Schäden aufwiesen, die offenbar durch Granaten angerichtet worden waren. In diesem Augenblick verstummte der Lärm der nahen Front.
Aus der Tür des mittleren Gebäudes trat ein Mann in der Uniform eines Stabsarztes. Sie gingen auf ihn zu und meldeten sich in strammer Haltung.
Wir können ein wenig auf und ab gehen, sagte der Arzt. Es ist gerade ruhig. –
In der Mitte des Hofes stand ein Brunnen mit einer Figur, die eine junge Frau darstellte. Ihr fehlte ein Arm, den offenbar ein Geschoss abgerissen hatte. – Hier holen wir unser Wasser, sagte der Stabsarzt. Wie gefährlich das ist, können Sie sehen. Damit wies er auf den Metallarm, der ein paar Schritte neben der Statue lag.
Ihre Aufgabe ist es, Verwundete aus dem Kampfgebiet zu bergen. Auch aus der vordersten Front! Und notfalls auf dem Buckel. – Er blieb stehen, blickte nach einer Feldlerche, die wie reglos in der Luft stand.
Er sah nun wieder die Männer an: Sie bringen die Verwundeten in das mittlere Gebäude. Wir müssen Verbände anlegen, Schmerzen bekämpfen, Blutungen stillen, leichte Verletzungen versorgen wir hier, schwerere müssen in der Nacht in das nächste Feldlazarett geschafft werden. Es ist etwa zehn Kilometer von hier entfernt.
Im mittleren Flügel, in den er sie danach führte, standen Feldbetten, Bahren waren auf dem Boden gestapelt. Es gab drei Verwundete, die sämtlich leichtere Blessuren hatten und jetzt den Stabsarzt ansahen. Er war groß, dabei schlank, hatte graue Augen mit dünnen Brauen, eine ge-

rade, schmale Nase und trug einen dunklen Schnurrbart. Seine Bewegungen waren angespannt und etwas ruckartig. Im Vorbeigehen berührte er einen der Verletzten leicht an der Schulter. Einen anderen am Arm.

Wir sollen sie fitt machen, dass sie wieder an die Front können. Das sagte er mit monotoner Stimme, dabei war sein Gesichtsausdruck abweisend, als verkünde er etwas, was er nicht billige. Inzwischen war dic Sonnc im Begriff, unterzugehen. Dabei färbte sie den Himmel. Es war, als flösse aus ihrem Leib eine orangefarbene Flüssigkeit, die sich am Himmel auflöse, sich in andere Farben wandle und schließlich alle Farben verlor. Der Himmel war jetzt eine graue, mit schwärzlichen Flecken bedeckte Fläche.

In dem Raum, den Pascal mit dem anderen Sanitäter teilte, warf er sich auf sein Feldbett, nachdem er dem anderen eine gute Nacht gewünscht hatte. Doch sie konnten beide nicht einschlafen. Da begann sein Zimmergenosse von sich zu erzählen, vorerst in kurzen abgehackten Sätzen. Er war von Haus aus Winzer, besaß eigene Weinberge, die er mit seinem Bruder bewirtschaftet. Er war fünfundzwanzig Jahre alt, verheiratet, hatte drei Kinder, von denen er nun erzählte. Der Krieg habe ihn »überfallen«, wie er sich ausdrückte. Er heiße übrigens Bernhardt. Von Politik verstehe er nichts, und gegen die Franzosen habe er auch nichts. Er kenne übrigens nicht einen von ihnen. Aber wenn der Kaiser rufe, müsse man ihm folgen. Er sei froh, bei einer Sanitätsabteilung zu sein, da brauche er nicht auf Menschen zu schießen.

Bernhardt hatte jetzt eine weiche Stimme. Pascal empfand sie als tröstlich, beinahe wie eine gute Predigt. Allmählich

erstarb diese Stimme und das Geräusch eines gleichmäßigen Atems zeigte Pascal an, dass der Mann eingeschlafen war, ohne dass Pascal hätte von sich erzählen können.
Er aber blieb wach, lauschte in die Dunkelheit. Nach einer Weile war ihm, als höre er in der Ferne den Donner eines aufziehenden Gewitters, das nicht näher zu kommen schien. Und plötzlich fuhr er auf: Krieg. Das war der Krieg! Und er würde ihn jetzt erleben. Würde er davonkommen? Er dachte an die Granattrichter in den Feldern, die verstümmelten Bäume. Plötzlich fühlte er einen Schmerz in seinem rechten Arm und sah undeutlich einen uniformierten Menschen, der auf ihn geschossen hatte. Es war der abgeschossene Arm der Brunnenfigur, der ihm jetzt vor Augen stand. Er hatte also doch für kurze Zeit geschlafen.
Er dachte an Nadin, die als Krankenschwester zu einer Sanitätskompanie gegangen war; ihre beiden Brüder hatten sich freiwillig gemeldet. Lucie hatte dem Vater erklärt, dass sie auch an die Front wolle, Verwundeten helfen. Und Pascal wusste, dass sie es wegen Ferdinand tat, der ebenfalls den Gestellungsbefehl erhalten hatte, gleichzeitig mit Pascal.
Das Donnern wurde stärker. Pascal setzt sich auf. Plötzlich ein Krachen ganz in der Nähe. Er sprang aus dem Bett. Bernhardt war schon auf den Beinen. Durch ihr Fenster sahen sie Farbblitze in der Luft, wie bei einem Feuerwerk auf der Kleinmesse. Sie stürmten in das mittlere Gebäude. Da war auch der Stabsarzt: Raus! rief er. Bernhardt und Pascal hoben eine Bahre vom Stapel und liefen in den Hof. Das Donnern und Krachen war jetzt überlaut. Sie brauch-

ten dem Aufruhr nur entgegen zu laufen. Keuchend umliefen sie einen Trichter, einen zweiten. Da hörten sie den Ruf: Sanitäter! Es klang verzweifelt. Da wich das brustverengende Gefühl der Angst von Pascal. Sie rannten dem lauter werdenden Ruf entgegen. Hier! Hierher! Nach ein paar Schritten sahen sie in der Morgendämmerung einen Soldaten auf der Erde liegen.
Sie stellten die Trage ab, hoben den Verletzten darauf, wobei der Mann aufschrie, als sie seine beiden Beine fassten. Los, rief Pascal, zurück! Ein anfangs kaum hörbares Zischen nahte sich, um plötzlich in ein grelles Krachen aufzugehen. Splitter sausten durch die Luft. Beide duckten sich ohne ihre Last loszulassen. Pascal rang nach Luft, ihm war, als wolle sein Kopf platzen. Bernhardt schien es nicht anders zu gehen. Pascal hörte dessen pfeifenden Atem. Endlich hatten sie den Hof erreicht. Dr. Haller stand in der offenen Tür. Sie stolperten an ihm vorbei. Stellten ihre Last ab. Hoben den Verletzten vorsichtig auf eine Liege vor dem Instrumententisch. Der Mann wimmerte und knirschte mit den Zähnen. Seine Hose war durchblutet. Dr. Haller schnitte sie von der Fußsohle her auf. Blut strömte aus einer breiten Wunde am Oberschenkel. Pascal sah, dass man das Gefäß abklemmen musste und reichte dem Arzt eine Gefäßklemme. Der warf einen erstaunten Blick auf Pascal und begann die Blutung zu stillen.
Danach ergriffen sie wieder eine Trage und eilten an die Frontlinie. Nach etwa zwanzig Metern kam ihnen ein Soldat entgegen, der sich einen Getroffenen auf den Rücken geladen hatte. Er wehrte ab, als sie den Bewusstlosen auf die Trage nehmen wollten. – Holt die anderen, sagte der

Mann keuchend: Ich schaffe es schon.
Als breche die Erde aus sich heraus auf, entstand vor ihnen plötzlich ein tiefer Trichter gleichzeitig mit einem betäubenden Krachen. Erdklumpen und Splitter rasten durch die Luft. Der Luftdruck hatte sie zu Boden geworfen. Durch den Tanz der fliegenden Teile, die wie eine durchsichtige Mauer vor Pascals Augen standen, sah er den Soldaten mit dem Verletzten über der Schulter davon schreiten. Das ist ein Wunder, dachte er.
Vor der Frontlinie sahen sie jetzt einen Menschen, der sich auf dem Boden krümmte und schrie. Pascal sah, dass der Unterleib des Liegenden aufgerissen war und blutiges Gedärm aus der Leibeshöhle heraushing. Pascal wurde von einer lähmenden Übelkeit befallen. Dennoch kniete er neben dem Mann. Bernhardt hatte die Griffe der Bahre nicht losgelassen, jetzt ließ er sie zu Boden gleiten. – Wir müssen, sagte er, schwieg dann. Er war blass, hatte den Mund offen. – Verdammt, verdammt, sagte er stöhnend und sah Pascal mit einem Blick des Entsetzens und der Verzweiflung an. Dann fasste er nach den Beinen des Mannes, Pascal schob seine Hände unter den Rücken des Schwerverletzten und gleichzeitig hoben sie ihn auf die Trage. Pascal versuchte, das Herausgleiten des Darmes aus der Wunde zu verhindern.
Der Verwundete schrie nicht mehr. – Wasser, rief er, Wasser! Sie hatten keines. Außerdem wussten sie, dass bei einem Bauchschuss nicht getrunken werden durfte. Als in ihrer Nähe eine weitere Granate einschlug, liefen sie weiter ohne an Deckung zu denken. Es war, als hätten sich beide abgeredet, den Mann durch alle Geschosse hindurch

zum Verbandsplatz zu bringen. Das gelang, doch der Mann war bereits ein Sterbender. Sein Gesicht war weiß. Tropfen standen auf seiner Stirn, die an geschmolzenes Wachs erinnerten. – Darmverletzungen müssen innerhalb von Stunden operiert werden, sagte Dr. Haller. Wir geben ihm Morphium, aber er hat wohl keine Schmerzen mehr. Der Mann lag apathisch da. Plötzlich brach ein unmenschlicher Schrei aus ihm. Er richtete sich auf, fiel zur Seite, würgte und erbrach Luft.

Pascal wurde von einem Schwindelgefühl erfasst. Sein Herz schlug so heftig, dass er glaubte, es spränge ihm aus der Brust. Bernhardt war blass, wie das Gesicht des Verblichenen. Doch wie von einer äußeren Macht gelenkt, ergriff Pascal eine Bahre und hob sie allein an. Da ermannte sich auch Bernhardt und sie gingen wieder nach draußen. Es kam ihnen so vor, als liege die Front jetzt unmittelbar vor ihnen. Im Verlaufe des gegnerischen Artilleriefeuers fanden sie jetzt ein schauerliches Bild vor: Tote und Verwundete lagen auf der Erde. Blessierte blieben ohne Hilfe. Sie blieben liegen, bis sie eine Granate oder Mine völlig zerfetzte; grässlich verstümmelte Leichen durch immer erneut einschlagende Granaten.

Sie wendeten sich einem vor Schmerzen laut schreiendem Soldaten zu, hoben ihn auf die Bahre. Seltsamerweise ohne Angst. Sie handelten wie Automaten. Ihre Beine schienen ein eigenes Bewegungszentrum zu besitzen. Granattrichter umgingen sie und von Granaten aufgeworfenen Wälle aus Leichen.

An diesem Tage hatten sie zwölf Verwundete geborgen, als die Nacht kam und die Einschläge nachließen. Mit der

Morgendämmerung aber setzte der Frontlärm wieder ein. Pascal und Bernhard hatten den ersten Verwundeten erreicht. Er hatte einen Oberschenkelschuss am rechten Bein und litt große Schmerzen. Sie hatten ihn so gut es ging gelagert und waren im Begriff, ihn fortzutragen, als ein preußischer Soldat langsam auf sie zukam. Er hielt seinen rechten Arm mit der linken Hand. Er trug keinen Helm, der ihm offenbar abhanden gekommen war. Pascal stutzte, er traute seinen Augen kaum. Es war Ferdinand! Es kam häufig vor, dass Verwundete auch ohne Hilfe den Truppenverbandsplatz erreichten. Dr. Haller hatte von dreiviertel aller Getroffenen gesprochen.
Pascal schrie dem Näherkommenden zu, er werde ihn auf dem Verbandsplatz treffen und zusammen mit Bernhard trugen sie den Beinverletzten schleunigst weg. Sie erreichten den Verbandsplatz. Dr. Haller hatte gerade die zerschossene Schulter eines Soldaten versorgt. So konnten sie den Beinverletzten sogleich auf den Operationstisch legen. Sie könnten mir helfen, sagte Dr. Haller zu Pascal, nachdem er die Wunde inspiziert hatte. Es war ein Schussbruch des Oberschenkels. Pascal wusste, dass sehr viele dieser so verletzten Männer eines elenden Todes sterben würden. Dieser Getroffene war ein junger Mann von etwa zwanzig Jahren. Dr. Haller entfernte sich ein paar Schritte von ihm, bis er außer Hörweite war und sagte zu Pascal: Ich werde den Bataillonskommandeur Major Zielow bitten, uns ein Fahrzeug zum Transport von Verwundeten in das Feldlazarett zu schicken. Dieser junge Mann hier muss so schnell wie möglich chirurgisch versorgt werden. Sie werden diesen Transport in der kommenden Nacht begleiten.

In diesem Augenblick kam Ferdinand zur Tür herein. Pascal rannte auf ihn zu, schob ihm einen Stuhl hin, sagte zu Dr. Haller: Ein Freund von mir. Es ist ein Unterarmschuss. Der Arzt untersuchte ihn, sagte: Leider ist der Knochen lädiert. Da wusste Pascal, dass dem Freund eine Amputation drohte.
Die nächste Nacht wurde nicht wirklich dunkel. Wieder einsetzendes Geschützfeuer, ferne Brändc, Lcuchtkugeln versetzten sie in bunte Flammen.
Als das Pferdegespann in den Hof einfuhr, tauchte es ein in der Nähe berstendes Geschoss in eine geisterhafte Helle. Fünf Verwundete wurden aufgenommen; neben dem jungen Mann auch Ferdinand, der seinen Platz auf einer Holzbank hatte. Pascal hatte die Schmerzen der Verwundeten durch Injektionen zu mildern gesucht.
Sie fuhren die Nacht hindurch, bis sie im Morgengrauen das Feldlazarett erreichten. Das Lazarett war in einem Komplex von Schulgebäuden eingerichtet worden. Die Verletzten wurden von zwei Chirurgen versorgt. Sie entschlossen sich zu Amputationen. Der Beinverletzte hatte das Bewusstsein verloren und wurde sofort auf den OP-Tisch gebracht. Ferdinand wiederholte mehrmals: Ausgerechnet der rechte Arm. Dabei biss er sich auf die Lippen. Seine Stimme war unfest. Ein Pfleger fuhr ihn in einem Feldbett in den Operationsraum. Auf dem Boden des Raumes lagen menschliche Gliedmaßen. Es roch nach Blut und Chloroform. Die Gummischürzen der Operateure waren mit Blut bespritz, wie ihre Hände.
Plötzlich hörte Pascal den erstickt klingenden Ausruf einer Frau. Es war Lucie in der Tracht einer Krankenschwester.

Pascal bemerkte, wie sie zitterte. Sie umarmten sich heftig und Lucie unterdrückte ein Aufschluchzen, das wie ein hohler Ton aus ihrem Munde brach. – Mein armer Ferdi, sagte sie dann leise. Pascal hatte nach Anweisung eines Arztes den Freund auf einem zweiten OP-Tisch angeschnallt. Das Geräusch einer Knochensäge versetzte ihn in ein Gefühl von Zorn und Mitleid. Er sah nach Lucie, die mit vor Angst und Kummer entstelltem Gesicht die Amputation verfolgte.
Der Unterarm Ferdinands fiel zu Boden. Der Stumpf wurde versorgt. Pascal und Lucie wurden zur Hilfe bei gleich darauf hereingebrachten weiteren Verletzten gebraucht. Sie konnten sich um Ferdinand nicht mehr kümmern. Die Gesichter der Chirurgen waren maskenhaft erstarrt. Sie arbeiteten seit Stunden ununterbrochen und kämpften gegen die offensichtliche Erschöpfung an.
Während Lucie Verbände anlegte, berichtete sie dem Bruder, wie sie sich zu diesem Dienst gemeldet und vorbereitet hatte. Der Vater hatte ihr untersagt, sich zu dem Sanitätsdienst an der Front zu entscheiden. Sie hatte ihm darauf seine eigenen Worte ins Gesicht gesagt, dass jeder Deutsche jetzt seine Pflicht für sein Vaterland erfüllen müsse. Auch als Frau, hatte sie hinzugefügt. Da der Vater seine Meinung nicht ändern wollte, hatte sie ihm schließlich einen Brief geschrieben, in dem sie ihren Schritt rechtfertigte. Hatte auch ein gängiges Zitat hinzugefügt: Gott helfe mir, ich kann nicht anders. Hatte dann den Brief auf den Tisch im Wohnzimmer gelegt und das Haus im Morgengrauen verlassen. In Kurzlehrgängen hatte sie eine Ausbildung in einer Sanitätsabteilung erhalten. Vom Vater

hatte sie nichts mehr gehört. Wahrscheinlich, sagte sie, ist er in eine militärische Funktion berufen worden. Auf Pascals Frage nach Nadin erwiderte sie, dass Nadin als Krankenschwester sicher auch in Lazaretten tätig sei. Aber Genaueres wusste sie nicht.
In den Abendstunden musste Pascal mit dem Gespann wieder zurück an die Front. Er wollte sich von seiner Schwester verabschieden, als diese aus dem Raum stürzte, in dem der Operierte lag. – Schnell, rief sie, Ferdinand geht es schlecht. Ich muss einen Arzt holen. Pascal rannte in den Raum. Es stellte sich heraus, dass Ferdinand hohes Fieber hatte. Er erkannte den Freund nicht, stöhnte und gab undeutliche Laute von sich. Zwischen Speichelblasen auf seinen Lippen hörte man nun doch Worte. Der Fiebernde schien aufs Höchste erregt. Er hatte das Deckbett abgeworfen. Der Verband zeigte feuchte Stellen.
Plötzlich war, was Ferdinand sagte, deutlich vernehmbar. Seine Stimme aber war wie verstellt, als ahmte sie die Stimme eines anderen nach. Es waren Bruchstücke einer Rede: Die Ehre unsere, meine Ehre. Wir brauchen Krieg für unsere Einheit. Dann, nach einem erneuten Hervorsprudeln blasigen Speichels, mit einer wieder anderen Stimme: Jetzt kann ich essen. Kann die alte Karasse abgegeben werden.
Pascal wusste nun, wovon Ferdinand sprach. Er erinnerte sich an das Treffen mit ihm im Pavillon, als Ferdinand ihm aus jener Zeitung vorgelesen hatte, die in der Druckerei seines Vaters hergestellt worden war. Es ging dabei um die Reden von Bismarck, Roon und Moltke, die sich über einen kommenden Krieg freuten. Damals schien eine

heiße Sonne am blauen Himmel, aber die Wolken eines gewollten Krieges mit Frankreich waren schon deutlich am politischen Himmel zu erkennen.
Da kam Lucie mit einem der Chirurgen herein. – Wundfieber, sagte der Doktor: Wir versuchen eine Drainage anzulegen. Lucie und Pascal wickelten den Verband ab. Man sah eine dunkle Rötung über der Naht; durch die Stichkanäle sickerte Sekret. Die Manipulationen an seinem Arm schien Ferdinand nicht wahrzunehmen. Da rief Ferdinand wieder: Ho, ho. Sie haben gejubelt, als das Morden begann. Der Doktor hatte die Drainage angelegt. Lucie sollte kalte Umschläge auf Ferdinands Stirn legen. Aber es gab kein kaltes Wasser.

Pascal musste sich verabschieden. Er umarmte die Schwester. Wir müssen hoffen sagte er leise, hoffen. Bald umfing Pascal das Dunkel der Nacht. Das Gefährt holperte durch das zerschossene Land zurück. Später dachte er, wie die Kaiserin ihren Wilhelm beschworen hatte, einen Krieg zu vermeiden, und die französische Kaiserin Napoleon verachtete, weil er mit der Kriegserklärung an Preußen zögerte. Wer waren die eigentlichen Macher des Verbrechens Krieg?

***

An einem Sommertag im August 1870 erlebt Pascal eine grauenhafte Kriegsszene, die er sein Leben lang nicht vergessen würde. Sein Bataillon hatte die Ortschaft Yvanoir in den Vogesen erreicht. In einem Bauernhof versuchte

sich die Sanitätsabteilung einzurichten. Durch den überhasteten Rückzug der französischen Truppen waren Einwohner des Ortes in ihren Häusern geblieben.
Als sie das Gut bezogen hatten, hörten sie aus einem Zimmer ein leises Wimmern. Pascal und ein zweiter Sanitäter namens Karl öffneten den Raum und fanden eine junge Frau vor, die, wie man sehen konnte, hochschwanger war. Der Arzt war hinzugekommen, sagte: Das hat uns gerade noch gefehlt, die Frau kann jeden Augenblick niederkommen. – Er sprach ein wenig französisch und erfuhr so, dass man die Schwangere hier gelassen hatte, weil eine Geburt unterwegs zu gefährlich für Mutter und Kind sei. Und man glaubte wohl, die Deutschen würden sich um sie kümmern. Dann untersuchte er die Frau, fand eine normale Kindeslage vor, der Kopf war schon in das Becken eingetreten und der Muttermund einen Querfinger weit geöffnet. Wehen kamen in kurzen Abständen.
Er schickte Pascal in das Dorf, um eine Frau zu finden, die sich nach der Geburt um die Wöchnerin kümmern würde. Pascal ging los. Schon die ganze Zeit über waren vereinzelte Abschüsse zu horen, und mehr oder weniger nahe Einschläge erfolgt. Pascal konnte nicht herausfinden, ob die Beschießung durch französische oder deutsche Artillerie erfolgte. Schließlich traf er auf eine ältere Frau, die ihn hinter ihrem Fenster im Erdgeschoss beobachtete. Er konnte ihr deutlich machen, dass sie einer Landsmännin bei der Geburt beistehen sollte. Als er mit ihr über den Markt ging, schlug eine Granate auf dem Platz ein, die die Fassade des Renaissance-Rathauses beschädigte.
Sie betraten nun den Hof des Gutes und Pascal deutete auf

den Seitenflügel, wo sich die Schwangere befand. In dem Treppenhaus war es dunkel. Er stieg die Holztreppe zu dem Zimmer hinauf, die Frau dicht hinter ihm. Da stürzte Tageshelle auf ihn ein und gleichzeitig war ihm, als träfe ihn ein furchtbarer Schlag auf den Kopf. Er griff sich mit beiden Händen an die Brust. Pascal hörte einen würgenden Laut. Die Frau neben ihm war auf die Knie gestürzt und presste die Hände vor ihr Gesicht.

Eine Granate hatte die Wand des Zimmers weggerissen. Die junge Frau lag auf dem Fußboden. Beide Beine waren abgerissen, das Neugeborene lag in ihrer Achselhöhle, einen Arm ausgestreckt, als wolle es eine Brust ergreifen. Das Gesicht der Getöteten, von wächserner Schönheit, erschien Pascal wie das einer Madonna auf manchen Heiligenbildern. Ein sanftes Lächeln schien ihren Mund zu kräuseln.

Pascal brach in ein hemmungsloses Schluchzen aus. Blind vor Tränen kam er zu dem Arzt. Auf Pascals Frage nach Karl zeigte der Doktor auf eine verkrümmte Gestalt am Boden. Karl war tot.

***

Die Beschießungen hatten aufgehört. Alle Kampfhandlungen schienen eingestellt. Es war, als halte die Front den Atem an, fassungslos über die begangenen Grausamkeiten, das gegenseitige Abschlachten. Als beuge sie sich jetzt in Demut vor dem verzeihenden Lächeln dieser Frau. Frauen waren und sind es, die den Völkern Männer schenken. Frauen, die von Männern befruchtet wurden und wer-

den und wieder und wieder Männer gebären, die das Morden in Kriegen fortsetzen, die die Verbrechen des Krieges in Tugenden des Mannes umkehren, verdrehen oder es zulassen, dass man sie ihnen umkehrt oder verdreht. Als hätten sie selbst keinen Verstand.
Der Abend kam. Und keine Hoffnung auf Frieden. Wer wagt es, solche Kriege zu befehlen, brüllte Pascal in den Nachthimmel, der wieder durch Kaskaden von totbringenden Geschossen erhellt wurde. Er war aber auch voller Sterne, die seit Jahrtausenden dort standen. Gleichgültig.

Am Morgen des 1. September 1870 befand sich Pascal mit seiner Sanitätsabteilung in unmittelbarerer Nähe von Sedan. Eine mörderische Schlacht begann, die kriegsentscheidend sein sollte. Das Gemetzel dauerte bis 16.15 Uhr. Napoleon, der nach Sedan gekommen war und das Oberkommando inne hatte, begriff, dass der Kampf für seine Armee verloren war und ließ die weiße Fahne hissen. Das Sterben war damit beendet.
Am nächsten Morgen begleitete Pascal den Abtransport von Verwundeten auf einem Leiterwagen. Nach einer Weile passierte er eine Gruppe von Offizieren, die auf einem Hügel standen. Plötzlich spürte er, wie sein Herz stolperte. Etwas abseits von ihnen, auf einer Bank mit schmiedeeiserenen Füßen und einer Lehne aus poliertem Holz, saßen vor einem Weberhaus Napoleon und Bismarck im Gespräche. Pascal schloss die Augen und öffnete sie wieder. Aber was er sah, war keine Halluzination. Der französische Kaiser, in einem weiten Uniformmantel mit einem Tschako auf dem Kopf, saß in etwas gebeugter Hal-

tung leicht zu Bismarck hingeneigt. Der Kanzler dagegen, massig, mit Pickelhaube und gerecktem Oberkörper, die bestiefelten Beine vorgereckt, einen Degen, oder war es ein Knüppel, Pascal konnte es nicht genau erkennen, in der linken Hand, auf den er sich zu stützen schien. Auch die Verwundeten auf dem Leiterwagen schauten wie gebannt auf die beiden Mächtigen. Was dachten sie. Über was redeten sie? Die Hunderttausenden Toten, Krüppel, Verwundeten, die unmenschlichen Schmerzen, das qualvolle Sterben. Schlug ihnen ein Gewissen?
Pascal wurde plötzlich von einem Schwindel erfasst. Das Umfeld erschien ihm wie in einem Zerrspiegel. Wie in einem Traum war ihn, als erfülle die Luft ein Brausen. Tausende Wesen mit abgerissenen Gliedmaßen, zerfetzten Leibern bevölkerten den Raum um die beiden Männer, die jetzt wie von einer glutenen Masse umgeben sich zu riesenhafter Größe erhoben. Über dem Weberhaus türmten sich Wolken, die fratzenhafte Gesichter zeigten, in einem rötlichen Licht. Ein Heulen und Pfeifen brandete gegen Pascals Gehör, dass er glaubte, seine Trommelfelle müssten platzen.
Die Phänomene dauerten nur Sekunden. Das Pferd hatte den Leiterwagen weitergezogen. Pascal sah die beiden Kriegsmacher nun aus größerer Entfernung. Sie schienen jetzt geschrumpft. Herr Gott, jetzt wird Frieden, rief ein Verstümmelter auf dem Gefährt. Sein maskenhaft erstarrtes Gesicht war nass von Tränen. Doch es wurde kein Frieden. Napoleons in Metz belagerte Rheinarmee kapitulierte erst im Oktober 1870.

Bismarck, der den Krieg beenden wollte, weil er ein mögliches Eingreifen von Nachbarstaaten abwenden wollte, bot der französischen Seite moderate Friedensbedingungen an mit nur geringen Grenzverschiebungen im Elsass. Doch die Bevölkerung von Paris erklärte Napoleon III. für abgesetzt und rief die dritte Republik aus. Eine bürgerliche Regierung der Nationalen Verteidigung wies alle geforderten Gebietsabtretungen zurück und stellte frische Truppen auf.
Ab dem 19. September wurde Paris belagert und später beschossen. Am 28. Januar 1871 schließlich gab die französische Hauptstadt auf. Die bürgerliche Regierung unter Adolphe Thiers, die ihren Sitz in Versailles hatte, fand sich jedoch republikanischen Kräften in Paris gegenüber, die Paris sowohl gegen die Deutschen als auch gegen die Regierungstruppen von Thiers verteidigen wollten. Die Kommunarden wollten die eben erlangte Autonomie von Paris nicht aufgeben und menschenwürdige soziale Verhältnisse schaffen. Thiers Versuch, die Nationalgarden der Republikaner zu entwaffnen, misslang. Es kam zu einem Bürgerkrieg, der 30 000 Menschen tötete.
Nach dem Sieg der preußisch-deutschen Armeen traten die süddeutschen Staaten dem Norddeutschen Bund bei, der kurzzeitig Deutscher Bund genannt wurde und jetzt Deutsches Reich hieß. Am 18. Januar 1871 ließ sich Wilhelm I. im Schloss zu Versailles zum Kaiser proklamieren. Das war eine Machtdemonstration, die die deutsch-französische Feindschaft erhärtete.

***

Mitte März 1871 kehrte Pascal in seine Heimatstadt zurück. Vor dem Bahnhofsgebäude war die Straße noch mit geschmolzenem Schnee bedeckt. Auf einem gegenüberliegenden Rondel lag eine dünne Schneedecke, die blühende Narzissen durchbrochen hatten. Eine zweispännige Kutsche fuhr in rascher Fahrt vorbei und bespritzte Pascals Kleidung mit Schneematsch. Pascal schien das nicht zu bemerken. Er blieb vor dem Eingang des Bahnhofes stehen, schaute in den Himmel, der klar war und in einem reinen Blau förmlich zu leuchten schien.

Pascal suchte die Regellosigkeit seiner Gedanken zu ordnen. Ihm war, als habe er alle Fassungskraft verloren. Den Frieden der Stadt vermochte er nicht zu empfinden. Wie konnte die Wirklichkeit, in der er bislang gelebt hatte, plötzlich verschwunden sein aus der Welt und sich vor ihm eine andere ehemalige Wirklichkeit auftun, an die er sich kaum noch erinnerte?

Auf seinem folgenden Gang durch die Stadt blickte er auf Häuser, Geschäfte, Bäume in erdenen Gevierten, die sämtlich unbeschädigt waren. Er wusste wohl, dass hier keine Granaten und Geschosse eingeschlagen haben konnten. Bis hierher hatte der Krieg seine Macht nicht ausdehnen können. Und dennoch, gleichsam im Unbewussten, erstaunte er über die unzerstörte Stadt. Menschen, denen er begegnete, trugen keine Uniformen, rannten nicht vor Angst, warfen sich auch nicht auf den Boden, um sich vor Geschossen und Metallsplittern zu schützen, weil es keine gab. Er schlug sich mit der flachen Hand gegen die Stirn,

sagte, komme zu dir, als er vor einem knallenden Geräusch erschrak und im Begriffe stand, sich in eine Deckung zu flüchten. War er verrückt geworden?
Der Knall rührte von einem Fass her, das von einem Brauereiwagen über eine Schräge gerollt worden war, die in den Keller eines Restaurants führte.
Die Front, die Welt der Front, hatte keinen Bezug zum Leben in der Stadt.
Er wollte jetzt allein sein. Sich wieder ins Gleichgewicht bringen. So ging er weiter.
Er traf auf Lucie, die im Begriff war, das Haus zu verlassen. Sie blieb stehen wie erstarrt, stürzte dann mit einem Aufschrei in seine Arme. – Dass du da bist, rief sie schluchzend. Pascal presste die Schwester mit aller Kraft an sich.
Er war froh, dass es Lucie war, die ihm zuerst begegnete. Als sich beide wieder etwas gefasst hatten, sagte Lucie, Mutter ist in der Stadt und Vater in der Klinik. Sie werden glücklich sein, dich wieder zu Hause zu haben. – Zuhause, sagte Pascal leise: Ich glaube, ich habe kein Zuhause mehr. Wenn man unter »Zuhause« einen Ort meint, wo man sich geborgen fühlt, wo einer seiner selbst gewiss ist, sich der Welt gewachsen fühlt, man sich unter seinesgleichen wähnt, wo man in sich selber ruht. Das alles gelingt mir nicht mehr. Lucie streichelte seine Hand, nahm dann seinen Kopf in beide Hände, drehte ihn so, dass sie ihm in die Augen sehen konnte, sagte eindringlich: Nadin, sie wartet auf dich. – Nadin, wiederholte Pascal. In seiner Stimme klang Sehnsucht und Wehmut gleichzeitig: Ich muss sie sehen, ihre Stimme hören. – Und sie lieben, sagte

Lucie leise. – Ach, stöhnte Pascal. Da erschien die Mutter: Pascal! rief sie schon von weitem. Und: Mein Junge! Sie ging rasch auf Pascal zu, der ihr zögernd entgegen kam. Ihre Küsse empfand er kaum.

Im Wohnzimmer saßen sie sich dann gegenüber. Sprachen über Lucies Lehrerstudium, das sie aufgenommen hatte und über Nebensächliches, wie von einer Art Scham befangen. Der Vater habe ihr die Flucht an die Front verziehen, berichtete Lucie. Da raffte sich die Mutter auf und sagte emphatisch: Nun haben wir das Deutsche Reich und du hast mitgeholfen, es zu erringen. Ich bin stolz auf dich. Pascal empfand diese Äußerung wie einen Schlag. Er erhob sich aus seinem Sessel. Nach Worten suchend begann er: Ich habe kein Gefühl mehr für Heimat. Auch nicht für Vaterland. Zwischen diesen »Werten«, das Wort sprach er skandierend aus, und mir, liegt das Grauen der Front, mein Erleben, wie Menschen sich durch grauenvolles Morden gegenseitig umbringen.

Die Mutter blickte entsetzt zu Pascal hoch, der im Zimmer auf und ab lief. – Sage so etwas bitte nicht zu Vater, bat sie. – Nein, erwiderte Pascal, wobei seine Stimme zitterte: Ich werde schweigen. Lucie versuchte zu vermitteln, sagte in versöhnlichem Ton: Schließlich wurde wieder einmal die Aggression eines Napoleon abgewehrt. Es war 1812, als der erste Napoleon Europa bezwang und Russland erobern wollte. – Das kannst du doch nicht vergleichen, erwiderte Pascal erbittert. Diesmal hat Bismarck Napoleon provoziert. Der wollte den Krieg, den weder Wilhelm noch Napoleon anstrebten, wohl aber die Moltkes und Roons und französische Nationalisten. – Immerhin, entgegnete

Lucie, hat er den Krieg erklärt, und wenn Preußen sich nicht gewehrt hätte, wären die französischen Armeen heute in unserer Stadt. – Das weiß ich auch, rief Pascal: Warum verurteilen die Menschen den Krieg nicht bedingungslos? Machen Vorbehalte, versuchen, ihn sogar zu rechtfertigen. Besonders dann, wenn sie, ihre Väter, Großväter oder andere Verwandte Kriegsteilnehmer waren.
Er setzte sich wieder, atmete tief, sagte dann: Kriege werden im Bewusstsein der Bürger nicht als Verbrechen empfunden, obwohl sie das größte Verbrechen der Menschheitsgeschichte sind. Die Kriegsgründe sind zuallermeist nichtig, fast immer herbeigelogen. Kriegsziele sind nicht die Verbesserung der menschlichen Gesellschaft, sondern die Erweiterung der Macht von Gruppen, Landraub, ökonomische Vorteile. Die Bevölkerung konnte das wissen. Vielleicht spekulierten manche sogar auf Teilhabe an der Beute wie das in historischer Vergangenheit vorgekommen ist.
Ein Schweigen war entstanden. Pascal starrte vor sich hin. Murmelte dann: Ja, sogar so genannte Intellektuelle preisen den Krieg als ein Mittel an, das Volk zu stählen und Tugenden zu entwickeln. Da sagte Lucie in herabgestimmten Ton: Nadin hat großen Kummer. Ihr jüngerer Bruder Gotthold ist gefallen und Ulfried hat ein Bein verloren. Du solltest sie bald aufsuchen.

***

Pascal ging noch am selben Tage zu ihr. Von Lucie hatte er erfahren, dass sie nicht mehr bei ihren Eltern wohnte.

Sie hatte ein möbliertes Zimmer in der Südvorstadt bezogen. Die Wohnung lag im dritten Stock. Pascal nahm zwei Stufen mit einem Schritt. Keuchend hielt er vor der Wohnungstür, las das Namensschild mit der Aufforderung: Zweimal klingeln. Er fühlte seinen Pulsschlag im Halse, läutete. Eine Weile blieb es still, dann wurde die Tür geöffnet und Nadin stand vor ihm. – Ach, rief sie und: Pascal! Es klang wie ein Stöhnen.
Pascal hielt sie in seinen Armen, fühlte erbebend ihren Körper. – Komm, sagte sie, und wiederholte: Komm! Von einem kurzen dunklen Gang ging ihr Zimmer ab. Sie hatte seine Hand nicht losgelassen. In der plötzlichen Helle, die durch das nach dem Hofe zu gelegene Fenster strömte, betrachtete Pascal die Geliebte, die er jetzt mit beiden Armen von sich abhielt. Du bist blass, sagte er besorgt. Ihre Augen erschienen ihm größer, als er sich erinnerte. Plötzlich standen sie voller Tränen, die ihre Wangen nässten. – Erzähle mir von dir, bat er und berührte leicht ihren Arm: Was hast du erlebt? – Ach, das ist schwer, sehr schwer. Sie setzte sich auf einen der Holzstühle, die um einen kleinen Tisch standen, rückte einen weiteren Stuhl ein wenig zu sich heran und machte eine schwache Handbewegung. Pascal setzte sich schweigend.
Ich kann diese Bilder nicht aus meinem Kopf bringen. Sie sagte es so leise, dass er Mühe hatte, sie zu verstehen. Versuchte dann mit einem Taschentuch rinnende Tränen zurückzuhalten. Dann, als wolle sie das Thema wechseln: Ich habe mich so nach dir gesehnt! Und Pascal: Ich habe immer gehofft, dich in einem der Lazarette zu treffen. Aber es war Lucie, der ich begegnete. – Ja, Lucie, sie war auch

dort. Nadin hatte sich gefasst. Pascal nahm wieder ihre Hand. Und so hielten sie sich eine Weile schweigend an den Händen. Lucie hat mir von deinem Bruder erzählt, sagte Pascal schließlich. Nadin ließ ihre Hand aus Pascals Griff. Es war, sagte sie, unterbrach sich dann selbst, atmete rascher, hielt sich dann beide Hände vor ihre Augen, legte sie dann nebeneinander auf den Tisch, presste sich mit dem Rücken gegen die Stuhllehne, wiederholte: Es war am Ende des Tages. Wir hatten viel zu tun. Ich war nach draußen gegangen, die kühle Luft zu atmen. Da kam ein Leiterwagen angefahren. Ein Verwundeter auf einer Bahre wurde abgeladen und in das Haus getragen. Ich blieb noch eine Weile draußen, ging dann ebenfalls in das Haus. Der Verwundete lag schon auf einem der OP-Tische. Sein Gesicht war von einer Narkosemaske bedeckt. Er hatte, wie ich erfuhr, einen Lungenschuss. Ich ging auf meine Station, wo ich zu arbeiten hatte.

Nach etwa zwei Stunden wurde der Operierte hereingetragen und in den abgeteilten Bereich für Schwerverletzte gebracht. Ein Chirurg wies mich an, den Patienten zu überwachen, es sei ein ernster Fall. Die Krankenträger hatten den Verwundeten gebettet und waren hinausgegangen. Ich warf einen Blick auf den Mann und stieß wohl unwillkürlich einen Schreckenslaut aus. Der da lag war mein Bruder Gotthold. Einer der Träger stürzte wieder herein, verließ den Ort aber wieder, als er mich unversehrt gefunden hatte. Schwer verwundet aber war meine Seele. Ich sprach Gotthold an. Er war unruhig, seine Augen huschten umher. Er erkannte mich nicht.

Mir war gesagt worden, einer seiner Lungenlappen sei durchschossen worden. Man hätte die Blutung zwar stillen können, es seien aber auch Nerven verletzt worden. Ich sah, dass es um Gotthold schlecht stand. Seine Haut war blutleer, sein Mund und die Zunge trocken, sein Atem röchelnd. Ich flößte ihm Tee ein, streichelte ihn, rief immer wieder seinen Namen, fühlte seinen Puls, wieder und wieder. Er war schwach und ging rasch, war leicht zu unterdrücken. Ich küsste seine Stirn, sein Gesicht, sagte ihm zärtliche Worte.
Um Mitternacht gab es einen Augenblick, wo er mich zu erkennen schien. Er blickte mir in die Augen, lächelte dann sogar. Vielleicht glaubte er, wieder zu Hause zu sein. Wollte mich dann wohl beim Namen nennen. Es wurde aber nur ein unartikulierter Ausruf. Einer der Chirurgen kam. Nach einem kurzen Blick auf den Patienten sah er nach mir und fragte, ob es mir nicht gut gehe? Und: Ich würde gebraucht. Dann ging er rasch hinaus.
Gotthold wurde wieder bewusstlos. Schweiß brach ihm aus. Er stöhnte. Ich dachte, er litte Schmerzen, rannte wegen Morphium zu einem Arzt. Das Mittel könne das Atemzentrum lähmen, sagte er. Ich bekam ein anderes Präparat.
Ich ging wieder zurück. Gotthold stöhnte nicht mehr. Und ... Nadin hielt sich beide Hände gegen die Ohren, als wolle sie nicht hören, was sie sagte. Und, wiederholte sie, auf einmal sickerte Blut aus seinem Mund. Ich rief nach Ärzten. Vergeblich. Ich starrte auf Gotthold, der aufgehört hatte, zu atmen. Ich kniete neben seinem Lager nieder, küsste seine Augen.

Nadin blickte auf Pascal, als sehe sie durch ihn hindurch, bis sie sein Gesicht mit Blicken festhielt. Pascal stand auf, legte beide Arme um die Geliebte. Sein Verlangen nach ihrem Leib war erstarrt. Seine Küsse waren Regungen, sich ihr ganz zu verbinden, ihr Trost und Halt zu geben.

***

Am nächsten Mittwoch, nach einem Sektionskurs im Pathologischen Institut der Universität, suchte er Nadins Familie auf. Er wollte den Angehörigen sein Mitgefühl über den Tod ihres Sohnes zeigen. Er hatte seinen Besuch angekündigt. So begrüßte ihn Nadins Mutter schon vor der Haustür. Sie ergriff seine Hand, sagte: Das ist lieb von Ihnen, nach uns zu schauen. Im Wohnzimmer bot sie ihm einen Sessel an, von dem aus er einen Blick auf die Kommode hatte. Und auf ein stark vergrößertes Foto von Gotthold. – Unser lieber, lieber Junge, sagte sie feierlich. Es wurde an dem Tage aufgenommen, als er einrücken musste. Auf dem Bild trug er die Uniform eines preußischen Soldaten, allerdings ohne Helm. Am linken unteren Rand des Fotos war ein fingerdickes Band von schwarzer Farbe schräg angebracht. Links und rechts neben dem Bild standen zwei Vasen mit Frühlingsblumen. Das Gesicht des Fotografierten hatte einen kindlichen Ausdruck. Er blickte ernst, aber ein Versuch zu lächeln war zu sehen.
Er hat sein Leben für unser Vaterland gegeben, sagte die Mutter leise. Ihre Augen waren tränenfeucht. In diesem Augenblick trat der Vater in den Raum. Er streckte Pascal die Hand entgegen, sagte: Sie sind uns willkommen. Er

folgte Pascals Blick, der wieder auf das Foto gerichtet war. – Er war fröhlich und tapfer, unser Junge. Er hat unser Vaterland verteidigt. Und nach einer Weile: Wir sind stolz auf ihn. Das sagte er in einem feierlichen Ton. Sein Gesicht drückte dieses Stolz-Sein aus, auch seine Haltung: aufgereckt. Es war so, als erwarte er, dass man ihn lobe für so einen Sohn.
Pascal war betroffen. Er verstand jetzt, warum sich Nadin ferngehalten hatte.
Ihr Ulfried ist zurück? fragte Pascal. – Er hat mir aufgetragen, Sie zu grüßen, erwiderte der Vater. Und: Er ist jetzt in einem Veteranenklub, den er selbst gegründet hat. Er schildert dort seine Fronterfahrungen. Er ist übrigens verwundet worden, sein linker Unterschenkel wurde amputiert. Mit der Prothese kann er schon recht gut laufen. Er trägt es mit Humor. Er könne nun nicht mehr seine linken Zehen erfrieren, hatte er in einer Versammlung einmal lachend zum Besten gegeben. Worauf er viel Beifall erhielt. Die Mutter hatte Kaffee gekocht, den sie jetzt hereinbrachte. Sie trinken doch ein Tässchen mit uns, rief sie fröhlich. – Natürlich, erwiderte Pascal und nickte dazu. Es fiel ihm schwer, bei dieser Familie zu bleiben, die ja seine Schwiegereltern werden sollten. Er war entschlossen, Nadin zu heiraten, auch gegen den Widerstand seines Vaters. Oswald saß ihm gegenüber, nahm von der Quarktorte, sagte kauend, Deutschland ist nun eine Macht in Europa, der Respekt entgegengebracht wird. Wir sind stolz über den Sieg gegen Frankreich und gedenken der Helden, die ihn erfochten haben. In der Stadt wird ihnen ein Denkmal errichtet. – Es gibt schon eins, sagte Pascal, für die Helden

anderer Kriege. – Der Vater sah ihn etwas befremdet an, erwiderte dann, ja, wir Deutschen sind eine heldenhaftes Volk.

***

Am kommenden Spätnachmittag war Pascal mit Nadin verabredet. Sie wollten den Berg am Stadtrand besuchen, den sie in der Vorzeit des Krieges bestiegen und sich auf seinem Gipfel geliebt hatten. Doch als sie sich am Fuße des Berges trafen, hatte sich der Himmel verfinstert. Es drohte ein heftiger Regenguss. Nadin schlug vor, zu ihr zu gehen: Meine Wirtin ist verreist, und sollten Nachbarn reden, ist mir das auch egal.
Mit der Kutsche fuhren sie in die Stadt zurück, bis vor das Haus, in dem Nadin jetzt wohnte. Beim Eintritt in ihr Zimmer brach in Pascal ein heftiges Begehren nach der Geliebten aus. Er zitterte förmlich vor Verlangen nach ihrem Körper.
Nadin stand mit dem Rücken zum Fenster, das nach Westen zu lag und in dem eine eigenartige Dämmerung herrschte, obwohl der Spätnachmittag eben erst zu Ende ging. Ursache war wohl die Gewitterstimmung, die über dem Land lag. Ein Gewitter, das aber gegenwärtig nicht zum Ausbruch kam. Am Horizont stand eine ockerfarbene Wand über einer dunkelgrauen Wolkenbank. Im unteren Teil dieser Bank sah man vier grelle runde gelbfarbene Lichterscheinungen, die wohl von der Sonne herrührten. Mit einem Male zogen schwarzgraue einzelne Wolkengebilde in scheinbarer Nähe des Fensters vor der ockerfar-

benen Fläche vorbei, als strömten sie wie Rauch aus einem nahen Schornstein.
Als die nackte Nadin vor ihm lag, bereit, ihn zu empfangen, war ihm, als erhielt er einen Schlag auf den Kopf. Vor sein inneres Auge hatte sich das Bild der getöteten Wöchnerin gedrängt, die er in dem zertrümmerten Zimmer in Yvanoir. mit dem toten Säugling im Arm vorgefunden hatte. Ihm war, als höre er noch den Aufschrei der Frau, die mit ihm gekommen war, um der Wöchnerin beizustehen. Alles Begehren war in diesem Augenblick erloschen. Er fiel neben Nadin auf ihr Lager, stöhnte. Nadin stemmte sich auf einen Ellenbogen, streichelte seinen Kopf, fragte, was ihm geschehen sei. – Lass mich, sagte er, ich habe plötzlich ein grauenhaftes Bild vor mir gesehen. Nadin schwieg, legte ihren Kopf auf seine Brust. Er blickte über die Geliebte hinweg nach dem Fenster, vor dem immer noch diese grauschwarzen Wolkengebilde eines nach dem anderen langsam vorbeizogen. Endlich war das Sonnenlicht erloschen. Der Wolkenzug verschwunden. Pascal berichtete Nadin stockend, wie er das durch Granaten zerstörte Zimmer betreten und was er dort vorgefunden hatte. Das ist ja furchtbar, hatte Nadin gesagt und sich an Pascal geklammert. Beide lagen dann schweigend in der zunehmenden Dunkelheit, bis der Schlaf sie erlöste.

***

Pascal blieb vor dem Bürgerhaus stehen, in dem die Druckerei untergebracht war. Heute stand eine helle Sonne am Himmel, die die Fassade des im Empire-Stil gebauten

Hauses förmlich zum Leuchten brachte. Im Hinsehen bemerkte er heute zum ersten Mal die Statue einer männlichen Figur neben dem zu einem Portal gestalteten Eingang aus behauenem Granit. Die Figur stellte einen eher asthenisch gebauten Jüngling dar, der ein Buch so in der Hand hielt, als überlege er, was er damit machen solle. Der Oberkörper des jungen Mannes war unbekleidet, seine Muskulatur wenig entwickelt, aber der Gesichtsausdruck war der eines freudig überraschten Menschen. Die Welt nach Gutenberg, dachte Pascal und betrat das Haus.
Er stand noch in der Tür, als Ferdinands Vater ihn bemerkte und mit einem lauten Hallo! auf ihn zukam. Ich dachte schon, du hast uns vergessen, sagte er fröhlich, blieb auf Armlänge entfernt vor ihm stehen, um ihn prüfend zu betrachten: Siehst gut aus, sagte er, und vor allem, alle Gliedmaßen sind noch dran. Ferdinand, der die letzten Worte seines Vaters gehört hatte, kam hinter einer Druckmaschine hervor, wobei er bemerkte, der Arm sei entbehrlich. Dabei versuchte er zu lachen, was ihm aber nicht recht gelang. Pascal ergriff die Linke des Freundes mit beiden Händen und hielt sie eine Weile fest. Der leere Ärmel war in die Tasche der grauen Jacke gesteckt worden, die Ferdinand trug. Pascal versuchte, seinen Blick dorthin zu vermeiden, vermochte es aber nicht. Vor diesem Augenblick hatte er sich gefürchtet, den Freund in diesem Zustand zu sehen. Deshalb hatte er wohl auch seinen Besuch bei ihm etwas hinausgezögert. Jetzt ließ er die Hand Ferdinands los und umarmte ihn heftig – Sie machen ja jetzt gute Prothesen, sagte er, das weiß ich von meinem Vater. – Ich habe mich schon darum gekümmert, erwiderte

Ferdinand, aber die Ergebnisse sind bislang mehr kosmetischer Art.
Die jungen Männer ließen einander los und Pascal sagte scherzend, auf die Umarmung Ferdinands eingehend, der ihn ebenfalls kräftig an sich gedrückt hatte: Lucie wird den Verlust nicht spüren, merkte aber sofort, dass seine Bemerkung unpassend war und schwieg verlegen. Der Vater, der einen kurzen Blick auf seinen Sohn geworfen hatte, sagte rasch: Wir haben einen neuen Raum hinzugemietet: Er dient uns als Aufenthaltsraum. Komm, ich zeige ihn dir. Überhaupt gibt es Veränderungen. Erfreuliche, sagte er vorausgehend. Wir haben zwei Lehrlinge.
Sie betraten jetzt einen mittelgroßen Raum. Pascal musterte ihn flüchtig. In der Mitte stand ein runder Tisch, von sechs Holzstühlen umstellt. Vor zwei großen Fenstern hatte man eine Couch aufgestellt. Eine Anrichte aus Birkenholz nahm den Platz an einer Wand ein, auf der sich ein Samowar aus Kupfer befand. – Den putzen sie immer gern blank, meinte der Vater, wobei er den Samowar mit Wasser beschickte und Tee in ein Behältnis tat. Bald waren sie in Gespräche über den Frieden von Frankfurt vertieft. Die Abtretung von Gebieten in Elsass und Lothringen habe Bismarck nicht gewollt. Das waren Forderungen der Militärs, denen er nachgegeben habe, so der Vater. – Und die fünf Milliarden France, warf Ferdinand ein, werden die deutsche Wirtschaft zur stärksten in Europa machen und die französische schwächen.
Inzwischen hatte der Samowar zu summen begonnen, der Vater stand auf: Ihr nehmt doch Tee? Und er goss das Getränk in bereitstehende Gläser, die er vor die beiden Män-

ner und sich selbst hinstellte. Er nahm einen Schluck und fuhr fort: Die Reichsgründung in Versailles vorzunehmen, im Herzen Frankreichs, festigt natürlich die Feindschaft zwischen Deutschland und den Franzosen. Interessant ist, dass der Festakt nicht so feierlich vonstatten ging, wie es die Propaganda darstellt. Militärs in glänzenden Uniformen vollzogen den Akt. Die Nationalfarben sind nicht die der Revolution von 1848, Schwarz-Rot-Gold, sondern das Schwarz-Weiß-Rot des Norddeutschen Bundes, also Preußens.

Der Großherzog von Baden, Friedrich, der die Proklamation vollziehen sollte, hatte von Bismarck die Weisung erhalten, Wilhelm nicht zum »Kaiser von Deutschland« auszurufen. Als Friedrich dies dem König leise mitteilte, habe dieser, wie berichtet, »heftige Ausdrücke gegen Bismarck« gebraucht. Friedrich, in Bedrängnis, rief schließlich: »Seine Kaiserliche und Königliche Majestät, Kaiser Wilhelm, lebe hoch, hoch, hoch.«

Der neue Kaiser sprach an diesem Tage mit Bismarck kein Wort mehr und würdigte ihn auch keines Blickes. Offenbar konnte keiner der Teilnehmer die Feier so recht genießen. Otto Prinz von Bayern beklagte sich bei seinem Bruder: »Welchen wehmütigen Eindruck macht es mir, unser Bayern sich da vor dem Kaiser neigen zu sehen. Mein Herz wollte zerspringen. Alles so kalt, so stolz, so glänzend, so prunkend und großtuerisch und herzlos und leer. Mir war's so eng und schal in diesem Saale, erst draußen in der freien Luft atmete ich wieder auf.«

Pascal umfasste sein Glas mit beiden Händen, als wolle er sich wärmen. Und sah auf die goldgelbe Flüssigkeit, als

betrachte er einen Zauberspiegel. – Was denkst du, fragte Ferdinand? – An die Opfer dieser drei so genannten Einigungskriege. –Jedenfalls, so der Vater nun, nehmen in Deutschland nationalistische Ideologien zu. Ich denke an unsere Lehrlinge. Sie sind anstellig, machen ihre Sache gut, aber wir haben mit ihnen ein Problem. Sie besuchen häufig hiesige Veteranen-Veranstaltungen. Das wäre verständlich, wenn dort über die Schrecken des Krieges gesprochen würde. Aber einige dieser ehemaligen Kriegsteilnehmer berauschen sich an ihren Erlebnissen auf den Schlachtfeldern, berichten über Heldentaten, die die Jugendlichen begeistern. Reden einem zunehmendem Militarismus das Wort, bedienen Feindbilder. Sie verherrlichen alles Deutsche oder was sie dafür halten, bezeichnen die Franzosen als ihren »Erbfeind«, den sie jederzeit wieder in künftigen Kriegen mit Leichtigkeit besiegen können, was übrigens unsere Militärs auch glauben. Das alles stimmt uns bedenklich. Für die Lehrlinge ist übrigens auch Ferdinand ein Held, weil er, wie sie sagen, seinen Arm für das Vaterland geopfert habe.
Pascal hatte bislang nur zugehört. Jetzt sagte er: Ich habe auf diesem Gebiet besondere Schwierigkeiten. Nadins Familie, die ich hoffentlich bald zu meinen Verwandten zählen muss, schwimmt auch auf der nationalistischen Welle. Nadins Bruder Ulfried ist Teilnehmer und Redner in diesen Veteranenklubs. Den Tod seines Bruders stilisiert er zum Opfer eines jungen Helden, der für sein Vaterland gefallen ist, und sein eigenes amputiertes Bein bezeichnet er als seinen persönlichen Beitrag für die Einheit des deutschen Volkes. – Ja, sagte Ferdinand, es ist traurig. Überall

schießen die nationalistischen Gefühle ins Kraut, wachsen wie Pilze nach einem Regen.
Es klopfte an die Tür. Nach dem »Herein« des Vaters traten die zwei Lehrlinge in den Raum. Wilhelm und Max, sagte der Vater, sie vorstellend. Auf eine einladende Handbewegung des Vaters nahmen sie am Tisch Platz. Pascal fand die Jungen sofort sympathisch. Sie waren beide etwa gleichaltrig. Wilhelm, blondhaarig, hatte lebhafte Bewegungen, die sich bei Gesprächen in heftiger Gestik zeigte. Dagegen machte Max einen bedächtigeren Eindruck. In seinen Urteilen war er zurückhaltend.
Nun, fragte der Vater, was habt ihr denn heute gelernt? Und zu Pascal: Sie besuchen nämlich die im Vorjahr (1870) eingerichtete Fortbildungsschule. – Wir haben heute einer Rednerin zugehört, sagte Wilhelm. Sein Gesicht hatte dabei einen Ausdruck, als habe er Bedeutendes mitzuteilen. Max sagte ergänzend: Es war die Baronin Dietlinde von Waldheim. Ferdinand sah Pascal an: Du kennst sie: Dietlinde Mannay. Du erinnerst dich sicher, die Tochter des Bankiers Mannay Sie hat einen Baron geheiratet, kurz nach deiner Abreise zur Sanität. Und an Wilhelm gewandt, was hat sie euch erzählt? – Vaterländisches! Wir Deutschen seien die stärkste Macht in Europa. Und nur durch Stärke können wir uns auch künftig behaupten. Genau wie in der Natur, wo sich nur der Stärkste im Kampf ums Dasein durchsetzen und behaupten kann. Das hat Darwin uns gezeigt in seiner Evolutionstheorie. Und der Krieg ist die menschliche Form dieses Kampfes ums Dasein. Deshalb müsse das Kranke und Schwächliche am Volkskörper ausgemerzt werden. Der Schwache ist nur zu

feig zum Kämpfen. Mitleid mit den Schwachen ist Humanitätsduselei. – Das hat sie gesagt? fragte Ferdinand: Und ihr, was habt ihr euch dabei gedacht? – Es ist einleuchtend, antwortete Max. Auch du hast ja tapfer an der Front gekämpft, sagte er zu Ferdinand. Bevor Ferdinand antworten konnte, sagte Pascal: Darwin hat in seiner Lehre keineswegs Machtbestreben gemeint. Struggle bedeutet nämlich »Ringen« und nicht Kampf. Er weiß auch, dass nicht jede Mutation zur Höherentwicklung führt. – Das können wir nicht beurteilen, sagte Wilhelm abweisend. Und Max: Jedenfalls konnten wir die Franzosen nur besiegen, weil wir bessere Waffen hatten und stärker waren als sie. Wir beide würden an einem neuen Krieg mit Begeisterung teilnehmen, nicht wahr? Max nickte. – Und wenn ihr dabei umkommt? – Dulce est pro patria mori, sagten beide wie im Chor. Und der Vater vor sich hin: Das ist der einzige lateinische Satz, den sie kennen.

Da wurde die Tür erneut aufgestoßen und lachend traten Lucie und Nadin herein. Sie waren etwas außer Atem. – Wir sind gerannt, um euch hier noch anzutreffen, sagte Lucie: Ihr habt ja in einer halben Stunde Feierabend. Schön, dass die Lehrlinge hier sind. So kann Nadin sie einmal kennen lernen. – Die Couch ist noch frei, sagte der Vater, als Wilhelm und Max aufsprangen, um den Frauen ihren Stuhl anzubieten. Der Tee allerdings ist alle. – Lass nur, erwiderte Lucie, als der Vater aufstehen wollte, um neuen Tee zu bereiten, wir sind nicht durstig. Sie setzten sich beide auf die Couch, schlugen die Beine übereinander. Nadin sagte, wir haben noch gehört, dass Wilhelm und Max für das Vaterland sterben wollen. Wie wäre es, wenn sie für ihr Land leben und arbeiten wollten? Wenn alle sterben würden, gäbe es keine Kinder mehr, das Vaterland wäre menschenleer. – Es sterben ja nicht alle, sagte Max ruhig. Und Wilhelm: In der erforschten Geschichte der Menschheit hat es etwa 14 400 Kriege gegeben und etwa dreieinhalb Milliarden Menschen sind dabei umgekommen. Und heute gibt es viele Milliarden auf der Erde. – Du meinst also, es kommt auf ein paar Millionen nicht an? – Das habe ich nicht gesagt. – Aber das muss man aus deinen Worten schließen. Und noch etwas: Die behaupteten Kriegsgründe sind fast immer nur Vorwände, ja, lächerlich, wie im vergangenen Krieg. Man konnte sehen, wie die beiden um Fassung rangen. Der Respekt vor ihren Lehrherren ließ sie schweigen. Aber sie waren entschieden anderer Meinung. Wilhelm sagte nur, ihr tut den Helden, den Opfern Unrecht, wenn ihr so über sie sprecht. Und im Aufstehen: Wir bedanken uns für den Tee. – Damit verließen sie den Raum.

Nach einer ganzen Weile sagte Pascal: Sie denken ja nicht allein so. Ihr setzt auf die Sozialdemokraten. Hört zu: Am 20. Juni 1870 schrieb Wilhelm Liebknecht in der Zeitung »Volksstaat«: »Fällt Napoleon, so fällt auch der Hauptträger der modernen Klassen und Säbelherrschaft. ... Unser Interesse erheischt die Vernichtung Napoleons.« Und Karl Marx schrieb am 28. Juli an Friedrich Engels: »Die Franzosen brauchen Prügel. Siegen die Preußen, so siegt die Zentralisation der Staatsgewalt, nützlich der deutschen Arbeiterklasse.« Ferdinand erwiderte: Das sind ja gerade Beweise, dass es den Sozialdemokraten nicht um ökonomische Ziele ging. Zudem: Bebel und Wilhelm Liebknecht

lehnten am 26. November im Reichstag des Norddeutschen Bundes die dort geforderten Kriegskredite ab.
Nadin war schweigsam geblieben. Jetzt sagte sie: Ich bin verzweifelt. Mein Vater hat von der Bank Mannay einen großen Kredit erhalten, von dem er und Ulfried eine Maschinenfabrik errichten wollen. – Pascal konnte ermessen, was Nadin für Qualen erleiden musste, weil sie den Tod Gottholds als Preis für dieses Geld begreifen würde.

***

Nach seinem Besuch in der Druckerei fühlte Pascal eine unerklärliche Schwäche seines Körpers. Seine Bewegungen wurden langsam. Seine Augen tränten. Manchmal war der Tränenfluss so unangenehm, dass es ihm vorkam, als hinge über Menschen und Dingen ein Regenschleier. Die Reden über den Krieg peinigten ihn. Es ist unbegreiflich, dachte er, dass keiner an die grässlichen Schmerzen eines Menschen denkt, die eine Verwundung auslöst. Keiner leidet mit an dem gewaltsamen Tod eines Menschen, der eben noch voller Kraft und Lebensfreude war. Der Freunde hatte, Geliebte, Frau und Kind, Eltern und Geschwister. »Die müssen Prügel kriegen«, hatte ein kluger Mann gesagt, mit der gleichen Gefühlslosigkeit wie Wilhelm und Max vom Sterben sprachen und Mitleid mit Gefühlsduselei gleichsetzten.
Pascal presste ein Taschentuch gegen die Augen, bis er wieder klarer sehen konnte. Das ging nun schon den dritten Tag so. Jetzt begann es wirklich heftig zu regnen. Er war auf dem Weg in die Klinik. Sollte dort seinem Vater

bei einer Bauchoperation zusehen. Er wollte und konnte vor dem Regen keinen Schutz suchen, er wäre dann zu spät gekommen. Mitunter trat er in Pfützen, die seine Hosen beschmutzten. Schließlich betrat er in trockenen Kleidern den Vorraum zum OP-Saal. Erledigte die Prozedur des Händewaschens, fuhr in Kittel und Gummihandschuhe, die ihm eine Schwester hinhielt und betrat den Saal. Sein Vater begrüßte ihn durch Kopfnicken, die beiden Assistenzärzte blickten ihn flüchtig an. Bevor der Vater die Operation begann, erklärte er, wie er vorgehen wolle. In der Bauchchirurgie, sagte er, habe es jetzt Fortschritte gegeben. Viele Todesfälle ließen sich nun vermeiden. Das käme besonders auf diese Weise im Kriege Verwundeten zugute.
Das Wort »Krieg« löste in Pascal eine seltsame Reaktion aus. Ihn befiel eine Art Schwindel, seine Beine schienen ihn nicht mehr tragen zu können. Seinen Vater sah er wie durch einen Nebel. Mit Anstrengung rief er ihm zu, als Arzt müsse er doch den Krieg hassen. Die einzig wirksame Methode, die Folgen von Bauchschüssen zu vermeiden, sei doch den Krieg zu ächten. – Was hast du gesagt? hörte er den Vater sagen, den er jetzt nur noch als Schatten wahrnahm. Pascal wollte wiederholen, was er gesagt hatte, aber es kam kein Laut aus seinem Munde. Von der Decke und auch von den Wänden löste sich nun ein riesiges weißes Laken, das auf ihn zukam. Er hielt seine Hände vor das Gesicht, konnte aber das kalkige Riesentuch nicht bannen.

Gegenwart

An einem Morgen des Jahres 2013 drang der Gesang eines Vogels an Pascals Ohr. Einen solchen Gesang hatte er noch niemals gehört. Er schlug das Deckbett zurück, trat ans Fenster. Er konnte keinen Vogel entdecken. Der Gesang hatte aufgehört. Pascal sah auf seine Uhr. Zehn Uhr. Da hatte er noch Zeit bis zu seinem Besuch bei Dr. Keller. Eine Weile starrte er auf die Wände seines Zimmers in der Talstraße. Sie waren leer. Er schüttelte den Kopf. Da hatte er ja eine ganze Geschichtsepoche geträumt. Das wird Herrn Keller interessieren, dachte er. Hoffentlich kann ich mich noch an alles erinnern.

Aber vor dem Treffen mit Dr. Keller wollte Pascal erst einmal zu innerer Ruhe kommen. So nahm er den Weg zum Johannisfriedhof. Er liebte die alten Bäume des Friedhofs, seine Grabsteine und den üppigen Pflanzenwuchs. Dort hoffte er, seine Gedanken ordnen zu können, die ihn noch immer heftig bewegten. Wiedergeburt. Karma. Das waren Begriffe, die er sich rational nicht zu erklären wusste.

Seit Jahren war der Friedhof nicht mehr als Begräbnisstätte genutzt worden.

Er war mit einem schmiedeeisernen Gitter umgeben und mit einem Tor versehen, das zumeist offenstand. So auch heute. In dem Teil, den Pascal jetzt betrat, gab es Gräber, die aufwändige Gedenksteine aufwiesen. Gleich zu Anfang fiel Pascal ein Familiengrab auf, das einen Gedenk-

stein aus grauem Marmor besaß. Er war als Mauer aufgeführt, in die in goldenen Lettern Namen und Daten der gestorbenen Familienmitglieder eingelegt waren. Es waren Adlige. Das älteste Mitglied, ein Kommerzienrat, war 1840 gestorben, das jüngste als Major 1945. Die Berufe der Ehefrauen waren nicht aufgeführt. Die nicht sehr große Fläche vor dem Grabstein bestand aus Rasen, in dem einige Gänseblümchen wuchsen. Pascal überlegte, wie die Särge wohl angeordnet sein müssten, um nebeneinander Platz zu finden.
Dann versuchte er, sich die Zeit von 1840 vorzustellen, konnte aber keinen Zugang zu jener Epoche finden. Erfuhr aber jetzt mit leichtem Erschrecken, dass er sich nur mit Mühe und äußerst unvollkommen daran erinnern konnte. Hatte ihn ein plötzlicher Gedächtnisschwund befallen? Während er darüber nachdachte, war er weitergegangen und blieb nun wie zwanghaft vor einem Grab stehen, das mit wildem Lorbeer umwachsen war. Ein Namenspaar machte ihn betroffen. Auf einer niedrigen Mauer aus weißem Material standen die Namen Erwin Stadtler und Ursula Stadtler in schwarzen Blockbuchstaben. Beide 1933 gestorben. Außer Geburts- und Sterbedaten gab es keine weiteren Inschriften. Stadtler, Stadtler, sagte Pascal leise vor sich hin, griff sich an die Stirn, wo habe ich die Namen schon einmal gehört? Er war benommen. Versuchte sich zu erinnern.
Inzwischen war die bislang glänzende Sonne von Wolken bedeckt worden. Wind ging. Es wurde kühl. Pascal fröstelte. Er blickte zum Himmel. Grau-schwarze Gebilde hatten sich zu wahren Ungetümen zusammengeballt. Der

Wind wirbelte Staub auf.
Pascal fühlte sich abgeschlagen. In seinen Beinen spürte er eine unerklärliche Schwäche. Er erblickte ein kleines Gebäude, zu dem ein Wiesenweg führte. Eine Kapelle, dachte er, oder ein Gartenhäuschen. Gleichviel. Er bog in den Wiesenweg ein, fand die Hütte offen, trat, sich umsehend, ein, setzte sich auf eine Holzbank, die im rechten Winkel zur Fensterwand stand. Von Müdigkeit übermannt schloss er die Augen. Ihm war jetzt, als reiße vor seinen Augen eine weiße Wand ein und dahinter tat sich ihm eine Welt auf, in der er sich sicher bewegen konnte.

Der Erste Weltkrieg

Er stand vor dem Hause seiner Eltern und sah einem Auto zu, das nach einem Wendemanöver auf der Straße schließlich vor der Haustür anhielt. Es war ein beigcfarbener »Ford T«. Ein Viertürer mit einem hellgrauen Verdeck, das jetzt geschlossen war. Erwin Stadtler stieg aus, tippte vor Pascal an seine Schirmmütze, fragte, ob der Herr Professor den Wagen jetzt benötige. Pascal erwiderte, sein Vater sei heute mit einem Kollegen gefahren. Er habe ihn, Pascal, beauftragt, Erwin Stadtler zu verständigen, dass der ihn, wie üblich um 19.00 Uhr von der Klinik abholen solle. Stadtler, ein kräftig gebauter Mann, etwa vierzig Jahre alt, strich sich mit der Hand über den linken Ärmel seiner Livree, um ein kaum sichtbares Staubkorn zu entfernen.
Die neuen Stoffknöpfe stehen Ihnen besser als die goldenen, sagte Pascal. – Ja, Ihre Frau Mutter hat Geschmack. Und sie hat sich diesmal gegen den Herrn Professor durchgesetzt, der die goldenen wollte. – Damit sahen Sie aus wie einer von der Marine. – Die liebt Ihr Herr Vater. – Ja, er will, dass ich nach dem Studium eine Zeitlang auf Schiffen arbeite. Damit ich selbstständig werde, wie er sagt. Aber ich denke nicht daran. Nach einer kleinen Pause sagte der Chauffeur: Ich könnte bei mir zu Hause auftanken und Sie danach in die Uni fahren. – Gut, das nehme ich gern an, erwiderte Pascal. Am besten, ich fahre gleich mit Ihnen, das spart Zeit und Benzin. – Gern, so der Fah-

rer, dabei könnte ich Ihnen auch gleich den Benzinkocher für Ihre Zeltfahrt geben. Erwin Stadtler hielt ihm den Schlag offen. – Ich würde lieber neben Ihnen sitzen, sagte Pascal und setzte sich neben den Chauffeur. Sie fuhren los. Während der Fahrt erkundigte sich Pascal, wie das Tanken heutzutage vor sich gehe. – Ich habe zu Hause Blechkanister, aus denen ich den Tank auffüllen kann. – Ist das nicht gefährlich? – Man muss aufpassen. In der Regel tanke ich bei den Benzinstationen. – Reichen die aus? – Es gibt bereits 3000 Stationen. Sie werden heute von den DAPG betrieben. – DAPG? – Das ist die Abkürzung für die Deutsch-Amerikanische-Petroleumgesellschaft. Es gibt aber noch eine Konkurrenz, den Benzolverband, der seinen Sprit in Kohlehandlungen anbietet.
Auf einer breiten Straße kam ihnen jetzt ein großes Auto entgegen. Erwin fuhr langsamer, drehte kurz den Kopf, um das Gefährt besser sehen zu können. – Das ist ein Rolls-Royse, rief er begeistert, ein »Silver Ghost« Baujahr 1913. Der kostet ein Vermögen. Pascal hatte sich nach dem Wagen umgesehen, fragte, wer kann sich so einen leisten? – Nun, zum Beispiel der Chef der Zentralbank. Na ja, der Ford ist auch nicht schlecht und dazu erschwinglich.
Pascal genoss jetzt die Fahrt. Sie fuhren zwischen Feldern und durchquerten einen kleinen Wald. Schließlich erreichten sie eine Siedlung, in der Erwin Stadtler ein Haus besaß. Das Haus der Stadtlers war das erste von mehreren Gebäuden, die in ziemlichem Abstand von einander errichtet worden waren. Es hatte eine helle, fast weiß gestrichene Fassade, bestand aus zwei Stockwerken; bedeckt mit einem Schieferdach. Erwin hielt vor einem aus unverputz-

ten Ziegelsteinen errichteten Schuppen, der ein Vordach besaß.
Sie steigen am besten aus, wenn ich den Ford betanke, sagte Erwin, der schon das Fahrzeug verlassen hatte. Pascal befolgte den Rat. Er war neugierig, wie die Betankung erfolgen würde.
Erwin hatte die auf Laufschienen gestellte Tür des Schuppens aufgeschoben, hatte dann einen großen Blechkanister gepackt und ihn vor dem Auto abgestellt. Während er den Einfüllstutzen öffnete und einen Trichter aufsetzte, erzählte er, dass es in diesem Jahr bereits 90 000 zugelassene Motorfahrzeuge in ganz Deutschland gäbe, für die zahlreiche Benzinstationen eingerichtet worden seien. Die Tankleute betrieben ihre Stationen aber immer noch als Nebenjobs. Nun hob er mit sichtlicher Anstrengung den Kanister hoch und entleerte ihn in den Tank des Fahrzeugs, schaffte dann das leere Behältnis zurück in den Schuppen. Die Blechkanister sind ein großer Fortschritt, sagte er dabei. Noch vor etwa 14 Jahren gab es Benzin nur in Apotheken, die Reinigungsbenzin in kleinen Mengen verkauften. Später stiegen Kolonialwarenhändler in das Geschäft mit dem Benzin ein, ihnen folgten Gastwirte, ja, sogar Bäckereien und Klempnerbetriebe. Das Benzin wurde in Holzfässern oder Ballonflaschen abgefüllt. Schließlich produzierten findige Leute Blechkanister, wie ich ihn hier habe. So kann man das Benzin auch daheim lagern.
In der Tür des Hauses erschien jetzt die Frau des Chauffeurs, Ursula. Sie war eine kleine, füllige Frau, Anfang dreißig. Ihre Bewegungen waren behände. Die hellblonden Haare trug sie kurz geschnitten, wodurch das Rundli-

che ihres Gesichts betont wurde. Das ist aber schön, dass Sie uns wieder einmal besuchen, rief sie Pascal schon von weitem zu. – Viel Zeit habe er aber nicht, entgegnete Pascal. – Aber einen Teller Suppe essen Sie doch mit uns, sagte sie. – Na gut, erwiderte Pascal nach kurzem Besinnen.

Sie saßen in der geräumigen Wohnküche. Von dem Kohleherd her strömte eine angenehme Wärme. Pascal fühlte sich hier sehr wohl. Er hatte den Blick auf ein Regal, in dem Teller und anderes Geschirr aufgestellt war, sämtlich in dem blauweißen Farben des so genannten Zwiebelmusters. Dieses Geschirr liebte Pascal. Es war das Geschirr, das seine Großmutter verwendete, wenn er bei ihr zu Besuch war. Ursula hantierte am Herd mit Töpfen, aus denen sie jetzt Klöße aus siedendem Wasser nahm und in eine Schüssel mit Deckel tat. Und dann, Pascal konnte ihre Handgriffe von seinem Platz aus gut verfolgen, füllte sie eine dunkle Masse in eine zweite Schüssel und brachte beide auf den großen Holztisch um den Pascal und Erwin saßen. Pascal konnte einen Ausruf der Überraschung nicht unterdrücken: Es waren Hefeklöße mit Heidelbeeren. Sein Lieblingsessen, das er aber ausschließlich bei seiner Großmutter essen konnte. Ursula hatte die Teller ihrer Gäste gefüllt und Pascal fragte sie, woher sie wisse, dass er diese Speise so sehr mochte. – Das wusste ich nicht, antwortete die Hausfrau. Pascal erlebte eine Art Schauer ob dieses Zufalls. Er fühlte sich in die Zeit versetzt, in der er häufig bei seiner Großmutter war, wo er seine Leibspeise bekam und von dem strengen Ritual bei den Mahlzeiten seiner Eltern befreit war.

Es war nicht allein die Wärme des Herdes, es war vor allem die Atmosphäre in dieser Familie, die ihm wohl tat. Na, Uschi, hast wieder einmal ins Schwarze getroffen! Erwins Ton war durchaus burschikos, aber seine Blicke, mit denen er seine Frau umfasste, voller Zuneigung. Solche Szene war in seinem Elternhaus unmöglich, dachte Pascal. Auch sein Vater Rudolf liebte Christine, seine Frau. Aber dieses Gefühl war bei ihm wie in Schienen gefasst, auf denen er sich korrekt, wie in einem Ritual, bewegte. Diese unterdrückten Gefühle erzeugten eine seltsame Kühle in Pascal, der sich vergeblich nach einer Zärtlichkeit seines Vaters sehnte. Eines Tages, nachdem er eine längere Zeit bei seiner Großmutter gewohnt hatte, sollte er, wie abgesprochen, wieder nach Hause in die Graßdorfer Straße gehen. Seine Großmutter begleitete ihn. Und plötzlich fiel Pascal, das Kind, in eine Panik. Es blieb stehen, weinte, zitterte am ganzen Leib. – Was hast du? fragte die Großmutter erschrocken. – Ich habe Angst, Angst. – Vor was hast du denn Angst? – Ich weiß nicht, ich weiß nicht, wiederholte er schluchzend. Christine ging mit Pascal zu einem Pädiater, nachdem ihre Mutter ihr von dem Vorfall berichtet hatte. Der Pädiater diagnostizierte ein Angstsyndrom, ohne ein auslösendes Ereignis entdeckt zu haben. Diese Gefühlverwirrung verlor sich erst, als Pascals Schwester Mareen geboren worden war. Er war damals sechs Jahre alt. Er sah, wie der Vater das Kind im Arme hielt und dabei ein, wie es dem Jungen schien, entrücktes Lächeln im Gesicht hatte. Pascal übertrug sein brachliegendes Liebesbedürfnis auf Mareen. Er fuhr sie mit dem Kinderwagen spazieren, las ihr, als sie älter wurde, Mär-

chen vor, streichelte sie mitunter, aber niemals küsste er sie. Nun war sie die Freundin von Florin, seinem Freund. Woran denken Sie? fragte Erwin freundlich. – Ach, ein wenig an meine Kindheit. Aber was ich fragen wollte, wie geht es Bertram, Ihrem Sohn? – Er ist jetzt mit der Kunsthochschule beinahe fertig. – Ist er immer noch von der Malerei begeistert? –Er bekommt eine kleine Ausstellung im Rahmen der Hochschule. Da können Sie sich von seiner Arbeit überzeugen. – Das werde ich gern tun.
Nur noch zwei Klöße waren in der Terrine, die Heidelbeeren völlig aufgegessen. Danke, Uschi, sagte Erwin, stand auf und gab ihr einen Kuss. Dann wandte er sich zu Pascal: Ich hole Ihnen jetzt den Kocher. Er verschwand in dem angrenzenden Raum und kam in kurzer Zeit zurück, das Gerät in der Hand. Setzten wir uns hierher, sagte er zu Pascal, und wies auf einen kleinen Beitisch neben der Tür zum Nachbarraum. Es ist ein Petroleumkocher der Virona-Werke. Ein sehr brauchbares Gerät. Hier, das untere Teil, ist das Petroleumbassin, darüber befindet sich der Brenner, der vom so genannten Mantel umschlossen wird. Hier, ganz oben, sieht man den Rost. Mit den beiden Stellschrauben wird die Flamme reguliert. Vielleicht gibt es jetzt modernere, aber dieses Model hat unserer Familie gute Dienste getan. Zudem leihe ich es Ihnen nur. Allerdings auf unbestimmte Zeit. Dabei lächelte er spitzbübisch. Übrigens, haben Sie schon ein Ziel an der Ostsee? – Ja, Gramütz.
Pascal verabschiedete sich von Ursula und nahm wieder neben Erwin Platz, der ihn zur Universität fuhr.

***

Vor dem Verlagshaus traf Pascal auf Loritta. Sie umarmten sich. – Mir ist, als hätte ich dich tagelang nicht gesehen, sagte Pascal, und drückte sie abermals an sich. Er spürte ihren Körper durch den dünnen Stoff ihres Kleides. Und es durchfuhr ihn ein Schoßgefühl. Am liebsten ginge ich mit dir ins Bett. Loritta seufzte leise: Bald sind wir für lange Zeit zusammen. – Na, drei Wochen sind keine so lange Zeit. Sie legte beide Hände auf seine Schultern und sah ihn an. Pascal ergriff ihre Hände und küsste sie: Mein Gott, wie ich mich nach dir sehne, sagte er.
Das Verlagshaus lag in einer Straße, in der viele Villen standen. Über der Fassade aus dunkelroten Klinkersteinen stand auf einer schwarzen Marmortafel »Martin Breuning« in goldenen Buchstaben. Pascal drückte den Klingelknopf neben der Haustür aus Eichenholz. Sogleich wurde die Tür geöffnet und Florin trat heraus: Wir haben euch schon vom Fenster aus gesehen, sagte er. Und einen Kuss darf ich ihr wohl auch geben, fragte er und tat es. Pascal fasste ihn an der Schulter: Dass ihr das nicht zur Gewohnheit werden lasst. – Und Loritta lachend: So schnell könne sie aber einen Unterschied in der Kussqualität beider Männer nicht finden.
Sie stiegen nun eine breite Holztreppe mit gedrechseltem Geländer hoch und betraten schließlich einen Raum, den Florin als Konferenzzimmer bezeichnete. Ein runder Tisch mit Intarsien aus verschiedenen Hölzern stand vor einem breiten Fenster, das beinahe bis zum Boden reichte. In einem der vier Polstersessel saß Mareen. Sie sprang auf,

als die drei hereinkamen. Die beiden Mädchen umarmten sich und küssten sich gegenseitig auf die Wange. – Ein herzerwärmendes Bild, sagte Florin, nicht wahr? Und Pascal ging auf die Schwester zu und küsste sie ebenfalls mit den Worten: Nun bin ich dran. – Du machst einem aber auch alles nach, sagte Florin. Und: nehmt Platz! Er ging zu einem niedrigen Schrank: Was wollt ihr trinken? Alle wollten Rotwein. Mareen holte Gläser aus dem Schrank, Florin entkorkte die Flasche. – Merlot, sagte er, die Flasche vor die Augen seiner Gäste haltend.
Nach dem Umtrunk holte Pascal seinen Kalender aus der Jackentasche: Heute ist der 25. Mai. In acht Tagen könnten wir fahren. Wie steht es bei euch mit dem Zeitplan? – Ich habe wie du Semesterferien, sagte Florin, Mareen hatte ihren Urlaub schon lange für diese Zeit geplant. – Ich auch, äußerte Loritta. – Gut. Und nun zur Ausrüstung. Wir haben zwei Zelte. Einen Kocher habe ich gestern von Stadtler erhalten. Ausprobiert habe ich ihn schon. Wir brauchen Fahrräder. – Am besten von der Marke »Diamant«, sagte Florin, die haben Stahlrohre für die Rahmenkonstruktion. – Ach, und einen Wassersack. – Den kann ich beschaffen, sagte Mareen. – Vor Ort müssen wir uns um Stroh kümmern, die Segeltuchplanen habe ich von unseren Fahrten, sagte Loritta, die kann ich mir ausborgen. Das sind die wichtigsten Dinge, die wir brauchen.
Pascal hob sein Glas, Florin füllte alle Gläser wieder voll. Sie tranken auf eine gute Fahrt und einen gnädigen Wettergott. Pascal wendete sich an Loritta: Eure Familie besitzt Segeltuchplanen? Da macht ihr wohl öfter Fahrten in die Natur? – Ja, früher schon, seit einiger Zeit nicht mehr.

Das liegt auch an meinem Bruder Eric. Der schwärmte einst für die Wandervogelbewegung. Sein Vorbild war der »Oberbachant« Karl Fischer, der im November 1901 im Ratskeller in Steglitz den »Wandervogel-Ausschuss für Schülerfahrten« gründete. Später kam es zur Spaltung. Wahrscheinlich durch Fischers autoritären Leitungsstil. Gegner Fischers gründeten den »Alt-Wandervogel«. Seine Befürworter blieben im Steglitzer Verein. Später gab es mehrere Vereine der Wandervögel. Sie hatten verschiedene Programme. Es gab Vereine, die die Teilnahme von Mädchen ablehnten, andere lehnten die Teilnahm von Juden strikt ab. Auch gegen homoerotische Beziehungen wurde gewettert. Die meisten Führer der Vereine unterstrichen ihr unpolitisches Verhalten. Das nutzten natürlich bestimmte Kreise aus und versuchten, Einfluss auf die Jugendbewegung zu nehmen. So auch das Kriegsministerium. Schon 1911 wurde der »Jungdeutsche Bund« gegründet. Eric war es, der uns mit erregter Stimme den Gründungsaufruf vom Dezember vortrug, auswendig, versteht sich. Ich habe ihn nicht vergessen. Das Ziel dieses Bundes ist es, die deutsche Jugend auf den Krieg einzustimmen. – Kennst du den Wortlaut? fragte Florin. – Ungefähr: Es heißt dort: Für die Zukunft unseres Volkes brauchen wir eine wehrhafte Jugend. Der Vorsitzende dieses Bundes, Colmar Freiherr von der Goltz, verlangt von deutschen Eltern, ihre Kinder im kriegerischen Geist zu erziehen und ihnen die Liebe zum Vaterland einzuimpfen, für das sie sich vielleicht einmal opfern müssen. Ungeheuerlich war der Text des Zentralorgans des Bundes, die »Jungdeutschland-Post« vom Januar 1913, also des vorigen Jahres: Dort wird erklärt, »dass auch uns einmal die große Stunde eines Kampfes schlagen wird«. Dann wird die vorerst nur heimlich frohlockende Erwartung von Herz zu Herz und Mund zu Mund und der alte königliche Ruf zur Schlacht erschallen: Mit Gott für König und Vaterland. Und weiter: »Still und tief im deutschen Herzen muss die Freude am Krieg und ein Sehnen nach ihm leben. Denn Sieg wird nur einem Volke, das mit Sang und Klang zum Krieg wie zu einem Feste geht.«

Das ist ein klares Bekenntnis zum Bellizismus, sagte Florin. – Ja, und Eric ist davon begeistert. – Und dein Vater, was sagt der dazu? – Der hält diese Aussagen für irrelevant, hält Eric »jugendliche Schwärmerei« zugute. Glaubt, dass sich diese Meinung mit den Jahren ändern wird. – Mit den Jahren, sagte Florin spöttisch. Er müsste wissen, dass Wilhelm Militär und Rüstung fördert. –

Was mich erschüttert, sagte Pascal, und beugte sich in seinem Sitz nach vorn, dass Hegel den Krieg für die sittliche Gesundheit der Völker für notwendig hält. »Wie die Bewegung der Winde die See vor der Fäulnis schützt, so würde ewiger Frieden eine Versumpfung der Menschen, eine Verknöcherung hervorrufen«, schreibt er. – Das hat Hegel, der Philosoph, gesagt? rief Florin aus. – Ja, sinngemäß, erwiderte Pascal, in seiner »Rechtsphilosophie«. – Huch, sagte Loritta, lasst uns jetzt an unsere Reise denken, verdrängt die Kriegsgedanken:

Und das taten sie.

***

Am späten Nachmittag erreichten sie Gralmütz, wo sie den Zug verließen. Sie liefen den Bahnsteig entlang bis zum Gepäckwagen, wo sie ihre Fahrräder in Empfang nahmen. Es war mühsam, die sperrigen Zelte auf die Räder der Männer zu packen. Schließlich hatten sie auch alles übrige Gepäck verstaut. Sie durchquerten die kleine Stadt an der Küste, gelangten dann in den Wald. Sandwege herrschten vor. Mareen, die vorausfuhr, blieb in einer Kuhle stecken. Es gelang ihr, das Rad im Gleichgewicht zu halten, nur Loritta, die ihr dichtauf folgte, musste absteigen. Pascal und Florin befuhren einen seitlichen Grasstreifen, um vorbei zu kommen. Was ihnen auch gelang. Doch der ganze Weg war voller Hindernisse. Häufig bildeten Baumwurzeln Barrieren, denen man ausweichen musste. Dann wieder waren es niedrige Büsche, die in der Mitte des Weges wuchsen. Dennoch waren sie in guter Stimmung. Der Duft von Kiefern mischte sich mit dem salzigen Geruch des Meeres: Köstlich, hier könnte ich ewig leben, rief Mareen und sie saugte die Luft förmlich ein. – Wenn dir die Luft genügt, erwiderte Pascal.
Endlich hatten sie die Küste erreicht. Das Meer lag vor ihnen. Es spiegelte die Farben des Himmels wider, der jetzt von einem leuchtenden Blau bedeckt war.
Sie beschlossen, zuerst einen Zeltplatz zu suchen. Dann sollten die Mädchen zur Försterei fahren und vom Waldhüter eine Zelterlaubnis erbitten. – Euch wird es der Mann nicht abschlagen, wenn ihr schön bittet, sagte Florin. Sie ließen die Räder zurück und liefen die Küste entlang. Bald

fanden sie eine Landzunge, sandig, unterhalb eines Kiefernwaldes gelegen. Florin bemerkte, dass bei stärkerer Brandung das Wasser die Sandfläche überspülen könnte. Aber seine Gefährten wollten das in kauf nehmen. – Die Fläche ist gerade groß genug für zwei Zelte, sagte Loritta Zudem ist sie von Büschen umstanden, die den Platz wie einen Wall umgeben. – Ja, hier bleiben wir. Das sagten nun alle. Sie hatten die Räder geholt und mühsam auf die Landzunge bugsiert. Florin und Pascal wollten jetzt die Zelte aufbauen, während Loritta und Mareen zur Försterei aufbrachen.
Florin suchte auf dem Stellplatz nach Steinen oder Ästen, fand aber nichts. – Wir können anfangen, sagte er. Sie lösten die Riemen von den Zelthüllen, passten das Gestänge zusammen und stellten es auf den ausgebreiteten Zeltboden, zogen die Zeltbahnen darüber und schlugen schließlich die Metallstützen, die so genannten Heringe, in die Erde ein. Das erste Zelt war nun errichtet und verspannt. Sie machten sich an den Aufbau des zweiten.
Ich muss erst einmal ins Wasser, rief Pascal, dem der Schweiß von der Stirn lief. Florin tat es ihm gleich. Die Kühle des Wassers war angenehm. Sie schwammen ein Stück hinaus. – Kein Mensch weit und breit, rief Florin, der sich auf den Rücken gedreht hatte und zum Land hin blickte. Pascal schlug mit beiden Händen auf das Wasser: Köstlich, rief er prustend, das ist ja köstlich!
Als sie aus dem Meer stiegen, blickte Pascal unwillkürlich auf den nackten Freund. Er hatte ihn noch nie so gesehen. Er warf einen raschen Blick auf dessen Geschlecht, das in der Kälte geschrumpft schien. Dennoch war er vom Aus-

sehen des Freundes angetan, fast ein wenig stolz auf die Männlichkeit, die Florin ausstrahlte.
Beide suchten nun einen Platz für die Räder, den sie in einer Lücke des Buschwerkes fanden. – Weißt du, was wir noch brauchen? Pascal schüttelte den Kopf. – Stroh! Heute können wir keins mehr besorgen. Eine Nacht muss es so gehen. – Farne, erwiderte Pascal. Dort am Waldrand gibt es viele. Florin brachte eine Zeltbahn. Sie stiegen zum Waldrand empor und brachen dort starke Farne, die sie in die Zeltbahn packten.
Die Mädchen waren noch nicht zurück. So nahm Pascal den Petroleumkocher zur Hand. Florin hatte ihm ein angespültes Brett vom Strand gebracht, auf dem Pascal den Kocher aufbaute. Während er ihn mit Petroleum befüllte, holte Florin in einem Aluminiumtopf Wasser aus dem Meer. Er schöpfte es von der Oberfläche, in der Hoffnung, Partikel aus der Tiefe auszusondern. – Morgen müssen wir Trinkwasser holen. Es gibt in der Nähe ein Gehöft, wo wir vielleicht auch Stroh bekommen können, sagte er.
Da hörten sie das Klingeln von Fahrrädern und am Waldrand erschienen die Mädchen. Schon von Weitem schwenkten sie ein Papier. Es war die Zelterlaubnis. – Der Förster war noch ziemlich jung, berichtete Loritta. Er gab uns mit ernstem Gesichtsausdruck Verhaltensregeln, bevor er das Papier ausstellte. – Und welche waren es? wollten die Männer wissen. – Zuerst, nicht rauchen, dann alle Abfälle beseitigen, kein Holz schlagen. Dann sagte er noch, jagen wollen Sie wohl nicht. Es ist streng verboten. – Na, ja, damit können wir leben, sagte Florin.

Sie hatten die Makkaroni mit Appetit verschlungen. Später hatten sie ihre Pullover übergezogen und wollten nun den Sonnenuntergang beobachten. Aber heute stand eine Wolkenbank am westlichen Himmel. Sie war dünn, lückenhaft. So konnten sie die scheinbare Verformung der Sonne bei ihrem Durchtritt durch diese Bank bis ins Meer zu verfolgen. Es war, als müsse sich die sinkende Sonne durch Fugen und Kanäle zwingen wie eine Qualle, wobei sie sich ständig verformte – Jetzt sieht sie aus wie ein Ei, rief Mareen. – Jetzt wie eine Kaffeemütze, meinte Loritta, – Jetzt gleicht sie einem Helm. – Jetzt einem Teller. – Nun ist sie weg. – Seltsam, sagte Loritta, dass es die Erde ist, die sich dreht, und wir nicht merken, wenn wir auf dem Kopfe stehen. – Ach, lass es doch lieber die Sonne sein, die auf- und untergeht, erwiderte Mareen.
Ein kühler Wind kam auf. Am westlichen Himmel färbte der Widerschein der versunkenen Sonne die Wolken. – Herrliche Farben, sagte Loritta. Alle vier waren aufgestanden, um den Himmel zu betrachten. Ein Spektrum von Dunkelrot und Orange, von hellblauen Inseln mit grünen Streifen durchsetzt. – Und dort! Dreht euch einmal um, ein leuchtendes Dunkelblau mit schwarzen Inseln zwischen denen der Mond segelt. Ist das nicht wunderbar? Unwillkürlich hatte Mareen den Gefährten die Hände entgegengestreckt, die Loritta und die Männer gleichzeitig ergriffen. So blieben sie eine Weile, schweigend.
Nach dem Sinken der Sonne blieb noch genug Helle, um den Weg von der Steilküste hinab zu ihrer Sandbank zu erkennen. Hier, nahe am Wasser, liefen sie, schauend, redend. Das Auslaufen kleiner Wellen am flachen Strand er-

zeugte ein plätscherndes Geräusch. Das Wolkenflammen am Himmel war nur noch schwach zu erkennen. Dafür schimmerte das Wasser jetzt in den zarten Farben eines Aquarells. Dort, wo die leckenden Wellen sich wieder zurückgezogen hatten, behielt der Strand einen Abglanz der himmlischen Farbenpracht. Wenn sie über den nassen Sand schritten, sanken die Füße ein und zurück blieben Mulden, die sich mit farbigem Wasser füllten. Es war, dachte Pascal, als hinterließen sie eine farbige Spur. Und alles, worüber sie sprachen, blieb ohne Schwere und Schmerz. – Mir ist, als ob auch die Luft leuchte, sagte Loritta.

Die Schönheit der Natur drang in sie ein, durchstrahlte sie.

***

Pascal erwachte in der Morgendämmerung Er hatte einen schönen Traum, aus dem ihn das Erwachen gerissen hatte. Er war noch etwas verwirrt, suchte wieder in diesen Traum zu gelangen, aber vergebens. Er hatte in seinem Traum mit Loritta am Ufer eines Flusses gestanden. War voller Verlangen nach ihr, glitt mit einer Hand an ihrem Bein hüftwärts ... und erwachte. Noch von den Traumbildern erregt, ging sein Atem heftiger. Er drehte sich um, Loritta schlief fest, den Mund leicht geöffnet, hatte ihr ihm zugewandtes Gesicht einen Ausdruck, als erwarte sie seine Berührung. Er zog den Reißverschluss seines Schlafsacks auf, beugte sich über die Schlafende, küsste sie, bis sie aus ihrem Schlaf auffuhr und, als habe sie ihn erwartet, ihre Arme um seine Hals schlug.

Da hörten sie Florin rufen: Aufstehen! Die Sonne ist da, und das Frühstück ist fertig.
Es blieb ihnen nichts anderes, als aus dem Zelt zu kriechen. – Ihr seid ja früh, sagte Pascal, etwas verstimmt. – Wir waren auch schon schwimmen, sagte Mareen und gab Loritta einen Kuss. – Ich muss auch erst einmal ins Wasser, sagte diese, zog ihren Trainingsanzug aus und rannte zum Meer. Pascal, der sich ebenfalls ausgezogen hatte, bemerkte, wie Florin der rennenden Loritta nachsah. Er unterdrückte eine Bemerkung und folgte Loritta. Das Wasser war frisch und sie schwammen schnell, um warm zu werden.
Schließlich saßen alle vier im Sand um die Kiste, auf der das Frühstück stand: Marmelade, Schnittkäse und Hartwurst. Loritta lobte den Kaffee, den Mareen aus der Aluminiumkanne ausgeschenkt hatte. – Ein köstliches Aroma, sagte sie, woher hast du denn das Wasser? – Aus der Thermosflasche. Sie war noch voll.
Nach dem Frühstück sagte Florin: Ich schlage vor, Pascal und ich holen Wasser und ihr beide fahrt in die Stadt und kauft ein. Alle stimmten zu, holten die Räder und fuhren ab.
Florin hatte ein Gehöft entdeckt, das hinter einem Waldstück lag. Dort gab es einen Brunnen mit einer Pumpe. Die Hausfrau erlaubte ihnen, den Wassersack zu füllen. Es war ein Feuerwehrsack aus festem Gewebe. Als sie ihn gefüllt hatten, erwies er sich als sehr schwer. Er enthielt etwa 20 Liter Wasser. Sie machten ihn auf dem Gepäckständer von Pascals Rad fest. Florin bot der Frau Geld an, was sie zurückwies. – Das Wasser kostet uns nichts, sagte sie. Als

sie erfragt hatte, wo ihre Zelte standen, wünschte sie ihnen eine gute Fahrt.
Pascal hatte Schwierigkeiten, das beladene Gefährt im Gleichgewicht zu halten. Einmal geriet er in eine Mulde. Er blieb stecken, stemmte sich mit beiden Beinen ab, um ein Kippen des Rades zu vermeiden. Florin half ihm, das Rad wieder auf ebenen Boden zu bugsieren. Schließlich hatten sie ihren Zeltplatz erreicht. Dort hängten sie den Sack an einen kräftigen Ast. Um an das Wasser zu kommen, steckte Pascal einen Gummischlauch in die trichterförmige Öffnung des Behältnisses, saugte dann das Wasser an, bis es ihm in den Mund strömte. Mittels einer Klemme stoppte er dann das Fließen. So brauchte man nur die Klemme zu öffnen, um Wasser zu bekommen. – Das erste Mal, rief er Florin zu, dass ich ein physikalisches Gesetz praktisch anwende.
Nach zwei Stunden kamen die Mädchen, Einkaufstaschen an den Lenkern. Das Mitgebrachte wurde von ihnen in den Zelten verstaut. Die Sonne stand jetzt hoch im Mittag. Die Vier kamen nach einem langen Bad aus dem Wasser. Pascal war in Sprüngen voraus geeilt und setzte sich nun, noch außer Atem, auf einen Sandhügel. Er beobachtete die Mädchen, zwischen denen Florin lief. Sie gingen langsam. Von ihren Körpern perlten Wassertropfen. Pascal war auf seltsame Weise bewegt. Maler müsste man sein, dachte er, um diese Bild der Jugend darzustellen. Mareen kam ihm jetzt vor wie eine fremde Frau. Natürlich hatte er sie schon nackt gesehen, als kleines Mädchen, später kaum noch. Schwester war ein Begriff, in dem Erotik nicht vorkam. Jetzt sah er ihren weiblichen Körper, sah sie als Geliebte

Florins, was ihn eigenartig erregte. Sie hatte schöne jugendliche Brüste, einen Schoß von schwarzem Flaum bedeckt. Und daneben schritt Loritta. Die gleichen schönen Brüste, den gleichen Schoß, nur mit einem blonden Vlies. Und zwischen den Frauen, jetzt ein wenig hinter ihnen, Florin, dessen Geschlecht seine Erregung anzeigte. Ihm war offenbar Lust angekommen.

Kurz vor Pascals Hügel war der Sand besonders feinkörnig. Es war windstill. – Hier bleibe ich, sagte Mareen und legte sich in den Sand. – Ich auch, so Loritta. Florin blieb stehen und sah Pascal an, legte sich dann neben Mareen, wobei er sich auf den Bauch legte, wohl um sein Geschlecht zu verbergen. Pascal verließ seinen Hügel und legte sich neben Loritta. Eine Weile schien es, als hielten alle den Atem an. Die Mädchen lagen auf dem Rücken, die Männer neben ihnen, hatten sich auf die Seite ihnen zugedreht. Es herrschte Stille. Ganz leise war das Klatschen der Wellen vom Strand her zu hören, was den Eindruck erweckte, in einer verschlossenen, verborgenen Welt zu sein. Die stark erwärmte Luft war wie eine durchsichtige Decke, die förmlich auf ihren Körpern zu fühlen war. Eine Spannung war entstanden, die mehr und mehr zunahm.

Pascal sah auf Loritta, die reglos lag, ihre Augen aber ihm zugewandt, mit einem wartenden Ausdruck im Gesicht, fast einem Lauern. Ein Stück neben ihm Florin, immer noch auf der Seite liegend, eine Hand auf einer Schulter Mareens.

In dieser unerträglichen Spannung bewegte sich Florin plötzlich. Er schob ein Bein über Mareens Schenkel, die

auseinander wichen. Er schien sich auf der Welt allein zu fühlen. Vielmehr, er nahm in kauf, dass die anderen sein Handeln sehen konnten. Schließlich schob er sich über Mareen, die ihre Arme um seinen Hals schlang. Pascal blicke gebannt auf den Vorgang und erschauerte, als er dem Eindringen des Freundes in den Schoß der Schwester zusah. Im nächsten Augenblick wälzte er sich auf Loritta, die ihren Schoß ebenfalls geöffnet hatte und ihn mit einem tiefen Seufzer empfing. Er spürte, wie ihre und seine Lust hoch aufloderte, hörte seine Friktionen, bis Loritta einen hellen Aufschrei zu unterdrücken suchte. Heftig atmend blieb er auf ihr liegen.
Zögernd wandte er endlich den Kopf nach den Gefährten, blickte in das lustverzerrte Gesicht Mareens, die mit ihren Schenkeln Florins Hüften umklammerte. Er sah, wie sie in diesem Augenblick ihre Umklammerung aufgab und ihr Gesicht einen gelösten Ausdruck hatte. Durch diesen Anblick einer fremden Lust flammte in Pascal eine neue Welle von Wollust auf. Er küsste Loritta und spürte an ihrem Gegenkuss, dass auch ihre Sinnenlust noch nicht erloschen war. Er stemmte sich hoch, und im Begriff, wieder in Lorittas Schoß einzudringen, sah er zu den anderen und erblickte Florin, der ihm zunickte, anerkennend, wie es Pascal schien.

***

Sommersonnenwende! Sie hatten ihren Seeurlaub so geplant, um diesen Tag feiern zu können. Heute war es soweit: 21. Juni, der längste Tag und die kürzeste Nacht.

Florin und Pascal beschlossen, nach Raskow zu fahren und Wein für das Fest einzukaufen. Sie knüpften Hemd und Hose zu einem Bündel, das sie über die Schulter hängten. Sie wollten den Weg an der Küste entlang nehmen. Auf dem von Meerwasser verfestigten Uferstreifen radelten sie los. Mitunter war der Uferstreifen von Sand überweht und sie mussten absteigen. So kamen sie nur mühsam voran. Die Sonne, erst wenig aus dem Zenit gerückt, gleißte als flirrende Scheibe über der See in einem weiten weißen Raum, durch dessen Kuppel Dunststreifen segelten. Schließlich trieb sie die Hitze ins Wasser. Gierig tauchte Pascal, schwamm in langsamen Stößen dicht über dem Meeresboden seewärts in kühlere Schichten. Einen blendenden Wasserschleier zwischen den Lidern, sah er, auftauchend, Florin in einem sprühenden Tropfenrad Saltos schlagen.
Noch nass zogen sie Hemd und Hose über. Glatter, fester Strand lag als breites Band vor ihnen. Sie mussten nur auf die Wellen achtgeben. Da zeigten sich die ersten Strandkörbe. Sie standen vor bepflanzten, durch Draht abgegrenzten Dünen. Alle Körbe waren besetzt. Junge Paare zumeist. Sie lagen unbeweglich hinter Sonnenbrillen und Illustrierten. Der Weg wurde schmaler, pulvriger Sand reichte fast bis zum Wasser. Der Wind hatte aufgefrischt. Man hörte das klatschende Geräusch der anlaufenden Wellen, deren Ausläufer ihre Radspeichen umspülten. Sie stiegen ab, gingen hintereinander. Der Dunstschleier über dem Wasser war weggeblasen. Kornblumenblau leuchtete das Meer. Pascal blickte in die weiße, flimmernde Sonne, die ihn schmerzhaft blendete. Schwarze, sich in Rot wan-

delnde Sonnen jetzt, wohin er sah.
Die Körbe rückten aufeinander. Ein lustig-bunter Korbstrand zwischen Kiefernküste und Meer. Helle Schreie von Menschen und Möwen, das Tosen von Wellen, die auf Sandbänken zerbarsten, stiegen wie Tonfontänen aus dem brausenden Strandlärm.
Häufig gerieten ihnen kleine Kinder, zumeist nackend, mit vorgestreckten Bäuchen zwischen Räder und Beine. Sie buddelten mit Eimern und Schaufeln im Sande. Zwischen ihnen ragten Erwachsene wie Türme. Achtsam umgingen sie die kleinen Sandburgen und Gräben, um sie nicht zu zerdrücken. Da hörten sie ein schrilles Klagen. In einem Tümpel stand ein kniehoher Knabe. Tränen stürzten aus seinen blauen Augen. Der kleine, aufgerissene Mund bildete einen einzigen Schrei. Arme und Finger vom nackten Körper weggespreizt, den Kopf nach hinten gebogen, zitterte der Kleine vor Verzweiflung. Neben ihm, auf einem Sandhügel, den der Knabe ehedem kunstvoll zu einer trotzigen, nun zerstampften Burg geformt hatte, stand ein zierliches, braunäugiges Mädchen. Ihr langes, dunkles Haar war mit einer roten Seidenschleife im Nacken gebunden. Aus einem Kindereimer goss sie, sich reckend, mit anmutiger Gebärde Wasser auf den schreienden Knaben. Das Zünglein bewegte sie dabei langsam über die Oberlippe. Hin und wieder stampfte sie mit ihren Füßen auf die zertrümmerte Festung. Außer den Radlern achtete kein Mensch auf die beiden. Im Jauchzen, Lärmen, Rufen, Kreischen, Murmeln des lebensvollen Strandes blieben sie einsam in ihrem Kreis.

Sie schoben ihre Räder nun quer über den Strand auf die nahe Straße. Dort bestiegen sie ihre Vehikel und erreichten Raskow nach wenigen Minuten.
Sie radelten klingelnd zwischen Autos und wimmelnden Menschen bis zum »Seeblick«. Das flache Gebäude stand ziemlich am Ende des Ortes. Ein Gartenrestaurant schloss sich an. Kauende Gäste saßen auf Klappstühlen. Rauch und Bratenduft zog über die Tische. Über dem Eingang hing ein Plakat: Ein stilisierter Karpfen mit einer goldenen Fischgabel im Maul. Sie stellten die Räder ab und gingen ins Haus. An einer Theke gab es Getränke und Lebensmittel zum Verkauf »außer Haus«. Das Angebot an Weinen war mäßig. Kühlen können wir nicht, sagte Florin, weißer scheidet daher aus. Sie entschieden sich für »Masalowo« und »Malaga«. Sie packten die Flaschen in einen Korb, den sie für ein paar Groschen von der Verkäuferin bekamen. Sie wollten sich eine Weile auf der westlich des Hauses gelegenen Terrasse ausruhen. An runden Tischen saßen Gäste in Korbstühlen, aßen Kuchen und Eis.
Die Luft flimmerte in der Hitze. Unter dem Schirm war es angenehm. Das Meer erschien von hier aus wie blauer Samt mit Glitzern. Der weißgekleidete Kellner bewegte sich lautlos, brachte ihnen den bestellten Eiskaffee. Pascal spürte wohltuend seine Körperschwere. Er sann Bildern nach. Auch die Gäste an den anderen Tischen genossen die Stille. Plötzlich erzitterte die Luft von einem anschwellenden Dröhnen. Das Donnern hallte weit über das Meer und hielt jetzt in gleichbleibender Stärke an. Da sahen alle: Unter dem Himmel jagten mehrere schlanke, schwarze Schiffe mit hohen Aufbauten dahin. Im Vorstürmen rissen

ihre Buge silbergleißende Wasserberge auf; eine quirlende, rauchende See blieb hinter ihnen zurück. Den Horizont verdunkelnd, zerhackend, tobte die stählerne Kavalkade vorbei.

Alle waren von ihren Sesseln aufgesprungen, die Gesichter starr dem Meere zugewandt. – Torpedoboote in Angriffsformation, erklärte ein hagerer Mann, ohne das Glas von den Augen zu nehmen. Eine junge Mutter, in den Augen ahnende Angst, zog ihren kleinen Sohn mit einer weichen Gebärde an sich. Doch der Kleine entwandte sich ihr, rannte zum Ende der Terrasse und schrie begeistert.

Das Dröhnen war verebbt. Meer und Himmel wieder leer. Summende Stille. Sesselrücken. Löffelklappern. Die Familie am Nachbartisch ging weg. Andere kamen. Wir könnten noch zur Bucht fahren und die Flaschen nachher holen, sagte Pascal. Florin war einverstanden.

Die Küste öffnete sich jetzt zu einer weit ins Land reichenden Bucht. Stark duftende Kamillenfelder und üppiges Heidekraut umwuchsen eine vollkommene Badestelle. Das Wasser über dem Kiesgrund war klar.

Sie sahen ihn sofort. Gleichzeitig ließen sie die Räder fallen und stürzten auf den im seichten Wasser treibenden Mann zu. Sie zogen ihn am Ärmel und Jackenkragen aus dem Wasser, versuchten, ihn zu reanimieren. Ohne Erfolg. Kein Pulschlag, keine Atmung. Weite starre Pupillen, blaue Lippen und Zunge. Waschhaut an den Händen. – Der liegt schon eine Weile, sagte Pascal. – Ein Fischer. Florin wies auf die langen Gummistiefel und die Leinenjoppe des Ertrunkenen. – Wir können nichts mehr tun, müssen es melden.

In der Stube des Gemeindeamtes gaben sie ihren Bericht, unterschrieben das Protokoll und durften gehen. Wieder in der Sonne! Warmer, weicher Wind im Gesicht; sich im Menschenstrom treiben lassen, sorgloses Lachen hören, Straßengeräusche, jemand singt. Ein knallbuntes, verrücktes Pop Plakat: »Die Orlow-Combo« bedeckte eine ganze Bretterwand. Unter rot-weiß-gestreiften Marquisen saßen Mädchen mit übereinandergeschlagenen Beinen, rot lackieren Zehennägeln, sogen durch Trinkröhrchen farbige Getränke. Kaffeehausmusik.
Du ! – Ja? – Lebenkönnen ist schon verdammt schön! Sie hatten den Korb mit den Flaschen aus dem »Seeblick« geholt und noch einige in Eis verpackte Fische dazu gekauft. Zurück benutzten sie die glatte Teerstraße, auf der sie rasch vorankamen. Bald konnten sie abbiegen und erreichten auf einem staubigen Feldweg das Waldstück oberhalb der Steilküste, vor der sie ihre Zelte aufgestellt hatten. Auf dem Zeltplatz war niemand. Florin holte sich Seife aus seinem Zelt und ging zum Strand. Pascal kroch in sein Zelt und streckte sich aus. Es roch gut nach Gras und junger Haut. Das farbige Dunkel tat seinen Sinnen gut. Auf ihrer Seite: Lorittas Schuhe, Hemden und Höschen. Er fühlte Zärtlichkeit für sie und Dank. Dann ging er zu ihnen. Sie hatten gerade trockenes Holz für das Fest geholt und stürzten sich tobend und lärmend ins Wasser, das sie mit Armen und Beinen zu Schaum schlugen. – Da sind sie, schrie Loritta, und rannte auf Pascal und Florin zu. Rasch waren die Männer umringt von vor Nässe glänzenden, tropfenden Schultern, Busen und lachenden Augen. Sie hüpften, redeten und wollten den Wein sehen. – Echter Malaga und

Masalovo, sagte Florin: Aber ich dachte, ihr hättet inzwischen Makkaroni gekocht, mir ist schlecht vor Hunger. – Du kriegst bald was, sagte Mareen. Nach kurzer Zeit hatten sie die Makkaroni in einem Riesentopf gekocht, die sie auf Aluminiumtellern mit Tomatenmark aßen. Es blieb nichts übrig.

***

Bald kam die Zeit heran, wo sie sonst dicke Pullover aus den Zelten holten, am Strand entlang gingen oder in den Dünen, an der Steilküste saßen und dem Sonnenuntergang zuschauten. Auch heute war die glühende Sonne ins Meer versunken, über dem Land schwebte fernes Hellblau, in das ein kürbisgelber Mond langsam aufstieg. Nebelschwaden quollen aus Fugen und Bodenspalten, nässten Pflanzen und Sand. Doch die Kühle blieb in den Niederungen. Auf der Steilküste ging ein trockener warmer Wind.
Inmitten eines Rasenplatzes brannte ihr Feuer fast rauchlos. Über die Flaschen fuhren grünliche Lichter, wenn sie vom Schein der kurzen hellen Flammen getroffen wurden. Sie tranken aus Zinnbechern. Der Wein duftete. Auf einem eisernen Fenstergitter, das als Rost diente, hatten sie Fische gegrillt. Ihr weißes, heißes Fleisch schmeckte köstlich. Sie saßen im Kreise, von flackernden Feuernelken übersät. Sie tranken, legten weitere Fische auf den Rost, schwiegen, verfolgten die Funkenschwärme, die der Wind aus den brennenden Kloben trieb. Zarte, herbsüße Düfte erfüllten die Luft. Die Nacht tönte in einer Polyphonie der Geräusche. Im Westen dämmerte weiterhin ein fahler Schein,

den die Schwärze der Nacht nicht verdunkeln würde. Der gestiegene Mond war kleiner und weißer geworden. Da wälzte Florin einen neuen Stubben in die Glut. Eine prasselnde Lohe stieg auf. Neuer Wein wurde geschenkt. – Man spürt den sizilianischen Sommer, sagte Mareen. Die Hitze wurde stärker. Im springenden Flammenschatten verborgen, berührte Florin mit Händen und Lippen Hals und Schultern von Mareen. Lorittas Hand schob sich in die von Pascal. Sie drehte ihr Gesicht aus dem Lichtkreis und barg es an Pascals Schulter. Da stand Florin langsam auf. Den Körper rhythmisch bewegend, stieß er im Crescendo eine atonale, klagend werbende Kadenz aus, die er ständig wiederholte. Die Mädchen sprangen auf und umtanzten den sich in langgezogenen Tönen wiegenden Rufer, einen Takt mit Händen klatschend. Sie küssten sich, dann ihn und rannten zu Pascal, den sie lachend ins Gras zogen.

Die Luft wurde beinahe unerträglich heiß. Knorriges Holz zersprang knallend unter Funkenregen. Aus dem Grase sprang plötzlich Mareen hoch mit bloßen Brüsten, rannte zum Feuer, das sie springend durchflog. Ihr folgte nackend, vom Widerschein des Feuers rötlich überhaucht, ihr Geliebter. Er stieß einen tiefen Schrei aus, durchsprang die Flammen, in die er sein zerfetztes Hemd schleuderte. Wilde Erregung hatte alle gepackt. Sie schrien, klatschten, trampelten. In kühnen Sprüngen wirbelten sie um und durch die Flammen. Die Männer griffen nach den Leibern der Mädchen, rochen ihren Duft. Berauschten sich am Spiel ihrer Glieder. Packten sie im Kuss und verbargen nicht ihre lodernde Lust.

Auf dem Gipfel dieses dionysischen Treibens nahm Florin plötzlich Mareen in seine Arme. Langsam, feierlich schreitend, trug er sie in den Schatten. Dort kniet er sich hin, legt sie auf den weichen Boden voller Moos. Sie beugt ihren Kopf weit zurück. Über sich uralte Sterne und ganz nahe, maßlose junge Augen. Ihre Gefährten standen gebannt, lautlos. Wollten die Blicke von diesem Bild lösen und ließen sie doch wieder zu den hellen Leibern zurückkehren.
– Komm, flüsterte Loritta. Sie zog ihren Liebsten über sich. Sie sanken nieder neben der nun glimmenden Glut.
Pascal fand keinen Schlaf. Die Bilder dieser Johannisnacht trieben sich um in seinem Kopfe. Leise verließ er das taufeuchte Zelt, kletterte auf das Steilufer und wartete auf den Tag. Hinter ihm sein Gestern. Ein Aschehaufen, verkohlte Holzreste. Noch herrschte Grau. Da durchbricht eine riesige Sonne die See, dunkelglühend wie geschmolzenes Erz, Wasser, Himmel und Erde überflammend. Das Jahr neigte sich in seine dunkle Hälfte.

***

Eine Woche nach dem Johannisfest kamen die vier Urlauber auf dem Hauptbahnhof ihrer Stadt an. Sie holten ihre Räder aus dem Postwagen, der am Ende des Zuges stand. Im allgemeinen Lärm des Bahnhofes hörten sie den Ruf: Extrablatt! Extrablatt! Sie sahen auf dem Bahnsteig einen Jugendlichen mit einer Schiebermütze und einer Leinenjoppe, der auf dem Bahnsteig hin und herlief und einen Zeitungsstapel im Arm hielt. In Abständen rief er: Mord in Sarajewo! Viele Passanten rissen ihm die Blätter förm-

lich aus der Hand.
Florin bittet Pascal, sein Rad zu halten und geht zu dem Rufer. Seine Gefährten sehen, wie er das Blatt erhielt, stehen blieb und es las. Er schien fassungslos, kam langsam zurück. – Der österreichisch-ungarische Thronfolger und seine Frau wurden ermordet, sagte er tonlos. – Gib mal her, sagte Loritta und las vor, was auf dem Blatt stand: Am 28. Juni hat ein 19-jähriger Gymnasiast den Erzherzog Franz Ferdinand und dessen Ehefrau Herzogin Sophie von Hohenberg in Sarajewo erschossen. Der Attentäter gehört der Bewegung Mlada Bosna an. – Um Gottes willen, sagte Pascal erschüttert.
Als sie auf dem Bahnhofsvorplatz kamen, hatten sich Wolken vor die Sonne geschoben. Das ist das Bild unserer Zukunft, sagte Pascal, dunkel und Unheil verkündend. – Vielleicht bläst ein Wind den Himmel wieder rein, versetzte Loritta. Dann verabschiedeten sie sich voneinander und bestiegen ihre Räder, um heimzufahren.
Am späten Abend saßen die Geschwister im Wohnzimmer mit ihren Eltern zusammen und besprachen die entstandene Lage. Die Nachricht war für uns wie eine eiskalte Dusche, sagte Pascal. – Wir waren noch in Gedanken an der Ostsee, fügte Mareen hinzu. – Bis eure schöne Bräune abgeblasst ist, wird die Donau-Monarchie Serbien den Krieg erklärt haben, verkündete ihr Vater: Und wir selbst werden im dem Schlamassel mittendrin sein. Schließlich hat unser Kaiser Österreich die bedingungslose Unterstützung zugesichert. – Und wenn Serbien die Attentäter zur Rechenschaft zieht, warf die Mutter ein, wird das einen Krieg nicht verhindern? – Das glaube ich nicht, erwiderte

der Vater: Generalstabschef Franz Conrad von Hötzendorf war in den vergangenen Jahren schon offen für einen Krieg gegen Serbien eingetreten. Er wird von einer Lobby des Militärs unterstützt und wird wohl seinen Kaiser überzeugen, dass man Serbien unterwerfen muss. Warten wir die nächsten Tage ab.

***

Ende Juli traf sich Pascal im Hause des Verlegers Breuning mit Florin. Nach einer freundschaftlichen Umarmung sagte Florin: Im Verlag meines Vaters erscheint seit einem Jahr eine Zeitung. Sie heißt »Die Tageszeitung«. Ich möchte dir heute aus der neuesten Nummer vorlesen: »Am 23. Juli hat Österreich-Ungarn der serbischen Regierung ein Ultimatum zugestellt. Befristet auf 48 Stunden. Darin wird verlangt, dass Serbien eine gerichtliche Untersuchung gegen die Attentäter und ihre Hintermänner einleitet. Und: von der österreichischen Regierung ernannte Organe sollen an den Ermittlungen teilnehmen. Diesen Passus hat Serbien abgelehnt, alle anderen, harten Forderungen aber erfüllt. Da das Ultimatum aber nur ein Vorwand war, fand Wien erwartungsgemäß die Antwort ungenügend und erklärte Serbien am 28. Juli den Krieg.« Am 29. Juli sagte die Führung der SPD dem Reichskanzler Bethmann-Hollweg politisches Wohlverhalten im Falle eines Krieges zu. – Ob die gesamte Partei das auch will, bezweifle ich, sagte Pascal.
Wie es aussieht, kommt der Krieg mit Sicherheit. Wilhelm hat Österreich zum baldigen Zuschlagen gedrängt. Er und

sein Militär wollen auch Russland angreifen. Ein Beispiel: Der 1887 zwischen Deutschland und Russland geschlossene Rückversicherungsvertrag wurde schon 1890 vom neuen Kaiser Wilhelm II. nicht erneuert. Und Russland ist mit Frankreich verbündet, und das mit England. – Und die Völker? – Sie werden nicht gefragt. Uns bleibt nur: abwarten.
Was waren die Motive des Attentäters? fragte Pascal. Florin berichtete es dem Freund: Im September 1908 hatte der österreichische Kaiser Bosnien und die Herzegowina annektiert. Bereits vor dem Anschlag war es in Sarajewo häufig zu Protestaktionen gekommen. Sie richteten sich gegen die rückschrittliche Politik des österreichischen Statthalters. Nach weiteren Demonstrationen wurden massenhaft national denkende Bosnier verhaftet. So entstand die Bewegung Mlada Bosna. Sie repräsentierte ein politisches Spektrum, das von der Vorstellung einer Monarchie bis zu einer Republik reichte. Alle aber wollten den Sturz der österreichischen Herrschaft in Bosnien. Unterstütz wurden sie von serbischen Gesinnungsgenossen.
Das wäre doch kein Grund, einen Krieg vom Zaune zu brechen, erwiderte Pascal. – Natürlich nicht, so Florin, aber wer einen Krieg will, hat jetzt eine Gelegenheit, ihn zu führen. Diesmal hatten sie keinen Wein getrunken, als sie auseinander gingen.

***

Am 1. August war Pascal zu Loritta gegangen, die ein möbliertes Zimmer im Zentrum besaß. Sie hatten sich ge-

liebt und wollten nun noch einen Spaziergang durch die Stadt machen. Am Schillerplatz trafen sie auf eine große Menschenmenge. Im Näherkommen hörten sie eine Stimme durch einen Lautsprecher. Im Weitergehen erblickten sie einen Offizier, der neben einem Polizisten und einem Trommler stand und etwas verkündete, was sie nicht verstanden. Dann dröhnte ein Trommelwirbel über den Platz, an dem sie nun nahe genug waren um, die erneute Ansage des Offiziers zu vernehmen: »Um 17 Uhr am heutigen Tage hat unser Kaiser Wilhelm der Zweite die Mobilmachung verfügt.« Die Passanten brachen in Hurra-Rufe aus, Männer schwenken ihre Hüte, und nach einiger Zeit erschienen die ersten schwarz-weiß-roten Fahnen in Fenstern. Die Ungewissheit in der Bevölkerung nach den Ereignissen in Sarajewo schlug um in eine Art hektische Begeisterung.
Noch am selben Tag, um 19.00 Uhr, übergab der deutsche Botschafter in St. Petersburg im Außenministerium die deutsche Kriegserklärung an Russland. Als Grund wurde die russische Vormobilisierung vom 30. Juli genannt, die der Zar als Antwort auf die österreichische Haltung gegen Serbien verfügt hatte.
Wilhelm der Zweite, sagte Florin, stellt die These auf, Deutschland sei von Feinden umklammert und nimmt das als Kriegsgrund. Er schürte eine chauvinistische Stimmung, die auf fruchtbaren Boden fiel.
Am nächsten Tage traf sich Pascal mit Loritta im Café »Resistens«. Sie wollten Lorittas Eltern in der Prinz-Eugen-Straße besuchen. – Aber erst will ich dir etwas zeigen. Ich war gestern am Bahnhof und habe beobachtet und

viel fotografiert. Sie zeigte ihm einige Fotos, sagte dabei: Am Bahnhof waren Truppentransportzüge angekommen. Die Züge bestanden aus lauter Güterwagen. Die Soldaten waren feldgrau eingekleidet. Schüler trugen Stöße von Tellern auf die Rampe des Güter- bahnhofes, dazu Suppe in Eimern aus der Feldküche. Junge Frauen und Mädchen, sämtlich freiwillig, füllten die Teller.

Die Züge rollten ein, hielten an, die Soldaten stiegen aus, liefen zur Rampe, erhielten ihre Teller und ließen es sich schmecken. Sie waren alle guter Dinge, von Siegeswillen berauscht, ja, übermütig, was sich auch an den Parolen zeigte, die sie auf die Güterwagen geschrieben hatten. Pascal las: »Ausflug nach Paris«, »Wiedersehen auf dem Boulevard«, »In den Kampf, mich juckt die Säbelspitze« und dergleichen mehr.

Lorittas Eltern wohnten im dritten Stock eines Mietshauses. Die Mutter öffnete auf das Klingeln, rief, das ist aber schön, dass ihr uns besucht, umarmte dann ihre Tochter und Pascal, bat sie ins Wohnzimmer. Durch das Fenster sah man eine große schwarz-weiß-rote Fahne an einem langen Mast, von einem leichten Wind bewegt. Die Mutter brachte Apfelkuchen und Kaffee, stellte alles auf den großen Tisch in der Mitte des Raumes. Nach einigen Reden über die Arbeit der Tochter und dem Fortgang von Pascals Studium fragte sie, ob Pascal sein Staatsexamen noch ablegen könne? – Das ist fraglich, erwiderte Pascal. – Der Krieg wird nicht lange dauern, sagte die Mutter, mit einer Stimme, als wolle sie Pascal trösten. Der Kronprinz hat erklärt: »Weihnachten sind wir wieder bei Muttern.« Und: Es ist doch wunderbar, wie unsere Jugend bereit ist, zu kämpfen. Eric und

Siegbert haben sich beide freiwillig gemeldet. – Und du fürchtest nicht, dass sie fallen könnten oder zu Krüppeln werden? – Für unser Vaterland ist kein Opfer zu groß, erwiderte die Mutter pathetisch, aber, wie ich schon sagte, der Krieg wird nicht lange dauern.

Nach kurzer Zeit kam der Vater. Er war ein hoher Beamter im Finanzamt. Er begrüßte seine Tochter mit einem Kuss auf die Stirn, drückte Pascal kräftig die Hand. – Wir leben heute in einer großen Zeit, sagte er nach einigen allgemeinen Bemerkungen. Dabei sah er feierlich umher und äußerte dann: Unser Kaiser hat gesagt, er kenne keine Parteien mehr, es gibt nur noch Deutsche. Ja, fuhr er fort, das Nicht-Deutsche müssen wir jetzt auch bekämpfen. Es gibt so manchen hierzulande, denen unser Vaterland nichts gilt. Und ich bin stolz, dass meine Söhne freiwillig gegen Deutschlands Feinde zu Felde ziehen.

Wieder auf der Straße, trafen die beiden an der Ecke Prinz-Eugen-Straße und König-Albert-Straße auf einen Zug junger Männer. Sie nahmen die ganze Breite der Straße ein, sangen »Die Wacht am Rhein«. Als der Vers: »Lieb Vaterland magst ruhig sein, fest steht und treu die Wacht am Rhein« erklang, rissen sie ihre Hüte herunter und wirbelten sie mit der rechten Hand über ihre Köpfe. Sie trugen sämtlich Anzüge und Schlipse oder Binder. – Da, rief Loritta leise. Eric und Siegbert, meine Brüder, setzte sie in klagendem Ton hinzu.

Am Abend dieses Tages erzählte Mareen beim Abendessen empört von einem Vorfall, den sie heute Nachmittag erlebt hatte. Der Französischlehrer ihrer Schule war am Nachmittag verhaftet worden. Er hat sich gern als Franzose ge-

kleidet. Und das auch nicht aufgegeben. Er hat Frankreich vor dem Kriege als Große Nation bezeichnet, was ihm jetzt übel genommen wurde. Frankreich war der »Erzfeind«, basta. Nun hatte der Professor Rehm, so hieß er, auf unserem Bahnhof an einem öffentlichen Brunnen herumgefingert. Wahrscheinlich wollte er ihn vor dem Trinken einigermaßen reinigen. Das hatte jemand beobachtet und die Polizei informiert. Er hätte ja ein Spion sein können, ein »Brunnenvergifter«.
Wir wollen besser auch eine Fahne an unserem Fenster anbringen, sagte der Vater.

***

In den Morgenstunden des 4. August überschritten deutsche Truppen die belgische Grenze. England erklärte daraufhin dem Deutschen Reich den Krieg. Am 25. August wurde Belgien deutsches Generalgouvernement unter Generalfeldmarschall Freiherr von der Coltz. Pascal erinnerte sich an den Aufruf an die deutsche Jugend zur Wehrertüchtigung, die von diesem General verkündet worden war. Pascal nahm in einer Sanitätskompanie an diesem Feldzug teil. Er hatte sich von seiner Familie und Loritta mit einem kleinen Fest verabschiedet. Florin wurde am selben Tag zu einer Infanterie-Abteilung eingezogen.
Am 22. August waren die ersten Transporte mit verwundeten deutschen Soldaten in Berlin eingetroffen. Inzwischen wurden zahlreiche Lazarette eingerichtet. Auch die Chirurgische Klinik in Pascals Stadt gehörte dazu. Sein Vater wurde als Oberstabsarzt Chef der Einrichtung.

Die Belgier widersetzten sich den Besatzern. Ihre Aktionen wurden mit Gewalt unterdrückt. Am 25. August wütete die deutsche Armee vier Tage lang in der Stadt Löwen. 209 Menschen wurden ermordet, 1100 Häuser der Innenstadt zerstört. Dazu viele Bau- und Kulturdenkmale.
Pascal erfuhr von diesem Massaker durch deutsche Verwundete, die er im Hauptverbandsplatz versorgen musste
– Wir haben oft in einer Überreaktion gehandelt, sagte einer, der eine Verletzung des Oberarmes durch das Bajonett eines Kameraden erlitten hatte. Es genügte dann, wenn ein Belgier die Faust drohend gegen uns erhob, um zu schießen.
Der Krieg verlagerte sich schließlich nach Süden auf französischen Boden. Die 5. deutsche Armee hatte die Maas erreicht. Am 2. September verlegte die französische Regierung vorübergehend ihren Sitz von Paris nach Bordeaux
Doch der Vormarsch der Deutschen kam schon am 9. September an der Marne zum Stehen. Die 1. und 2. deutsche Armee zog sich an die Aisne zurück.
Generalstabschef Moltke, der den Rückzug befohlen hatte, erlitt einen Nervenzusammenbruch. Er wurde entlassen und durch Erich von Falkenhain ersetzt. Inzwischen hatte England dem deutschen Reich den Krieg erklärt, weil es Belgien überfallen hatte. Das war der Beginn des Stellungskrieges, den die Gegner in den ersten Oktoberwochen wieder in einen Bewegungskrieg umwandeln wollten. Dabei eroberten die deutschen Truppen unter schweren Verlusten unter anderen die Stadt Lille an der Grenze zu Belgien. In Lille wurde ein Feldlazarett einge-

richtete zu dessen Personal Pascal gehörte. Als Lazarett diente ein Kloster. Seine großen, hellen Räume waren im Frieden Wohnung für Klosterschüler.

***

Das Schmettern der Explosionen im Frontbereich war für Pascal schwer erträglich. Sein Gehör schmerzte. Er glaubte, sein Trommelfell sei gerissen. Dennoch vernahm er jetzt Schmerzensschreie und den Ruf: Sanitäter! Sanitäter! Zusammen mit Erwin, seinem Begleiter, rannte er in Richtung der Rufe. Sie gelangten zu einem der vielen Granattrichter, auf dessen Rand sich zwei Soldaten über einen dritten beugten, der am Boden lag. Als sie die Sanitäter erblickt hatten, riefen sie: Hierher! Hierher! Der Getroffene, ein Unteroffizier, stieß Schmerzlaute aus, die er zu unterdrücken suchte. Er hatte offenbar Granatsplitter in beiden Oberschenkeln. Es war zu starken Blutungen gekommen, die Pascal mit Notverbänden zu stillen versuchte. Das aber gelang nur unvollständig. Sie hoben den Mann auf die Bahre und liefen damit ohne Pause zu dem etwa 4 Kilometer entferntem Lazarett.
Durch den großen Toreingang trugen sie den Verletzten in den Warteraum, in dem schon Verwundete lagen. Nachdem ein Arzt die Verletzungen untersucht hatte, ließ er den Mann sogleich in den zu ebener Erde gelegenen Operationsraum bringen. In der Mitte des großen, mit Steinfließen ausgelegten Raumes stand ein aus zwei langen Tischen zusammengesetzter OP-Tisch. Zwei große Fenster zur Straßenseite hin gaben gutes Licht. An der fensterfernen Wand

waren ein Chirurg und ein Assistent dabei, sich die Hände zu waschen. Vor den Fenstern stand ein Tisch, auf dem die zum Operieren notwendigen Instrumente ausgebreitet lagen. Pascal und Erich legten den Verwundeten auf den OP-Tisch. Dann verließen sie den Raum. Später, nach Beendigung der chirurgischen Versorgung, trugen sie den Mann in die Krankensäle für Frisch-Operierte, wo sie ein Bett mit einem eisernen Gestell und Sprungfedermatratzen fanden. Der Operierte war noch sehr benommen, gab aber keinen Laut mehr von sich. Die meisten Betten hier aber waren einfache Holzbetten, in denen auf quer genagelten Brettern gefüllte Strohsäcke gelegt wurden.

***

Pascal hatte auf seiner Pritsche in einer schmalen Kammer kaum zwei Stunden geschlafen, als ihn eine Kanonade aufweckte. Draußen herrschte ein graues Dämmerlicht, das durch das Aufblitzen der Detonationen gespenstisch erhellt wurde. Er warf die Decke zurück, sprang von seinem Lager auf und rannte mit den anderen Sanitätern in den Vorraum. Zusammen mit Erwin lief er auf die nahe Front zu.

Sie gelangten durch den Geschosshagel in die vordersten Gräben. Den Rufen Sanitäter folgend, kamen sie, über zwei Tote stolpernd, zu einem Soldaten, dessen rechter Unterarm zerfetzt war. Sie verbanden ihn notdürftig. Im Begriff, ihn auf die Bahre zu heben, hörten sie den Ruf eines Soldaten: Dort! Dabei zeigte er auf den Drahtverhau vor der vordersten Linie. Zwei englische Soldaten waren

dabei, eine Lücke in die Barriere zu schneiden. Das Feuer hatte nachgelassen und plötzlich stürmten englische Soldaten in die deutschen Stellungen.
Pascal drückte sich in eine Nische der Grabenwand. Um ihn herum tobte ein grausamer Kampf. Von Bajonetten durchstoßen, fielen Soldaten blutüberströmt in den Schlamm. Pistolenschüsse krachten, und aus nächster Distanz getroffen, stürzten Soldaten beider Seiten zu Boden. Ein stämmiger Deutscher rammte seinen Spaten in den Leib eines Engländers um ihn dann umgedreht wieder herauszuziehen. Blutige Eingeweide quollen aus der tiefen Wunde. Im Laufe einer Stunde hatten die Deutschen den feindlichen Angriff abgewehrt.
Pascal verließ seinen Nischenplatz. Er wollte zurück zu dem Verletzten auf der Bahre. Von überall her hörte er Schreie von Verwundeten. Bei dem Versuch, nicht auf vor ihm liegende Tote zu treten, verlor er das Gleichgewicht, trat auf ein Organ des aufgeschlitzten Engländers und fiel hin. Das Organ war die Leber.
Kurz bevor er den Armverletzten erreicht hatte, sah er Erwin. Er lag neben der zerfetzten Bahre. Von einer schweren Gesichtsverletzung entstellt. Der Verletzte, den sie wegtragen wollten, war ebenfalls tot. Von einer Granate getroffen. Er sah jetzt zwei weitere Sanitäter, die einen Mann mit einem Bauchschuss auf ihre Trage gehoben hatten und den Graben eben verließen.
Zusammen mit einem vom Kompaniechef abkommandierten Soldaten fügte Pascal eine aus Brettern eines zerstörten Unterstandes stammende Behelfsbahre zusammen. Darauf hoben sie einen Mann, dessen rechter Unterschenkel zer-

trümmert war und trugen ihn weg. Sie hatten ihm einen Ast gegeben, auf den er biss, um seine Schmerzen auszuhalten.

Das Lazarett war übervoll. Ärzte und Pfleger übermüdet. Es hatte zu regnen begonnen. Pascal, aus dem Raum der Frisch-Operierten gekommen, trat aus dem Gebäude, hielt sein Gesicht in den Regen und atmete die feuchte Luft. Hatte noch dem vor Tagen von ihm Geborgenen vor Augen. Der hatte Wundfieber bekommen. War schon nicht mehr bei Bewusstsein. Die Ärzte hatten ihn aufgegeben. Doch als er hinausgefahren wurde, kam er zu sich und erkannte Pascal wieder. Er klammerte sich an ihn, schrie, er wolle nicht sterben, versuchte, sich zu wehren. Mit harten Griffen wurde er im Bett gehalten. Seine Zudecke war heruntergefallen und Pascal hatte Teile seiner stark geröteten und geschwollenen Beine gesehen.

Pascal kehrte wieder in das Lazarettgebäude zurück. Hier wurde ihm ein neuer Partner zugeteilt. Georg. Der war Krankenpfleger von Beruf, fünfundzwanzig Jahre alt, ein wenig korpulent und von ruhiger Art. Er war einer der Pfleger, die den Todgeweihten aus dem Raum hinausfahren mussten. Im Vorraum trafen sie sich. – Eine böse Sache, dieser Krieg, sagte er zu Pascal. – Hast du in deinem Beruf als Krankenpfleger nicht auch solche Aufgaben erfüllen müssen? – Natürlich, ich habe da Schlimmes erlebt. Aber da waren es Krankheiten, die den Menschen heimsuchten oder Unfälle. Hier werden Menschen absichtlich verstümmelt und getötet von Mitmenschen. Von jeweils so genannten Feinden, sagte er verächtlich. Sie kennen einander nicht, sollen sich hassen und töten. Der

Sterbende war Zimmermann. Sein »Feind« war vielleicht ein Berufskollege. Und die Macher dieses unseligen Krieges sitzen im Sicheren, hungern und frieren nicht. Und ihre Gründe für dieses Gemetzel sind Vorwände. Sie wollen mehr Macht und Reichtum. Und der Lohn für all die Helden? Beinlose hocken in den Straßen, betteln um Almosen, weil das »Vaterland« sie im Stich lässt. Hilfe wird nach Dienstgraden der Opfer geleistet. Nur Kugeln und Granaten machen alle gleich. Da trifft es Hochgestellte und Gemeine.
Georg hatte leise gesprochen, gelegentlich hob er die Stimme, wenn ihn Empörung hinriss. Dann blickte er umher, ob jemand seine Worte gehört haben könnte. Und fiel in seine bedächtige Redeweise zurück.

***

Anfang Februar 1915 begannen französische und englische Verbände eine große Offensive in der Champagne. Eine englische Armee versuchte, die deutschen Linien bei Neuve Chapella zu überwinden und auf Lille vorzurücken. Die Deutschen konnten den Durchbruch verhindern. Im April versuchte die deutsche Heeresleitung, den Stellungskrieg aufzulösen. Dabei wurde von deutscher Seite bei Ypern das von Fritz Haber erfunden Giftgas Chlorin eingesetzt. Es kam zu hohen Verlusten unter den englischen Truppen.
Auch die deutsche Seite erlitt hohe Verluste. Den Truppen, die nach dem Gasangriff die Stellungen der Engländer stürmen sollten, war auch Pascals Sanitätseinheit zugeteilt.

Als sich die grün-gelben Wolken verzogen hatten, war das gesamte Areal in totes Grau versunken. Lediglich die blutroten Blüten des Klatschmohnes waren zu sehen. In den gasgefüllten Gräben lagen hunderte von Toten und sterbenden Soldaten. Und hinter den Gasschwaden liefen deutsche Truppen. Sie trugen einen groben Atemschutz aus feuchter Gaze. Das Gas sammelte sich besonders in Granattrichtern. Soldaten, die sich, um Schutz zu suchen darin befanden, wurden auf grauenvolle Weise vergiftet. Das Gas zerriss ihre Lungen und unter konvulsivischem Husten brachen sie Teile ihrer Lungen aus. Pascal und Georg konnten den Getroffenen nicht helfen. Sie mussten zusehen, wie ein junger Soldat vom Rande eines Trichters abrutschte und in den Kessel hineinfiel. Kameraden zogen ihn an Armen und Beinen wieder heraus. Aber das Gas tat schon ganze Arbeit. Der Junge bekam schlimme Hustenanfälle. Mit Schleim und Blut brach er Lungengewebe aus. Sie legten ihn auf eine Bahre und brachten ihn zum Hauptverbandsplatz. Am Abend war der Vergiftete tot.
Auf der Suche nach seinen Papieren fand Pascal in der Gürteltasche des Toten ein in Leinen gebundenes Tagebuch. Auf der ersten Seite stand die Adresse des Jungen und ein lateinischer Satz: Dulce et decorum est pro patria mori.
Der verbrecherische Gaseinsatz brachte jedoch keinen Durchbruch.
In der Folge setzten dennoch beide Seiten Offensiven mit Giftgas fort. Das auch für die Angreifer gefährliche Blasverfahren wurde zunehmend durch Gasgranaten, die vom Wind unabhängig waren, ersetzt.

***

Der neue Hauptverbandsplatz liegt hinter einem Wald. Nur wenige Bäume sind unbeschädigt. Auch der Wald besteht aus Trümmern. Zerbrochene Stämme. Zersplitterte Äste. Von Granaten aufgerissene Erde. Grasklumpen und Leichenteile. Pascal steht am Rande des Trümmerreiches. Er hat einen Blick auf die geschundene Landschaft, zerstörte und verbrannte Dörfer. Aber es gibt noch einen Horizont. Knapp über diesen steht die sinkende Sonne. Der Himmel ist klar. Kein Dunst vernebelt das Bild. Es herrscht eine Stille, die Pascal nicht glauben will. Wirkt ein Zauber, der die abertausend Rohre versiegelt, dass sie ihre Todesfracht nicht ausspeien können? Die ganze Front scheint erstarrt. Die Sonne ist jetzt dunkelrot, ein riesiger Glutball Als habe sie die tötenden Salven in sich aufgespeichert, die Explosionen in Glut verwandelt.
Kühlender Wind ist aufgekommen. Als habe die Sonne auch die Wärme der Erde angesaugt und risse sie aus der Tiefe des Alls. Mit einem Male fühlt sich Pascal zurückversetzt in die Zeit vor dem großen Morden. Er glaubt, eine andere Sonne zu sehen in einer besseren Zeit. Er sieht sich auf der Steilküste von Gralmütz stehen. Um sich Loritta, Mareen und Florin. Es ist Frieden. Frieden, er ruft es der Sonne zu. Hörst du? Warum ist kein Frieden? Warum zerfleischen wir uns gegenseitig? Was geht die Mehrheit der Menschen in Deutschland, Frankreich, England und Russland und in den vielen anderen in diesen Krieg verwickelten Ländern die faden Gründe an, die ihre Regierungen ihnen vorgaukeln, um ihre eigentlichen Ziele zu

erreichen? Warum nur lassen sich die Völker das alles gefallen?!
Er fühlte quälend seine Ohnmacht, dieses Wüten zu stoppen. Alle waren unfähig, den Frieden zu erzwingen. Aber diese allgemeine Ohnmacht lähmte die Menschen nicht, ihr blutiges Handwerk fortzusetzen. Wer wagte es, dachte Pascal, angesichts der Gräuel, die der Krieg jeden Tag erneut erzeugt, von abendländischen Werten zu sprechen? Wagt es, die menschliche Gesellschaft zivilisiert zu nennen? Wenn diese Zivilisation immer mal wieder Pause macht und zur Barbarei zurückkehrt! Eine Barbarei, in der Menschen zu Mördern gemacht und dafür geehrt und belohnt werden. Pascal hatte sich in seiner Verzweiflung zu Boden geworfen. Schluchzen schüttelte ihn.
In die Schwärze der Nacht hatten sich graue Streifen geschoben, die rasch zu Flächen wurden und das Schwarz allmählich verdrängten. In diesen Vorgang hinein brach plötzlich ein ungeheuerliches Getöse ein. Als erbreche sich die Erde, strömten, reißenden Fluten gleich, Massen von Granaten aller Kaliber in so dichter Folge vom Himmel herab, dass man glauben musste, alle Lebewesen und Gegenstände auf der Welt seien zerstört. Sogar die Luft wurde undurchsichtig. Das dauerte bis zum kommenden Mittag.
Allmählich wurde die Luft wieder klarer. Erdklumpen und Metalle der Granaten, untermischt mit Stücken von Menschen, bedeckten die Oberfläche dieser Kriegswelt. Aus den Steinfundamenten des Hauptverbandsplatzes holten Pascal und Georg eine noch intakte Bahre und liefen frontwärts.

Erstaunlich, aus den Gräben der Front kamen noch Soldaten hervor, als triebe sie eine Macht an, die nicht rational zu erklären war. In diesem Areal, wo doch, wie es schien, jeder Quadratmeter mehrfach umgepflügt worden war. In der vordersten Linie trafen sie auf einen Offizier, dessen Gesicht zerstört worden war. Der Oberkieferknochen war zertrümmert. Die Spitze des Kinns und das Nasenbein waren weggerissen. Man konnte den vorderen Rachen einsehen, Zähne und Gaumen waren verschwunden. Pascal hatte solche Verstümmelungen noch nicht erlebt. Er spürte, wie er zitterte, er musste sich zwingen, den Blick nicht von den Verwüstungen in diesem Gesicht abzuwenden. Der Mann war bewusstlos und blutete aus zahlreichen Wunden.

Die Kanonade hatte erneut begonnen. Pascal und Georg hoben den Schwerverwundeten auf die Bahre und trugen ihn durch das Granatfeuer und schleppten ihn keuchend zu dem Verbandsplatz, vielmehr zu den Trümmern, die von ihm übrig- geblieben waren. Die Chirurgen dort versorgten die Blutungen.

Der Stabsarzt rief Pascal zu sich: Der Mann muss schleunigst in eine Spezialklinik. Sie haben ja einige medizinische Kenntnisse und können den Verwundeten auf dem Transport überwachen.

Nach Einbruch der Dunkelheit kam das Sanitätsauto, das den Verletzten nach Sermatt bringen sollte. Pascal, der auf den Wagen gewartet hatte, hörte endlich das Motorengeräusch zwischen den Abschüssen der feindlichen Artillerie. Er trat aus dem zerstörten Gebäude, in dem der Hauptverbandsplatz immer noch untergebracht war, und

winkte dem Fahrer des Wagens, um ihm die Stelle zu zeigen, wo er den Verletzten übernehmen konnte.
Plötzlich glaubte er, einer optischen Täuschung zu erliegen: der Fahrer glich Erwin Stadtler. Er war es. Auch er erkannte Pascal. Der stürzte auf ihn los, blieb vor ihm stehen, von einem starken Gefühl übermannt. Stadtler hatte die Arme ausgebreitet. Dass ich Sie hier treffe, rief er, und in seinen Augen standen Tränen. Pascal ließ sich umarmen und lehnte sich an die Brust des Fahrers. Ein sehr trauriges Ereignis, das uns zusammenführt, sagte Pascal. Und: kommen Sie, wir haben keine Zeit zu verlieren.
Der Gesichtsverletzte stand unter Morphium, er war nicht ansprechbar. Er war schon auf eine Trage gebracht worden, jetzt trugen sie ihn sie ihn in das Fahrzeug. Der Stabsarzt gab Pascal noch einige Anweisungen, dann fuhren sie los. Zusammen mit dem Offizier waren noch drei weitere Schwerverwundete in dem Wagen.
Sie befuhren ein Waldstück, in dem zwischen Granattrichtern nur noch Baumstümpfe und Äste vorhanden waren. Erwin Stadtler musste alle Fahrkünste einsetzen, um alle Hindernisse zu umfahren. Es schien kein Mond. Man hatte den Eindruck, durch einen Gespensterwald zu fahren. Hinter einer Buschgruppe brach plötzlich ein Wesen hervor und stürzte auf das Fahrzeug zu. Nach einem kurzen Schreck erkannten sie ein Wildschwein, das an ihnen vorbeischoss und frontwärts verschwand.
Der Mann ohne Gesicht stieß mit einem Male einen quiekenden Laut aus. Pascal sah nach den Verbänden des Verwundeten. Es war keine neue Blutung zu erkennen. Er fragte den Mann, ob er ihn hören könne. Und ob er Durst

habe. Aber er bekam keine Antwort, auch kein Zeichen. Pascal blickte auf Erwin Stadtler. Er sah ihn nur von hinten, mitunter im Profil, wenn er seitlich Ausschau nach dem Weg hielt.
Endlich hatten sie eine Straße erreicht. Zerschossene Fahrzeuge standen an den Rändern, manchmal auch inmitten der Fahrbahn. Als sie wieder durch ein Schlagloch fuhren, sagte Stadtler: Wir können übrigens froh sein über dieses Fahrzeug. Es ist eine MAG Sanitätsdroschke. Noch anfangs 1914 gab es Pferdegespanne vor solchen Gefährten. Dann begann Stadtler von früher zu reden: Wie lange ist das her, seit ich Ihnen den Benzinkocher gegeben habe? – Reichlich zwei Jahre, sagte Pascal. Es scheint mir heute wie ein Märchen. Unsere Zeit an der Ostsee, das bunte Leben am Strand. Überall gesunde Menschen. Lachen und ... lieben. Ich kann es nicht fassen, dass sich die gleichen Menschen in Kriege treiben lassen. Unmenschliche Strapazen aushalten, qualvolle Schmerzen erleiden und sterben. Nach einer Weile des Schweigens sagte Stadtler: So genannte Wissenschaftler sitzen in Labors und an Schreibtischen und brüten Waffen aus, die Menschen unter Qualen töten und verstümmeln. Ist das nicht unfasslich?
Sie hatten inzwischen das Hinterland der Front durchquert, fuhren durch Dörfer und kleine Städte. Sterne standen jetzt am Himmel. Pascal erkannte den großen Wagen und das Siebengestirn. Ehemals hatte er diese Himmelsbilder über dem Meer gesehen, wenn er mit Loritta auf einer Düne saß, redend, küssend und sich an den Händen haltend. Wo waren sie jetzt, seine Lieben?

Bislang hatte er nur Briefe von ihnen erhalten. Florin, der in einem Infanterieregiment an der Ostfront eingesetzt war, hatte vor langer Zeit von schlimmen Abwehrkämpfen bei Gumbinnen geschrieben und dass er diesen Krieg verfluche. Offenbar hatte er keine Angst vor der Briefzensur. Seitdem war kein Brief mehr von ihm gekommen. Inzwischen hatte die Schlacht bei Tannenberg (26. bis 30 August 1914) das Blatt an dieser Front gewendet. Es kam zu Siegen der deutschen 8. Armee unter Hindenburg. Aber Florin hatte geschwiegen. War er verwundet? Den ersten Giftgasangriff hatte es an der Ostfront im Januar 1915 gegeben.
Loritta hatte am häufigsten geschrieben. Sie war als Fotoreporterin bei dem »Abendblatt« in ihrer Stadt beschäftigt. Sie hatte von riesigen Menschenansammlungen vor Fleischereien geschrieben; auch, dass man nach Brot anstehen müsse. Und zuletzt von Massenprotesten gegen den hohen Butterpreis. Am 15. Oktober 1915 habe es eine Aktion in der Landsberger Allee in Berlin gegeben, die durch die Presse ging. Vor dem Lebensmittelgeschäft Göbel hätten die Menschen geschrien: Wucherer haben sich durch die hohen Butterpreise riesige Profite gesichert, auf unsere Kosten. Gegen 20.00 Uhr wuchs die Menge auf einige Tausend Menschen an. Sie johlten und pfiffen und warfen Steine gegen dic Schciben des Geschäftes. Auch auf Polizisten, die vergeblich versuchten, die Menge zu zerstreuen. Erst in der Nacht wurde es ruhig auf den Straßen.
Die Unruhen wegen der Butterpreise ebbten aber nicht ab, so dass schließlich durch Gustav von Kessel ein Höchstpreis für Butter von 2,80 je Pfund verfügt wurde, wie Loritta später mitteilte.

Mareen, die sich zur Krankenschwester hatte ausbilden lassen, schrieb sehr selten. Sie war von dem Elend, das sie erleben musste, so sehr erschüttert, dass sie es nicht auch noch beschreiben konnte: Ich denke, du verstehst mich, da du es ja täglich auch erleben musst, hatte sie ihm einmal geschrieben.

***

Im Morgengrauen kamen sie schließlich in Sermatt. an. Vor sich sahen sie ein Gebäude mit großen Fenstern im Renaissance-Stil, das eher einem Schloss glich als einem Krankenhaus. Zwei mächtige Ecktürme begrenzten es an den Seiten. Durch ein mit steinernen Fabelwesen geschmücktes Tor gelangten sie in einen geräumigen Innenhof. Sanitäter halfen Pascal, die Verwundeten aus dem Wagen zu heben. Dabei sahen sie, dass zwei von ihnen auf dem Transport gestorben waren. Ein Arzt kam, um nach den Ankömmlingen zu sehen. Er bestätigte den Tod der beiden durch Kopfschüsse verletzten Männer. Auf seine Weisung hin trugen Pascal und ein Sanitäter den Gesichtsverletzten in den zweiten Stock des Gebäudes. In dem mittelgroßen Saal standen acht Betten, in denen ebenfalls Patienten mit Gesichtswunden lagen.
Nach kurzer Zeit kam der Chefarzt. Er war etwa fünfzig Jahre alt, hatte eine kräftige Gestalt, dunkle Haare: Können Sie mich hören? fragt er. Der Verletzte gab nur einen quiekenden Laut von sich. Nachdem er den Mann sorgfältig untersucht hatte, setzte er sich auf den Bettrand. In zwei bis drei Tagen operiere ich Sie, schaffe etwas Ordnung in

Ihrem Gesicht. Ich versuche eine Knochentransplantation. Seine Stimme war ruhig. Er sah dem Kranken in die Augen: Sie müssen jetzt auf zwei Dinge achten. Atmen, tief atmen und viel essen!

Der Verletzte fiel wieder in eine Art Dämmerzustand. Eine Schwester kam und rief den Kranken an: Sind Sie endlich wach? Sie können doch nicht ewig schlafen. Dabei lächelte sie: Es ist Mittag. Sind Sie nicht hungrig? Sie hatte eine große Tasse in der Hand, in der ein Schlauch steckte, den sie jetzt dem Mann in den Mund einführte. Nach kurzer Zeit hielt der Kranke ihre Hand fest und sie begriff, dass er für den Augenblick genug hatte. – Wir machen eine Pause, sagte sie sehr herzlich. Dann gab sie ihm eine Schiefertafel samt einem Griffel: Hier können Sie aufschreiben, wenn Sie etwas wünschen. Der Mann nahm die Tafel und schrieb etwas darauf. Pascal, der der Schwester über die Schulter sah, las mit: »Danke«.
Sonnenhelle strömte durch die blanken Scheiben des Fensters und tauchte das Bett, den Kranken und die über ihn gebeugte Schwester in ein farbiges Licht. Streben des Fensters warfen Schatten über das Bild, als schlössen sie es in einen Rahmen ein. Pascal überkam eine Art von Andacht. Was er sah, erinnerte an die Darstellung einer Pieta. Aber dieses »Bild« würde wohl keiner wagen, zu gestalten. Er wartete, bis die Schwester Tasse und Schlauch auf den Wagen zurückstellte, und fragte sie dann nach ihrem Namen. Sie sah ihn freundlich an, sagte leise: Franziska Hellwig. Pascal wand sich an den Verletzten, sagte: Sie werden hier gut betreut, ich muss wieder zurück an die

Front. Dabei fasste er nach einer Hand des Mannes. Sie war feucht und kalt.
Vor der Tür ging er der Schwester nach, hielt sie an: Ich habe eine Bitte an Sie. Könnten Sie mir über das Schicksal des Verwundeten in Briefen berichten? Hier ist meine Feldpostnummer. Ich möchte wissen, wie es ihm geht, ob er durchkommt. Franziska zögerte, sagte dann: Gut.
Im Hofe traf Pascal auf Erich. Sie fuhren zurück an die Front. Einmal kamen sie an einer Wiesenlandschaft vorbei. Plötzlich hielt Erich den Wagen an. Sehen Sie das stattliche Gebäude dort am Rand der Wiese? Pascal schaute hin und fragte, was hat es damit auf sich. – Lesen Sie das Schild, das an der Stirnwand angebracht ist. Pascal beugte sich aus dem Wagen: Ich kann es kaum erkennen, und er las laut: »Feldfreudenhaus« und darunter: »für Offiziere.« Das ist ja unglaublich, sagte Pascal vor sich hin. – »Hier wird die geschlechtliche Notdurft gestillt«, so hat das eine Journalistin genannt. Ich habe einmal einen Hauptmann in so ein Etablissement gefahren. Es gab dort sogar Champagner. Ja, das ist auch ein Ergebnis des Frontlebens, sagte Erich. Und: Den Mannschaften werden von der Militärführung Kondome verabreicht, denn Geschlechtskrankheiten zersetzen die Wehrkraft.

***

Eine Woche später rief ihn der Stabsarzt zu sich. Sie haben Heimaturlaub. Für drei Wochen. Ich wünsche gute Reise. Pascal war für einen Augenblick wie von einem Schwindel befallen. Dann sprang er förmlich in seine Unterkunft.

Georg war im Einsatz. Er konnte nicht auf ihn warten. Der Fahrer eines Sanitätsautos wollte ihn sogleich bis zum nächsten Bahnhof mitnehmen. So warf er Wäsche und Waschzeug in einen Seesack. An dem Ziel angekommen, bedankte er sich bei dem Mann und betrat den Bahnhof. Das Warten auf den Zug hielt er kaum aus. Er lief auf dem Bahnsteig auf und ab.
Endlich fuhr der Zug ein. Pascal fand einen Platz am Fenster. Die Landschaft, durch die sie fuhren, beachtete er kaum. Er verschlief die ersten Stationen auf deutschem Boden. Fieberte seinem Ziel entgegen, das er nach zwei Tagen erreichte. Als er aus dem Bahnhof heraustrat, blieb er eine Weile stehen, schloss die Augen. Dann ging er auf den Bahnhofsvorplatz, setzte sich auf eine Bank, wartete, bis sein Herzschlag wieder den normalen Rhythmus annahm. In der Stadt hatte sich auf den ersten Blick nichts verändert. Doch die Bewegungen der Passanten schienen ihm verlangsamt, ihre Mienen verstört. In einer Nebenstraße stieß er auf einc lange Schlange von Menschen. Sie standen vor einer Bäckerei. Seltsam schweigend. Als er vor seinem Elternhaus stand, begann sein Herz wieder schneller zu schlagen. Er hatte sein Kommen nicht ankündigen können, besaß auch keinen Schlüssel. Auf sein Läuten hin rührte sich nichts. Er trat auf dic Fahrbahn, blickte nach den Fenstern ihrer Wohnung. Sie blieben verschlossen. Lorittas Aufenthalt kannte er nicht. So beschloss er, die Klinik aufzusuchen. Langsam stieg er die Treppen zur Chirurgischen Abteilung hinauf. In einem Gang traf er auf einen Assistenzarzt, der ihn kannte. – Der Herr Professor wird sich aber freuen, sagte der Arzt. Im Augenblick ist er

im OP-Saal, wenn Sie bitte in seinem Zimmer warten wollen? Pascal dankte und folgte dem jungen Mann, der ihn in das Chefzimmer führte.
Pascal blieb in der Mitte des Zimmers stehen, schaute sich um. Bis hierher war der Krieg nicht vorgedrungen, dachte er. Immer noch der große Schreibtisch am Fenster mit den medizinischen Utensilien, Wörterbüchern, Akten und Schreibzeug; der breite Ledersessel dahinter. An den Wänden die Lichtkästen zur Beurteilung von Röntgenbildern und Regale für die umfangreiche Fachbibliothek sowie die Untersuchungsliege.
Pascal setzte sich auf einen der Sessel für die Besucher. Er musste über eine Stunde warten, bis der Chef erschien. Pascals erster Blick fiel auf die Uniform, die sein Vater trug und über die ein weißer Kittel gestreift war. Pascal war aufgesprungen und auf den Eingetretenen zugeeilt. – Mein Junge! rief der Vater, breitete die Arme aus, um Pascal zu umarmen, dem jetzt plötzlich Tränen in die Augen traten.
Der Vater hatte sich auf den zweiten Besucherstuhl gesetzt, so dass sie sich nun gegenüber saßen. – Ich habe eine Magenresektion bei einem Verwundeten mit Bauchschuss machen müssen, sagte der Vater; er hatte noch die Gummihandschuhe an. Pascal wusste, das war üblich, um die Hände für eine weitere Operation steril zu halten. – Über die Hälfte der Patienten sind Verwundete, sagte er weiter: Aber vor allem: Wie geht es dir und der Front? – Ich bin bislang davongekommen, antwortete Pascal nach einer kleinen Weile, aber meine Seele ist arg strapaziert. Ich glaube, jeder dort sehnt sich nach Frieden. – Immerhin ste-

hen die deutschen Truppen tief in Feindesland. – Aber der Krieg hat sich festgefahren. Unsere Kompanie lag tagelang in Granatlöchern, den Tod vor Augen, in jedem Augenblick. Die Luft voller Leichengestank, ohne Wasser. Dazu das ständige Sperrfeuer. Eine Granate verschüttet die Toten, eine andere reißt sie wieder heraus. Jeder betet für sich allein. In unserem Lazarett liegen zahlreiche Schwerverwundete und es herrscht Geruch nach Toten. – Aber die Kampfmoral der Truppe ist doch trotz allem bewundernswert.
Ich will dir einige Bemerkungen mitteilen, die mir neulich ein Gefreiter machte, der mir beim Tragen einer Bahre geholfen hat. Er sagte, bis vor Kurzem habe er keine Stiefel mehr gehabt, habe einen Tag in Schlamm und Wasser gestanden, bis über die Knie ohne Stiefel, denn diese findet man oft nicht mehr. Hier geht alles zugrunde, Soldaten und ihre Ausrüstung. Hier hat keiner eine andere Wahl, als mitzulaufen bis er umfällt. Doch den Leuten dahinten ist das gleich. Wenn sich einer krankmeldet, heißt es, die anderen dürfen sich erschießen lassen und du drückst dich hinten rum. Man bekommt ein Jahr keinen Urlaub und wird hingestellt, dass es unglaublich ist.
Der Vater wollte darin Ausnahmen sehen: Unsere Soldaten könnten keine solche Angriffe durchführen, wären sie stiefellos. – Jedenfalls gebiert der Krieg furchtbare Grausamkeiten, sagte Pascal. Und was mich besonders erschüttert, wie der Druck einer Gruppe den Einzelnen dazu bringt, sich an Grausamkeiten zu beteiligen, sie gutheißen lässt. In Belgien habe ich erlebt, wie deutsche Soldaten im Hause einer Familie Waffen in deren Keller gefunden hat-

ten. Ein Soldat rief sogleich mit erboster Stimme, nach geltendem Kriegsrecht sollten wir alle Hausbewohner erschießen. Es war seitens der Belgier nicht ein Schuss gefallen. Aber nach der Forderung eines ihrer Leute stimmten erst einige, dann alle zu und sie machten sich sogleich ans Werk. – Immerhin hatten die Zivilisten wirklich Waffen versteckt, sagte der Vater. – Aber sie haben sie nicht benutzt. – Das könnte doch keiner wissen, ob sie es nicht noch tun würden. Pascal erwiderte, wie sollten denn die Bewohner des Hauses, die im Flur oder vor dem Eingang standen, die Waffen aus dem Keller im Angesicht der Deutschen holen? Sie zitterten schon vor Angst. Und: Nach unserem Recht wird nicht die Absicht, sondern die Tat bestraft.

Pascals Stimme war schärfer geworden. Er konnte seinem Vater nicht mehr folgen. Wie konnte ein so guter Arzt solche grausamen Gedanken haben? Der Oberststabsarzt schien von den Reden seines Sohnes kaum berührt zu sein. Er sagte jetzt mit einem Lächeln: Kennst du das Manifest der 93? Pascal hatte davon gehört, aber er wusste nichts Genaues. – Da haben sich deutsche Wissenschaftler, Schriftsteller und Künstler an die Öffentlichkeit gewandt. Sie haben bestritten, dass deutsche Soldaten Kriegsgräuel in Belgien begangen haben. Unterschrieben haben das Manifest Prominente wie Max Planck, Engelbert Humperdinck, Wilhelm Röntgen, Max Reinhardt, Paul Ehrlich, Fritz Haber, Franz von Stuck, Gerhard Hauptmann und viele andere im In- und Ausland berühmte Leute. Du kannst es lesen, ich habe es aufbewahrt, sagte der Vater. Er kramte in seinem Schreibtisch und zog einen Kasten

auf, reichte dem Sohn das Druckwerk. Pascal las. Nach den ersten Zeilen lies er das Papier sinken. Das ist doch unglaublich! Er las laut vor: »Es ist nicht wahr, dass wir freventlich die Neutralität Belgiens verletzt haben. Nicht wahr, dass eines einzigen belgischen Bürgers Leben und Eigentum von unseren Soldaten angetastet worden ist, ohne dass die bitterste Notwehr es gebot. Nicht wahr, dass unsere Truppen brutal gegen Löwen gewütet haben. Nicht wahr, dass wir Gesetze des Völkerrechts missachten.«
Sie haben Belgien überfallen, tausende seiner Bürger ermordet. Fritz Haber hat den Gaskrieg entfesselt. – Du weist nicht, was du sagst, fiel ihm der Vater ins Wort. Du willst dich doch nicht gegen die Meinung der Unterzeichner des Manifestes stellen, deren Ruf in der Welt untadelig ist. Und es sind Deutsche. In Pascal tobte ein Gefühlssturm. Er biss sich auf die Lippen, sagte: Ich habe nicht bemerkt, dass an unseren Grenzen schon lange eine Übermacht von drei Seiten über unser Volk herfallen wollte und Wilhelm sich erheben musste wie ein Mann. Ich weiß nur, dass er Österreich unbedingte Gefolgschaft gegen seinen beabsichtigten Krieg gegen Serbien zugesichert hat. – Schweig jetzt, sagte der Vater. Wir führen einen Krieg, der unser Vaterland vor seinen Feinden beschützt und du willst diesen Kampf verunglimpfen. Ich gebe dir noch einen Beweis, welches Unrecht du unterstützt. Am 16. Oktober 1916 haben 3 000 Hochschullehrer des deutschen Reiches, also immerhin Dozenten und Professoren von 53 Universitäten und technischen Hochschulen, in einer Erklärung den Krieg als Verteidigungskampf deutscher Kultur bezeichnet, »der Dienst im Heer mache die Jugend

auch für die Wissenschaft tüchtig, denn er erziehe sie zur Pflichttreue. Dieser Geist lebt in allen deutschen Landen«. Die Erklärung endet mit dem Satz: »Unser Glaube ist, dass für die ganze Kultur Europas das Heil an dem Sieg hängt, dass der deutsche 'Militarismus' erkämpfen wird, die Manneszucht, die Treue, der Opfermut des einträchtigen freien Volkes.« Pascal sah auf die Miene des Vaters, die er als triumphierend bezeichnen musste. Ich finde keine Worte, sagte er leise. Er dachte, wie verdummt muss doch die deutsche Intelligenz sein oder besser wie manipulierbar.

Durch die Fenster des Raumes strömten jetzt, ungehindert durch Vorhänge, die Sonnenstrahlen. Der Vater kam auf Pascal zu, legte ihm die Hand auf die Schulter und sagte in ruhigem Tone: Du wirst es auch noch begreifen, dass wir siegen müssen und natürlich auch Opfer bringen. Ich bin stolz auf deine Tätigkeit an der Front, lasse dich nicht entmutigen. Auch ich kenne die Grausamkeiten des Krieges.

Eine Krankenschwester kam herein, die den Professor zu einer weiteren Operation rief. Pascal sah dem Vater nach, wie er durch die Tür verschwand, er fühlte sich plötzlich sehr allein. Er nahm ein Blatt Papier vom Schreibtisch und schrieb: »Lieber Vater, ich freue mich, dich heute Abend einmal länger zu sehen und zu sprechen. Dein Pascal.«

Als er auf die Straße trat, spürte er einen heftigen Wind, der Staub aufwirbelte, Staub, der als drehender Wirbel durch die Straßen fegte. Man spürte ihn im Munde, in den Augen, die zu tränen begannen. Wie durch einen Nebel sah er nach einer Wegbiegung einen Menschenauflauf vor einem Gebäude. Im Näherkommen erkannte er, dass die Menge vorwiegend aus Frauen bestand, die vor einer Bäckerei nach Brot anstanden. – Wir können den Hunger unserer Kinder kaum noch stillen, sagte eine Frau mit einem Kapotthut und wandte sich mit empörtem Gesicht Pascal zu: Aber die Reichen können sich noch alles auf dem Schwarzmarkt kaufen. Niedergeschlagen wendete sich Pascal von der Menschenschlange ab. Da sah er auf der anderen Straßenseite eine junge Frau mit einem Fotoapparat. Das ist doch, dachte er, ja, das ist Loritta. Sie hatte ihn in diesem Augenblick auch erkannt und rannte über die Straße zu ihm: Pascal! So ein Glück, dich zu treffen. Sie umarmten sich, pressten sich aneinander in Küssen.

Sie gingen in die Graßdorfer Straße, in der Loritta noch ihr Zimmer hatte. Vor der Tür umarmten sie sich wieder und wieder, bis Loritta aufschloss und sie förmlich ins Zimmer stürzten. Loritta half ihm, sich auszukleiden. Pascal zerriss dabei ihre Unterwäsche vor Gier nach ihrem Körper. Dann fielen sie förmlich übereinander her. Sie liebten sich bis zur gegenseitigen Erschöpfung. Sie blieben liegen, Pascal ein Knie zwischen ihren Schenkeln, eine Hand auf ihrer rechten Brust, Loritta mit geschlossenen Augen und einen Arm auf des Geliebten Taille. Als die Dämmerung einfiel, standen sie auf. Loritta kochte Kaffee, nahm Brote aus ihrer Tasche, die sie mitgebracht hatte. Sie setzten sich um den Tisch und aßen. Dann begannen sie sich gegenseitig zu erzählen. Die Blockade der Engländer beginnt zu wirken, sagte Loritta: Du hast ja die Schlange gesehen. Seit Anfang 1915 gibt es Brot nur auf Lebensmittelkarten. Seit Dezember sind auch Fleisch, Fett und

Kartoffeln rationiert, ebenso Kaffee, Tee, Zucker, Hülsenfrüchte und Teigwaren. In vielen Großstätten wurden Volksküchen eingerichtet. In Hamburg versorgten sie mitunter 150000 'Minderbemittelte', wie die arme Bevölkerung im Behördendeutsch benannt wurde. In einem Interview sagte mir ein Einwohner, manchmal könne man dieses Essen nur mit Ekel in sich hineinquälen. Die stinkende Graupensuppe, die ungewürzte Salzwasserreissuppe oder die sauren Pflaumen mit Wassernudeln ohne Zucker. Die meisten Menschen sind kriegsmüde, sehnen sich nach Frieden. Pascal erwiderte, dass an der Front viele Soldaten verzweifelt das Ende des Mordens herbeisehnten. Jetzt wollen wir solche Gedanken unterdrücken, sagte Loritta und schmiegte sich an ihn. Pascal betrachtete seine Geliebte, in ihrem engen Rock und der offenen Bluse erschien sie ihm sehr begehrenswert.
Was mache ich nur, sagte er schließlich und seufzte. Ich habe meinem Vater zugesagt, ihn heute Abend zu treffen. – Das musst du einlösen. – Ich nehme dich mit, das wird das Beste sein. – Gut, deine Familie kennt mich ja.

***

Der Vater hatte Loritta sehr herzlich begrüßt: Ich freue mich, dass Sie uns endlich einmal besuchen. Und: Ihre Arbeiten in der »Abendschau« habe ich gelegentlich mit Interesse gelesen. Dann wies er ihr den Platz neben Pascal an, den sonst Mareen inne hatte. Die Mutter hatte Sohn und Schwiegertochter in spe gleichzeitig umarmt und auf die Wangen geküsst. Sie trug ein hellgelbes Kostüm von

etwas älterem Schnitt und eine Frisur mit einem modischen Bubikopf. Der Vater hatte zu einer grauen Hose ein dunkelblaues Jackett mit breiten Revers gewählt. Pascal fand sein Haar an den Schläfen stärker ergraut.
In der Tischmitte stand ein dreiarmiger Leuchter aus Silber, dessen Kerzen bereits angezündet waren.
Heute haben wir ein besonderes Mahl, sagte die Mutter, sonst ist es deutlich bescheidener. Das Dienstmädchen tischte nun auf. Es gab eine Pilzsuppe und Krautrouladen, danach einen Himbeerpudding. Die Mahlzeit verlief unter unverbindlichem Geplauder, wobei wichtige Themen vermieden wurden.
Später nahm man in den Polstern des Wohnzimmers Platz. Der Hausherr öffnete eine Flasche Moselwein und goss die bereitstehenden Gläser voll. – Auf unser aller Wohl, sagte er in feierlichem Ton. Danach blieb es eine Weile still. Man spürte, dass jeder bemüht war, nach einem unverfänglichen Thema zu suchen. Schließlich begann der Vater und sagte, wir hoffen auf einen baldigen Frieden. – Danach sieht es aber nicht aus, erwiderte Pascal leise. – Jedenfalls ist unser Vaterland, dank unserer tapferen Armee, nicht zum Kriegsschauplatz geworden. – Das ist richtig, sagte Pascal. – Aber die Heimat leidet unter dem Krieg, fügte Loritta hinzu. – Die Opfer sind riesig, fuhr Pascal fort: Unsere Kompanie steht jetzt vor Verdun. Dort findet jetzt ein Abnutzungskrieg statt. Auf beiden Seiten. – Ja, unsere Feinde zwingen uns zu großen Opfern, aber sie werden nicht vergeblich sein, sagte der Vater. Pascal fiel ein: Nach dem erzwungenem Rückzug an der Maaß hatte General Moltke den Kaiser nahegelegt, einen Waf-

fenstillstand zu versuchen. Hindenburg und Ludendorff aber haben es verhindert. Und Falkenhain setzt jetzt auf »Ausbluten« der Franzosen. Und nimmt in Kauf, dass auch wir »ausbluten«. – Und du musst wieder dorthin? fragte die Mutter besorgt: Ich hoffe immer, dass der Sanitätsdienst geschont wird. – Auch wir haben hohe Verluste, erwiderte Pascal. Und nach einer Pause: Habt ihr Nachricht von Mareen? Ich habe bis auf einen Brief von der Ostfront nichts von ihr gehört. Auch von Florin weiß ich so gut wie nichts, nur, dass er in der Nähe von Tannenberg in einem Infanterieregiment ist. Sein letzter Brief stammt vom Dezember 1915.

Das ruhige Brennen der Kerzen versetzte Pascal allmählich in eine beinahe träumerische Stimmung. Die Erlebnisse an der Front erschienen ihm jetzt fast unwirklich. Ihm war, als lägen Jahre dazwischen und er sei wieder heimgekehrt in eine friedvolle Gegenwart. Er hatte Loritta neben sich, sie hatten sich geliebt und konnten sich wieder und wieder lieben. Die Erwähnung Mareens und Florins brachten Szenen ihres Urlaubs an der Ostsee in Erinnerung, wie sie sich liebten und auf den Dünen saßen und dem Untergang der Sonne zusahen

Dem Vater, ohne dessen Uniform, brachte er wieder Liebe und Achtung entgegen. Er empfand ihn nun wieder als Helfer von leidenden Menschen und seine Reden über den Krieg konnte er ihm jetzt nachsehen.

Die Worte der Mutter, die ihn erinnerten, dass er zurück musste in das Grauen des Krieges, hatten ihn aus dieser Behaglichkeit herausgerissen. Sie sprachen dann noch eine Weile über Mareen und Florin. Die Mutter mutmaßte, dass

die Tochter die Nähe von Tannenberg wohl gewählt habe, um ihrem Liebsten nahe zu sein. – Die Russen haben es in Ostpreußen aber auch schlimm getrieben, warf der Vater ein. Er hatte seine straffe Haltung aufgegeben, sich sogar ein wenig nach vorn gebeugt, beide Hände auf die Lehnen seines Stuhles gestützt: Aber Hindenburg und Ludendorff haben sie das Fürchten gelehrt. Er sagte das voller Genugtuung. – Wenn die russischen Generäle nicht solche Kardinalfehler gemacht hätten, wäre der Ausgang der Schlächterei vielleicht ein anderer gewesen, erwiderte Pascal ärgerlich. – Jedenfalls, so die Mutter im Bestreben zu vermitteln, sind unsere beiden Lieben gesund.
Pascal kamen jetzt die Worte Florins über den Mord von Sarajewo in den Sinn: Jetzt haben alle Kriegstreiber einen Grund aufeinander loszuschlagen.
Die Flasche war leer und der Vater ließ eine zweite bringen. Ein guter Tropfen, sagte er und blickte auf Pascal, als erwarte er dessen Zustimmung. Pascal nickte, sagte dann in einem sehr sachlichen Tonfall, er habe ein Problem von grundsätzlicher Art. Dann schwieg er. Der Vater forderte ihn auf, das Problem zu benennen; er sei begierig zu wissen, was in seinem Sohne vor sich ginge.
Pascal räusperte sich und begann: Denken wir uns einen Gerichtssaal. Es geht um einen Streit um den Besitz eines Grundstücks. Es streitet die Partei A gegen die Partei B. Wir sind gewohnt, in einem Rechtstaat lebend, dass der Richter die Argumente beider Parteien bewertet, und dann entscheidet, wem das Grundstück gehört. Diesen Vorgang nennen wir Rechtsfindung. Natürlich wird der Verlierer behaupten, das Urteil sei unrichtig, der Richter befangen

usw., aber das möchte ich vernachlässigen. Der Rechtsbegriff ist mir wichtig. – Das ist doch wohl nicht das Problem, dass dich umtreibt, sagte der Vater mit einem Lächeln. – Nein, jetzt stellen wir uns vor, die beiden Parteien verzichten auf ein Gerichtsverfahren. Sie beginnen sich zu bekämpfen. Mit allen Mitteln, mit Totschlag, Gebäudezertrümmerung, Brunnenvergiftung und Senfgas. In der Regel überwindet eine Partei die andere und nimmt ihr das Grundstück ab und verlangt obendrein noch Zahlungen vom Unterlegenen. – Aber das ist doch ... Pascal schnitt ihm das Wort ab. Die Anhänger der siegenden Partei und ihre Mitglieder sagen jetzt: Das Recht hat gesiegt. Und die übrige Welt nimmt das in Kauf. Dabei hat das doch nichts mit unserem Rechtbegriff zu tun. Dafür haben wir den Spruch: Der Stärkere hat recht. Und die Geschichtsschreibung feiert den Stärkeren, das ist dann »Der oder Die Große«. Das ist mein Problem, Vater. Das verkündet auch das so genannte internationale Recht, das von Mächtigen nach Belieben gebraucht wird und sogar das Völkerrecht, was die Selbstbestimmung der Völker vorsieht, sie aber mit Füßen tritt, was sogar die Kriegsführung regelt, aber den Krieg selbst nicht ächtet.

So war die Stimmung wieder gereizt und die Parteien suchten einander zu widerlegen. Neuer Wein wurde nicht gereicht, aber auch so waren die Gesichter gerötet und die Stimmen laut und scharf im Ton. – Du hast eine zuhöchst vereinfachte Art, den Charakter und die Ursachen von Kriegen zu bestimmen. Sehr komplexe Gründe führen zu Kriegen. Es gibt zum Beispiel kulturelle Werte der Völker, die verteidigt werden müssen Es gibt eine nationale Ehre

und erkennbare Vorbereitungen zu An- griffskriegen, denen ein Volk begegnen muss wie im Falle des jetzigen Krieges. – Immerhin haben wir die belgische Grenze zuerst überschritten, fiel Pascal ein: Und kulturelle Werte, das ist auch so ein zwittriger Begriff. Alle Völker der Welt haben Kulturen. Und man kann durchaus von einer europäischen Kultur sprechen. Nehmen wir nur Deutschland, Frankreich und Russland. Deren Kulturschaffende muss man nicht beim Namen nennen, die kennt jeder. Die Europäer haben sogar eine gemeinsame Religion. Sie sind Christen. Und was geschieht zurzeit?
Der Vater hatte sich wieder gerade aufgerichtet, presste seinen Rücken gegen die Lehne und drückte die Lippen aufeinander. Die Mutter schwieg, sie wollte sich wohl zu keiner Partei bekennen. Nur Loritta sagte jetzt leise: In allen Völkern gibt es die Liebe. Die zwischen Frauen und Männern lässt unsere Gesellschaft wachsen. Und alle Frauen wollen das Glück ihrer Kinder. Aber es gibt viele, die ihre Männer als Soldaten mit Blumen schmücken, wenn sie in den Krieg ziehen. Das verstehe, wer will und kann. Ich kann es nicht.
In diesem Augenblick klingelte es. Die Mutter ging, die Tür zu öffnen und kam wieder herein mit Frau Stadtler, die sie an der Hand führte. Frau Stadtler weinte. Sie wischte die Tränen von den Wangen, die wieder und wieder von Neuem benetzt wurden. Pascal war aufgesprungen und hatte der Eintretenden seinen Platz angeboten, worauf sich die Frau aufweinend niedersetzte. Alle Anwesenden warteten auf eine Erklärung ihres Verhaltens. Der Hausherr hatte auf seine Uhr geblickt. – Ich weiß, schluchzte

Frau Stadtler, ich bitte mich zu entschuldigen. Sie versuchte wieder ihre Tränen abzuwischen. – Er ist tot, stieß sie endlich hervor. Er kommt niemals wieder! – Wer ist tot, fragte die Mutter leise. Ihre Miene drückte Bestürzung aus, beinahe Entsetzen. – Bertram, mein Sohn. Sie hielt ein Papier in der Hand, das ihr die Hausfrau abnahm.
Es war ein amtliches Schreiben. Unter einem Briefkopf stand in großen Buchstaben: Für Kaiser und Vaterland hat ihr tapferer Sohn, Bertram Stadtler, sein Leben geopfert Dann folgten noch einige Phrasen des Trostes, die die Leserin nur überflog.
Er war in Ihrem Alter, sagte die Frau jetzt. Man spürte, wie sie ihre Stimme beherrschte. Er hatte sein Studium fast vollendet. Er war ein friedfertiger Junge, hat uns nie Kummer gemacht. Der Vater war ebenfalls aufgestanden, hatte sich hinter die Frau gestellt, legte jetzt beide Hände auf ihre Schultern, die unter einem neuen Weinkrampf zu beben begannen. – Weiß es Ihr Mann schon? fragte er. – Nein. Ich habe die Nachricht erst vor Kurzem erhalten. Ein Bote hat sie mir gebracht. Ihr sonst so frisches Gesicht war verquollen, die noch blonden Haare verwirrt. Die Augenlider gerötet, betränt. Der Mund erschlafft. Falten zogen sich von seinen Winkeln zur Nase. Ihre ganze Gestalt schien geschrumpft. So saß sie wie um Jahre gealtert.
Die Mutter fragte: Haben Sie schon gegessen, darf ich Ihnen ein Glas Wein anbieten? – Nein, nein, danke. Ich musste nur mit Menschen sprechen. Und plötzlich: Dieser verdammte Krieg. Ich habe in meinem Leben noch keinen Russen gesehen, auch keinen Franzosen, Bertram auch nicht. Warum sollten wir auf einmal gegen sie kämpfen?

Warum musste der Kaiser Russland den Krieg erklären, weil ein bosnischer Täter den österreichischen Thronfolger ermordet hatte? – Gute Frau, erwiderte der Vater und setzte sich wieder auf seinen Platz. Das sind nicht die richtigen Fragen. Unser Land war bedroht von Mächten, die uns übel wollten. Wir mussten uns wehren! – Das wird Frau Stadtler wohl nicht trösten, wohl nicht einmal einsehen, erwiderte Pascal, der zwischen der Frau und Loritta stehen geblieben war und faste nach der Hand der Frau. Diese stand jetzt auf. – Ich will Sie nicht länger stören, sagte sie, ich wollte nur mit Menschen sprechen, die uns kennen. – Aber Sie stören uns doch nicht, wir sind erschüttert über den Tod ihres Bertrams. Aber Frau Stadtler bestand darauf, zu gehen: Ich muss es meinem Mann schreiben, sagte sie. Der Vater und Pascal begleiteten sie hinaus

Der Vater beugte sich jetzt etwas vor, sah den Sohn ruhig an: Zu deinem Gleichnis über den Rechtsbegriff habe ich doch noch eine Frage an dich. – Bitte, erwiderte Pascal. – Nun, wenn die Partei A die Partei B mitten im Frieden überfällt, ist es da nicht selbstverständlich, dass sich die Partei wehrt? Und dabei auch Waffen gebraucht? In der jüngsten Geschichte ist der Überfall Napoleons auf Russland so ein Beispiel. Pascal atmete hörbar ein und aus. – Das ist das Dilemma, erwiderte er. Man hat diesen Vorgang »gerechten Krieg« genannt. Und da muss ich dir zustimmen, wenn auch schweren Herzens. Das Grauen des Krieges, seine Unmenschlichkeiten, sind auch in einem gerechten Krieg, den man besser Abwehrkampf nennen müsste, vorhanden. Aber, fuhr er fort, in unserer Zeit herrscht ein anderer Geist. Es geht heute um Machtgewinn und Bodenschätze. »Der Kampf ums Dasein« heißt die Devise. Deutschland muss sich einen Platz in der Welt verschaffen, der seiner Größe und seiner Macht entspricht, wird gepredigt. Einen gerechten Krieg kann ich das nicht nennen. Ein einflussreicher Politiker hat es so formuliert: »Der Kampf ums Dasein ist die bewegende Kraft und der Widerstreit der Interessen kann unter Staaten nicht anders als durch Krieg geschlichtet werden«. – Weißt du was ich manchmal denke? meinte der Vater nach einer kurzen Pause. Die so genannten Pazifisten, Gegner unseres Abwehrkampfes, so nenne ich diesen Krieg, haben nur Angst vor Kämpfen und um ihr Leben. Deshalb scheuen sie sich, richtige Entscheidungen zu treffen und durchzusetzen.

Die Fenster im Wohnzimmer waren nur durch einen dünnen Vorhang bedeckt. Man konnte den zunehmenden Mond sehen, der sein bleiches Licht über die Häuser verströmte. Pascal war aufgestanden und an das Fenster getreten. – Jetzt, in diesem Augenblick zerfetzen an den Fronten Granaten die Körper von Menschen. Männer stoßen sich gegenseitig Bajonette in ihre Leiber. Hunderttausende erleiden unerträgliche Schmerzen. Und wir reden hier von Regeln, Definitionen, Theorien, sitzen darüber redend im warmen Zimmer. Diese Diskrepanzen, Vater, finde ich furchtbar. Hier ist ein Platz für Worte in einer Sache, deren Wirklichkeit uns nicht betrifft.

Er ging zu seinem Vater, hielt ihm die Hand hin, lass uns wenigstens hier Frieden schließen. Der Vater ergriff die Hand, stand dann auf und umarmte seinen Sohn, sagte dann: Ich versuche, dich zu verstehen, jedenfalls erfüllst du deine Pflicht deinem Vaterland gegenüber vorbildlich.

***

Wieder an der Front vor Verdun, bekam Pascal Post. Von Franziska Hellwig aus dem Hospital Sarmant. Pascal las den Brief in einem nassen Schützengraben inmitten einer Kanonade der gegnerischen Artillerie.

»Sehr geehrter Herr,

wie versprochen, berichte ich Ihnen vom Zustand unseres gemeinsamen Patienten. Sein psychischer Zustand ist noch sehr schlecht. Auf meine Versuche, ihn zu bewegen, sich mit Freunden zu treffen, die er ja kennt, sagte er in heftigem Ton, niemand solle ihn so sehen. Einmal erhielt er doch Besuch von einem Freund. Nach wenigen Augenblicken sagte er zu ihm: Geh! Geh jetzt. Da sagte der Freund, ein früherer Schulkamerad, er wolle sich jetzt freiwillig an die Front melden. Er verzeihe es sich nicht, so unversehrt zu sein und nicht gekämpft zu haben für unser Vaterland. Da fuhr der Kranke ihn an: Tue das nicht, ich bitte dich, du siehst ja, wohin das führt. Wir haben hier alle Spiegel entfernt. Aber die Patienten fragen sich gegenseitig, wie sie aussehen. Aber keiner gab eine befriedigende Antwort. Der Mann hielt sich seit geraumer Weile täglich außerhalb des Bettes auf. Eines Tages fand ich ihn vor einem Fenster, das er geöffnet hatte, um sich daran zu spiegeln. Ich kann nicht mehr unter Menschen gehen, sagte er tonlos. Sein Gesicht überliefen Zuckungen. Tränen standen in seinen Augen. Schließlich besuchten ihn seine Frau und sein kleiner Sohn. Er weigerte sich, sie zu sehen. Ich konnte ihn schließlich umstimmen durch das Versprechen, ihn zu begleiten.

Als die Frau ihn sah, konnte man ihr ansehen, welche Anstrengung sie machte, um ihren Schock zu verbergen, den sie durch den Anblick ihres Mannes erlitt. Sie streckte ihre Arme aus, um ihn zu umfassen, da rief der etwa fünfjährige Sohn aus: Das ist nicht meine Vater, und rannte weg. Später fand ich den Verletzten in einem Winkel zwischen Wand und seinem Spind. Er war zusammengesunken und weinte, er hatte eine Pistole in der Hand, die er aus seinem Spind genommen hatte. Mit großer Mühe konnte ich ihn beruhigen.
Als er das dritte Mal operiert wurde, hatte sich der eingesetzte Knochen nicht wieder abgestoßen.
Eines Tages kam ein Minister, um die Verwundeten zu besuchen. Reinhard, so heißt der Mann, stand in soldatischer Haltung vor ihm und seinen Begleitern. – Ich hoffe, dass Sie bald wieder einsatzfähig sind, sagte der Minister: Solche Helden wie Sie braucht unser Land, um sich gegen die Barbaren zu verteidigen. Ein Arzt aus der Begleitung sagte: Das wird wohl noch eine lange Weile dauern. Was der Minister bedauerte. Dann verließ die Delegation den Raum. Immerhin hat er bei meinem Anblick keine Miene verzogen, sagte Reinhard später.
Ich wünsche Ihnen Unversehrtheit und bin Ihre Schwester Franziska.«

Gegen Morgen wurde von deutscher Seite ein Angriff durchgeführt. Gleich beim Übersteigen der Gräben wurden zahlreiche Soldaten vom feindlichem MG-Feuer getroffen. Pascal zunächst lag ein Gefreiter mit einem Lungendurchschuss. Blasiges Blut strömte aus seinem Mund.

Gerade hatte er den Verletzten zusammen mit dem zweiten Sanitäter auf eine Bahre gelegt, als eine Granate diesen mit Splittern übersäte. Pascal sah mit Entsetzen, dass das halbe Gesicht seines Kameraden von der Stirn bis zum Kinn weggerissen war. Pascal rief verzweifelt nach anderen Sanitätern, aber es gab keinen in Rufweite. Der Verstümmelte konnte nicht sprechen. Seine Gliedmaßen zuckten in einem Krampfanfall, dann rührte er sich nicht mehr. Pascal lud sich den Gefreiten auf die Schulter und schleppte ihn zum Verbandsplatz. Sofort ging er wieder nach vorn. Er zog eine Bahre hinter sich her und hastete in Richtung der Kämpfe. Der Angriff war erfolgreich. Erfolgreich hieß: Sie hatten fünf Kilometer Boden gewonnen und waren in die vordersten Linien des Gegners eingedrungen.

Schon in der kommenden Nacht erfolgte der Gegenangriff des Feindes.

Pascal hatte sich in einen Granattrichter geworfen und wollte den Angriff abwarten. Sein Herz schlug heftig. Er erblickte den Mond, der jetzt, fast weiß, sein Licht über das verwüstete Land verströmte. Für einen Augenblick dachte er, dass seine Eltern, auch Loritta, denselben Mondschein sahen, und vielleicht auch Florin und Mareen. Doch die Gegenwart holte ihn rasch ein. In diesem Augenblick sprang eine Gestalt in den Granattrichter. Es war ein Franzose. Pascal riss beide Arme hoch. Der Franzose hielt einen Revolver in seiner Hand. Pascal hoffte auf seinen Status als Sanitäter. Die Genfer Konfession war noch nicht lange in Kraft. Es war nicht deutlich zu erkennen, ob der Franzose zögerte, auf den Waffenlosen zu schießen oder

ob es die Wirkung eines Granateinschlages war. Jedenfalls ließ er die Pistole fallen und griff sich an die Brust. Pascal erkannte, dass der Mann verletzt war und näherte sich ihm. Er sah, das dessen rechtes Bein blutüberströmt war, offensichtlich von Granatsplittern getroffen. Als Pascal im Begriff war, das Bein zu untersuchen, wollte der Franzose seine Pistole wieder in die Hand bekommen. Er dachte wohl an einen Angriff des Deutschen. Pascal stieß die Pistole mit dem Fuß weg und sagte: Camerade, ich Sanitäter, und zeigte auf seine Abzeichen. Doch der Mann hatte das Bewusstsein verloren. Pascal entnahm seinem Verbandskoffer Mullbinden und legte einen Notverband an, um die Blutung vorerst zustillen.
Der Gefechtslärm war verstummt. War der Gegenangriff gelungen oder abgewehrt? Pascal wusste nicht, wo die Frontlinie verlief. Er konnte hier den Tag nicht abwarten. So beschloss er, den Verletzten zu tragen. Zum Glück war der Mann nicht allzu schwer. Er verließ den Trichter. Auf dem Bauche liegend zog er den Mann aus dem Trichter, indem er ihn unter beide Achseln fasste und sich ihn auf die Schulter lud. Langsam, unter seiner Last keuchend, lief er weiter. Nach einer Weile setzte wieder Artilleriefeuer ein. Um ihn herum krepierten Granaten und warfen ihre Splitter und Dreckfontänen in die Höhe. Pascal lief mit seiner Last weiter und weiter. Auf seltsame Weise war er ohne Furcht. Vielleicht, dachte er, weil er einen Feind zu retten sucht, würde das Schicksal ihn verschonen.
Der Mond war verschwunden, am Himmel zeigten sich Leuchtraketen, die aber seinen Weg nicht erhellten. Mit einem Male zeigte sich im Osten ein schwacher orange-

farbener Streifen am Himmel. Der Tag, dachte er erschrocken. Er versuchte, seinen Gang zu beschleunigen, aber das gelang nur für ein paar Schritte. Nach einiger Zeit glaubte er Stimmen zu hören. Er blieb stehen, ja, es waren deutlich Stimmen. Redeten sie deutsch oder französisch? Es waren deutsche Worte. Vorsichtig rief er sie an. Er kam von Westen. – Nicht schießen! rief er und wiederholte den Satz mehrmals. Doch als er näher kam, schoss doch einer auf ihn. Er ließ den Verwundeten zu Boden gleiten, riss beide Arme hoch und rief Kameraden! Da erkannten ihn die Vorposten. – Wo kommst du denn her, fragte einer misstrauisch. Er zeigte auf den Liegenden. – Wir müssen ihn ins Lazarett bringen. – Das ist doch ein Franzose, sagte einer verächtlich. Und Pascal: Das ist doch gleichgültig. Er braucht Hilfe. Ein junger Soldat kletterte aus dem Graben und half Pascal, den Franzosen ins Lazarett zu bringen, wo ihn Ärzte ohne zu fragen versorgten.

***

Am 22. Februar 1916 versuchte die deutsche Heeresleitung, die Festungsanlage vor Verdun in einer Großoffensive zu erobern. Mit tage- und nächtelangem Trommelfeuer und ständigen Sturmangriffen gingen die deutschen Truppen unter Falkenhain gegen die französischen Forts vor. Doch die Franzosen unter General Petain widerstanden dem viermonatigen Ansturm. Auf beiden Seiten kam es zu ungeheuerlichen Verlusten. 700 000 Soldaten aus beiden Armeen fanden den Tod.

Obwohl die Alliierten starke Kräfte in die Kämpfe um Verdun schickten, konnten sie noch ausreichend Truppen in die Schlacht an der Somme werfen, die am 24. Juni begann und sich bis zum 26. November hinzog. Dabei starben 500 000 deutsche, 200 000 französische und über 500 000 britische Soldaten.
In einem vorgeschobenen Frontabschnitt brach die Verbindung zu den rückwärtigen Verbänden ab. Es stellte sich heraus, dass das Trinkwasser ausging. Unweit der Gräben gab es eine Quelle, die aber von feindlichen Verbänden eingesehen werden konnte. Freiwillige mussten, um zu der Quelle zu gelangen, ihre Deckung aufgeben und nach Verlassen des schützenden Waldes über eine offenliegende Wiese laufen. Dabei waren bereits drei Mann von Scharfschützen getroffen worden. Nach zwei Tagen war der Durst unerträglich geworden. Da entschloss sich Pascal, der sich in der Einheit befand, die Quelle zu erreichen und mit Wasser zurückzukommen. Mit einem Wassersack, der etwa 20 Liter fasste, lief er los. Noch im Schutze des Waldes hörte er Schüsse, die offenbar auf ihn gezielt waren. Die Kugeln schlugen in Bäume ein oder in den Waldboden. An der Wiese angekommen, warf er sich zu Boden und verharrte eine Weile in dieser Stellung. Das Schießen hatte aufgehört. Offenbar glaubten die Gegner, sie hätten ihn getroffen. Es waren bis zur Quelle vielleicht 200 Meter offenes Gelände. Da beschloss er, sich durch Rollen fort zu bewegen. Nachdem er, schwitzend, etwa zwei Drittel der Strecke zurückgelegt hatte, sprang plötzlich ein Reh vor ihm auf und lief auf den Wald zu, in dem die Quelle lag. Fast gleichzeitig fielen wieder Schüsse, aber das Tier

blieb unverletzt. Pascal rannte jetzt geduckt dem Reh nach und erreichte die Quelle. Es war ein kleiner Teich, der klares Wasser enthielt. Pascal stillte zuerst seinen quälenden Durst. Dann füllte er den Sack. Ihm war klar, dass er mit dieser Last nicht mehr rollend vorwärts kommen konnte. Beim Umherblicken, nach einer Lösung suchend, bemerkte er, dass die Sonne in seinem Rücken schon recht tief stand. Die Sonne, dachte er, sie wird weiter sinken und den Gegner blenden, ihm die Sicht nehmen. Er ging bis zum Rande des Waldes, wartete noch eine Weile bis die Sonne für ihn günstig stand und lief geduckt über die Wiese. Auf dem letzten Stück begann die Schießerei von neuem, aber die Kugeln trafen ihn nicht. Der Gegner war wohl tatsächlich geblendet worden. Endlich hatte er den Wald erreicht, blieb keuchend und schwitzend stehen, bis er tief atmend seine Luftnot überwand.
Die Kameraden begrüßten ihn mit einer Art Freudengeheul. Ein Leutnant sagte, ihm die Hand schüttelnd, für diese Tat werde ich Ihnen das EK verschaffen.

***

Pascal hatte versucht, das Leid, die Schmerzen und die Verzweiflung der Verwundeten zu vergessen, zu verdrängen. Es gelang ihm aber nur für Augenblicke in einer Nacht wie dieser. Es herrschte klares Wetter, der Himmel war mit Sternen wie übersäht. Da lag er auf dem Rücken und starrte in den Himmel. Er hatte das Gefühl, aus der Welt zu sein. Er dachte an nichts. Nicht an seine Lieben, nicht an sich selbst. Er spürte weder Hunger noch Durst.

Er glaubte, die Welt ginge durch ihn hindurch ohne ihn zu berühren. Er hatte auch keine Angst mehr. Doch schon am nächsten Morgen überfielen ihn wieder die Erinnerungen an die Grausamkeiten der Front. Bei den Kämpfen um Verdun erlebte er bei seinen Einsätzen furchtbare Wunden, sah herausgerissene menschliche Organe, die völlige Zerschmetterung von vor wenigen Minuten noch lebendigen jungen Männern.

In dem als Frontlazarett genutzten Schulgebäude lagen fast nur Schwerverwundete und Sterbende. Ein noch junger Stabsarzt, dessen Gesicht die Spuren einer übermäßigen Anspannung zeigte, sagte zu Pascal, nachdem sie einen Beinamputierten versorgt hatten: Verdun, das ist zu einem furchtbaren Wort geworden. Unzählige Men- schen, jung und hoffnungsvoll, haben hier sterben müssen. Sie verwesen nun irgendwo. In Schützengräben, in Massengräbern. Ein schrecklicher Geruch, ein Beinhausgeruch steigt aus der Verwesung der Tausenden auf. Das Wort Schlachtfeld könnte man mit Gemetzelfeld besser bezeichnen. Ich habe Hunderte solcher Unglücklichen in ihre verzerrten Gesichter, in ihren verrenkten Stellungen gesehen und werde sie niemals vergessen. Ein zwanzigjähriger Jurastudent sagte mir, nachdem ich ihm den rechten Arm abnehmen musste: »Verdun ist die Hölle. Kommt der Soldat aus seinem Granatloch, das häufig voll Wasser ist, so sieht er in hellem Sonnenschein die Türme des Douaumont oder eines anderen Forts. Ein Schütteln packt ihn, wenn er sich umsieht. Hier hat der Tod seine Knochensaat ausgestreut. Die Front wankt. Heute hat der Feind die Höhe, morgen wir. Ja, dahin sind alle Träume von Frieden und Heimat. Was er

sieht, sind erstickende Qualm-Gas-Erd-Klumpen-Fetzen in der Luft.«
Pascal war bewegt. Er faltete seine Hände, als wolle er beten und sagte: Einmal wird dieser Krieg zu Ende sein. Dann kann ich fertig studieren und unseren schönen Beruf als Dienst am Kranken ausüben.

***

Pascals Sanitätsabteilung war nach den Einsätzen bei Verdun und später in der Schlacht an der Somme stark dezimiert worden. Schließlich wurden sie nach Cambrai verlegt, wo am 20. November 1917 eine weitere Schlacht begann. Diesmal setzten die Engländer zum ersten Mal auf einen massiven Einsatz ihrer Tanks. Nach Abfeuern von Sprenggranaten, die die deutschen Stellungen vernebelten, stießen hunderte Tanks gegen die deutsche Siegfriedstellung vor. Sie überrollten die Drahtverhaue und Schützengräben der deutschen Linie. Pascal wurde Zeuge, wie die Masse der deutschen Soldaten vor den über zwei Meter hohen Ungetümen panikartig floh. In wenigen Stunden hatten die Tanks ein Gelände von etwa 10 Kilometern erobert. Etwa 10 000 Soldaten wurden gefangen genommen, zahlreiche Geschütze erbeutet.
Pascal entkam nur mit knapper Not auf einem hier stationierten Sanitätsauto. Er erreichte Cambrai, in dessen Randgebiete jetzt britische Kavallerie einrückte. Doch der außerordentlich schnelle Vorstoß der Tanks hatte für die Briten Nachteile in der Nachschubfrage. So konnten die Deutschen bereits am 3. November bei einem Gegenan-

griff fast das gesamte verlorene Territorium wieder besetzen. Das Frontlazarett in Cambrai war in einem Krankenhaus eingerichtet worden, dessen Patienten evakuiert worden waren. Der OP-Saal war mit zusätzlichen Tischen ausgerüstet worden. So konnten mehrere Verwundete gleichzeitig versorgt werden. Pascal wurde häufig als Assistent bei chirurgischen Eingriffen eingesetzt. Er musste Narkosen durchführen und Instrumente zureichen; den Geruch von Blut und die Schreie der Verletzten hatte er nach Jahren dieser Tätigkeit zu ertragen gelernt. Die frisch Operierten waren in Krankensälen untergebracht. Aber noch hier erlagen Schwerverletzte ihren Beschädigungen. Sie mussten in einen Anbau des Hauses gebracht werden, von wo aus sie in Massengräbern begraben wurden.

Nachdem deutsche Verbände die Engländer wieder vertrieben hatten, kamen zahlreiche Soldaten mit leichteren Blessuren in das Lazarett. Und Pascal hatte mit anderen Sanitätern seit langem wieder einen Raum, in dem sie schlafen konnten, wenn die Einsätze es erlaubten. Aber auch am Tage konnte er den Raum gelegentlich für eine Ruhepause nutzen.

Eines Tages, als er einen Saal betrat, um einen Verwundeten eine Infusion anzulegen, entdeckte er unweit des Bettes, in dem der Verwundete lag, zwei junge Krankenschwestern, von denen ihm eine bekannt vorkam. Er überlegte, wo er sie gesehen haben könnte. Da fiel ihm ein, es war die Schwester, die in dem Lazarett in Sartam den Gesichtsverletzten betreut hatte und die ihm auf seine Bitte hin einen Brief geschrieben hatte. Sie war es, die ihm jetzt beim Anlegen der Infusion helfen sollte. Zunächst erkannte sie ihn nicht. Aber als er sie mit ihrem Namen anredete, den er sich gemerkt hatte, erinnerte sie sich an ihn. Als die Infusion lief, fragte er sie, warum sie jetzt hier, in Frontnähe arbeite, anstatt in ihrem vor Kriegsschäden bewahrtem Hause zu bleiben. – Ach, erwiderte sie, ich wollte an dem Ort sein, wo die Gräuel unmittelbar geschehen. Sie sagte es in einem unprätentiösen Ton. Pascal merkte an, sie wisse sicher, wie gefährlich der Einsatz hier auch für das Sanitätspersonal sei. Dabei besah er sie aus den Augenwinkeln. Sie hatte braunes, im Nacken gebündeltes Haar, das in einer Strähne in ihre Stirn fiel, eine grünlich schimmernde Iris und einen Mund, der beim Sprechen fast weiße Zähne aufblitzen ließ.

Als sie zu einem anderen Bett ging, sah Pascal ihr nach. Umfasste ihre schlanke Gestalt mit Blicken. Dann ging er ihr nach, sagte leise, sie sollten doch den Zufall ihres Zusammentreffens hier nutzen, sich auszutauschen über ihre Erlebnisse, miteinander zu reden. Sie stand jetzt vor ihm, blickte ihn an, ohne ein Lächeln. – Das wird schwer sein, Zeit dafür zu finden, entgegnete sie. Sie hatte eine angenehme Altstimme. Pascal sah ihr in die Augen und fragte, in welchem Saal sie arbeite. – Das ändert sich ständig, dort, wo ich eben gebraucht werde. – Liebe Franziska, sagte Pascal, würden Sie denn wollen, dass wir eine Gelegenheit fänden? – Ja, gern, antwortete sie sofort und in ihr Gesicht überzog eine flüchtige Röte.

Pascal geriet in einen zwiespältigen Gemütszustand. Diese Franziska gefiel ihm außerordentlich. Er dachte zum erstenmal wieder an die Zeit vor dem Krieg, an die letzten Urlaubstage an der Ostsee. Die Erinnerungen an die Küsse von Loritta wurden wieder verdrängt durch Bilder von blutenden, schreienden Männern. Und die verzerrten Gesichter Sterbender. Das Mädchen Franziska kam ihm jetzt wie eine Erlösung von solchen Erlebnissen vor; als könnte er mit ihr dem Kriegsalltag entkommen. Er versuchte, sich Loritta vorzustellen: Ihr Gesicht, ihren Körper. Aber alles das konnte die in ihm wachsende Sehnsucht nach Franziska nicht verdrängen. Er redete sich ein, dass es kein Zufall sein könnte, dass diese Frau ausgerechnet in seine Nähe versetzt worden war, um zugleich zu denken, dass er Loritta nicht betrügen wolle. Aber des Nachts überkam ihn Begierde wie ein Brand.

Nach einigen Tagen, an denen er Franziska nur flüchtig begegnet war, wurde sie ihm als Helferin an der Bahre zugeteilt. Es waren mehrere Sanitäter ausgefallen und Franziska hatte sich freiwillig zu diesem Dienst gemeldet. – Frauen in anderen Ländern müssen schwere Feldarbeit leisteten, da werde ich doch eine Bahre tragen können, hatte sie zu Pascal gesagt, als er sie vor so einem Einsatz warnte. Und: Sie wolle den Getroffenen an Ort und Stelle helfen, davon zu kommen.

Die deutsche Heeresleitung hatte, um sich gegen weitere Vorstöße von Tanks zu wappnen, vordere Stellungen aufgegeben. Die Grabenkämpfe aber gingen weiter. Es war gegen Abend. Die Sonne hatte den westlichen Himmel in bunte Farben getaucht. Es war, als habe jemand ineinander fließende Aquarelle an das Firmament gemalt. Von einem Moor in der Nähe stiegen weißliche Nebel auf. Pascal und seine Begleiterin setzten die Trage für eine Weile ab, um ihren Herzschlag zu beruhigen. Plötzlich begann ein wil-

der Feuerüberfall. Die britische Artillerie wollte offenbar die deutschen Gräben endgültig zerstören. Der Donner der Abschüsse und das Krachen der berstenden Granaten verhinderten jedes Reden.
Pascal hatte Franziska zu Boden gerissen. Sie lagen jetzt so, dass sie sich in die Gesichter sehen konnten. Und Pascal bemerkte, wie sich Franziskas Miene veränderte. Mit der Fortdauer des Beschusses begann ihr Mund zu zucken. Man konnte sehen, wie sie die Zähne zusammenbiss, ihre Wangenmuskeln spannten sich ständig an. Die Augen, zuerst aufgerissen, wurden von den pressenden Lidern bedeckt, um sogleich wieder weit geöffnet zu werden. Pascal spürte, wie sie sich gegen die ausbrechende Angst zu wehren suchte. In diesem Augenblick schlug eine Granate unmittelbar neben ihnen ein und riss einen tiefen Krater auf. Die Splitter sausten über sie hinweg ohne sie zu treffen. Pascal schob zuerst die Bahre in den Trichter, dann fasste er Franziskas Hände und bedeutete ihr, dass sie sich in den Krater fallen lassen sollte. Die Kanonade ließ nicht nach. Plötzlich wurde Franziska von einem heftigen Zittern ihres ganzen Körpers befallen. Sie klammerte sich an Pascal, umfasste seinen Hals, seine Hüften, als wolle sie in ihn hineinkriechen. Pascal spürten ihren Körper an sich, die Weichheit ihres Leibes, dic durch den Druck ihrer Brüste an seinem Körper noch verstärkt wurde. In diesem Augenblick erlosch alle Angst in ihm und ein unfassliches Gefühl der Wollust durchdrang ihn wie eine starke Droge. Seine Hände entblößten ihre beiden Körper in Teilen und er drang in sie ein, die sich dabei weiter und stärker an ihn drängte. Ihre Lippen verbissen sich ineinander, und end-

lich erbebte Franziska unter dem Andrängen Pascals. Beider Keuchen vor Lust vermischte sich mit dem Donnern der Geschütze. Als sie alle Kraft für ihren Liebesrausch verbraucht hatten, hörte plötzlich das Schießen auf.
Nachdem sie ihre Kleidung wieder geordnet hatten, fassten sich beide an den Händen und verließen das Granatloch. Nach wenigen Metern trafen sie auf deutsche Gräben und hörten den Ruf nach Sanitätern. Ein Unteroffizier hatte Granatsplitter im gesamten Oberkörper und blutete stark. Pascal legte Notverbände an, wobei ihm Franziska kenntnisreich half. Dann brachten sie den Mann zurück in das Lazarett. Der nach der Kanonade erwartete Sturmangriff der Engländer blieb aus. Beide machten sich auf den Weg, um weitere Verletzte zu bergen. Dabei sprachen sie kein Wort, was nicht zu ihren Dienstleistungen gehörte. Am Abend dieses Tages wurden beide vom Oberstabsarzt für ihren mutigen Einsatz gelobt.
Pascal fand keine Gelegenheit mehr, Franziska allein zu sprechen. Sie war stets in anderen Räumen zugange. Einmal begegneten sie sich in einer Tür, wobei beide in eine jeweils andere Richtung gehen mussten. Sie lachten sich an und Pascal glaubte in ihren Augen einen Schimmer von Freude wahrzunehmen.
In der Nacht lag er lange wach. Das Erlebnis mit Franziska hatte ihn aufgewühlt. Er konnte sich nicht erklären, wieso es angesichts der Lebensgefahr, in der sie sich beide befanden, zu solch einem Aufschießen von Liebeslust kommen konnte. Der Zustand von heilloser Angst hatte Franziska in seine Arme getrieben, wohl um Schutz zu suchen. Und dann hatte auch sie eine Gefühlswende erfah-

ren, als sie seinen Körper spürte. Das mag erklären wer will. Es war wie ein Wunder über sie beide gekommen. Dann dachte er auch an mögliche Folgen ihres Liebesaktes. Und gleichzeitig sehnte er sich nach weiteren Umarmungen des Mädchens. Erst im Morgengrauen schlief er ein.
In den folgenden Tagen waren sie wieder beide mit der Bahre unterwegs, um Verletzte zu bergen. In einem der vordersten Gräben lag ein junger Soldat mit abgerissenem rechten Arm, zudem war ein Splitter in seine Brust eingedrungen. Er wim- merte, und während der Versuche, seine Blutungen zu stillen, hörte sein Herzschlag auf. Franziska, die sich über ihn gebeugt hatte, gab einen klagenden Laut von sich. Sagte leise, der arme, arme Junge und begann zu weinen, was sie aber sofort unterdrückte. Pascal ergriff ihre beiden Hände und drückte sie fest. Andere Verletzte mussten versorgt werden und so verließen sie den Toten und wandten sich einem Soldaten zu, der beide Oberschenkel voller Splitter hatte.
Die Sanitätsabteilung von Pascal wurde Anfangs August nach Amiens verlegt. Er konnte Franziska nur noch einmal fest an sich drücken, sie wagten es nicht, sich zu küssen. Sie tauschten ihre Heimatadressen aus. Wir werden uns wiedersehen, sagte Pascal feierlich.
In Amiens erlebte Pascal schließlich den Zusammenbruch des deutschen Heeres. Er hatte den häufig an diesen Tagen herrschenden Frühnebel beinahe geliebt. Er erinnerte ihn an Herbsttage im Erzgebirge, an denen er im Morgengrauen schon Wanderungen unternommen hatte. Am 8. August 1918 ahnte er nicht, was eine Stunde vor Sonnen-

aufgang über die deutschen Stellungen hereinbrechen würde. Er glaubte, das Rumpeln von Panzern zu vernehmen. Plötzlich, um 4.20 Uhr, eröffnete die alliierte Artillerie ein wahres Höllenfeuer. Hinter dieser Feuerwalze, die punktgenau auf die deutschen Stellungen niederging, rückte Infanterie vor, oft nur 100 Meter hinter dem Feuervorhang. Die wenigen noch lebenden deutschen Soldaten konnten kaum Widerstand leisten. Als sich der Nebel hob, rasten dazu noch über tausend Flugzeuge im Tiefflug über die noch intakten Widerstandsnester der deutschen Truppen. An nur einem Tage gelang es den alliierten Verbänden, eine Bresche von 24 Kilometer Breite und etwa 10 Kilometer Tiefe zu schlagen. Die zweite deutsche Armee verlor 30 000 Mann. Die Hälfte davon geriet in Gefangenschaft. Die in Europa grassierende Spanische Grippe fand zusätzliche Opfer unter den deutschen Soldaten. Am 13. April 1918 hatte sie noch 28 Divisionen, am 3. August waren es noch 17.

Die Schlacht von Amiens war der Anfang der so genannten 100-Tage-Schlacht. Es folgte ein beinahe ununterbrochener Siegeszug der Alliierten an der Westfront bis zum Waffenstillstand am 11. November 1918.

Ärzte und Sanitäter in Pascals Einheit arbeiteten in rasch auf- und wieder abgebauten Zelten. Sie versorgten die Verwundeten so gut wie möglich. Die Männer erschienen Pascal mitunter wie Gespenster, farblos, unterernährt. Vielfach waren ihre Uniformen zerrissen, sie selbst verlaust, häufig glichen sie nicht mehr einem Menschen.

Ein Stabsarzt sagte zu Pascal, der ihm bei einer Amputation assistierte: Ludendorff habe von März bis Juli 1918 eine Serie von Offensiven angeordnet. Dadurch seien die Kampftruppen bereits im Sommer völlig erschöpft gewesen. Von diesem August führe so eine direkte Linie zu der Bitte um Waffenstillstand im November 1918. Aber, so der Arzt, dieser Zusammenhang kam in der Heimat nicht an. Vielmehr gab Ludendorff zusammen mit Hindenburg die Parole aus: Vom Dolchstoß der Heimat in den Rücken der Front, um ihr eigenes Versagen zu vertuschen.

Nachkriegszeit

Das erste, was Pascal aus dem Bahnhofsgebäude seiner Heimatstadt kommend erblickte, war ein Soldat in Uniform, dem ein Bein fehlte. Er saß auf dem Fußweg. Seine Uniform war bis obenhin zugeknöpft. Auf der linken Brustseite trug er das eiserne Kreuz erster Klasse. Das linke Bein war ausgestreckt, das rechte bis zum Oberschenkel von einem umgeschlagenen leeren Hosenbein verdeckt. Sein Gesicht war blass, die Augen auf den Boden gerichtet. Er lehnte mit dem Rücken am Pfeiler eines geschmiedeten Gitters, die Mütze hatte er vor sich auf den Boden gelegt. Gerade hatte sich ein Herr im Paletot mit Hut zu ihm gebückt und offenbar ein Geldstück in die Mütze geworfen. Der Soldat blickte ihn nicht an. Pascal bemerkte nur ein leichtes Neigen des Kopfes.

Pascal ging auf den Mann zu, blieb vor ihm stehen, stellte sein Gepäck, eine Art Seesack, neben sich. Sprach den Mann an: Herr Kamerad, bekommen Sie keine Unterstützung vom Staat, sieht so der Dank des Vaterlandes aus? – Der Versehrte blickte jetzt zu ihm auf, sagte nach einer Weile, die Renten werden nach dem Dienstgrad vergeben. Ich bin nur ein Gefreiter und kann von den Almosen nicht leben. Arbeit finde ich nicht wie ich gehofft hatte. Vielleicht als Pförtner oder Ähnliches. – Würden Sie mir Name, Regiment und Wohnort geben, damit ich versuchen kann, Ihnen zu helfen? Der Soldat gab ihm die gewünsch-

ten Daten, eine Wohnadresse habe er nicht, er müsse in einem Asylheim nächtigen, sagte er. An einen Erfolg von Pascals Bemühen glaube er aber nicht, die Bürokratie hierzulande sei sehr mächtig. Wo haben Sie denn ihr Bein verloren? – Das war an der Somme, bei Albert. – Und in welchem Lazarett wurden Sie operiert – Das weiß ich nicht mehr. Jedenfalls ziemlich nahe hinter der Front. – Pascal fragte: War es vielleicht in Albert? – Kann sein, aber ich kann mich nicht erinnern.
Pascal dachte, vielleicht habe ich bei der Amputation assistiert. Ich will versuchen, etwas für Sie zu tun, sagte er noch und verließ den Mann.

***

Im elterlichen Treppenhaus nahm er die Messingknäufe am Geländer wahr. Sie glänzen noch immer, dachte er. Wie früher beugte er sich über sie. Sie gaben sein Gesicht völlig verzerrt wieder. Vor der Wohnungstür betrachtete er eine Weile das Namensschild aus schwarzem Marmor mit weißen Buchstaben in altdeutscher Manier. Er empfand den Namen, den er trug, mit einem seltsamen Gefühl, als gehöre er nicht mehr hierher. Als er den Klingelknopf drückte, begann sein Herz rascher zu schlagen. Er hörte Schritte, die Tür wurde geöffnet und Pascal stieß einen Laut aus, in dem Überraschung und Freude schwangen. Mareen umschlang seinen Hals und zog ihn dann mir beiden Händen in den Flur. Er erfuhr, dass sie vor einer Woche angekommen war, zusammen mit Florin. Die Mutter sei bei Bekannten und der Vater in der Klinik. – Na, die werden sich freuen, sagte sie mit Freudentränen in den Augen. Sie saßen dann im Wohnzimmer zusammen und die Schwester antwortete auf Pascals überstürzte Fragen. Sie hatte in einem Lazarett in der Nähe von Tannenberg gearbeitet, habe grausame Verstümmelungen gesehen und Sterbende. Auch russische Soldaten seien unter den Verwundeten gewesen, die jetzt neben ihren so genannten Feinden lagen. Gemeinsame Opfer des Gemetzels, das sich Krieg nennt. Aber das kennst du ja auch. Sie habe Florin nicht einmal gesehen in der langen Zeit Und, stell dir vor, ein LKW hatte mich auf dem Rückzug zu einem Bahnhof gebracht, von dem aus ein Zug nach Deutschland abgehen sollte. Und in diesem Bahnhof habe ich Florin getroffen! – Wo ist er jetzt? fragte Pascal den Bericht seiner Schwester unterbrechend. – Bei seinem Vater, dem Verleger. Du wirst ihn bald sehen. Ich rufe ihn gleich an. – Warte, rief Pascal, ich muss zuerst noch Loritta begrüßen. Sie weiß nicht, dass ich wieder in der Stadt bin. – Wir können sie doch anrufen, erwiderte Mareen. – Du verstehst, dass wir uns sehen wollen. – Und in die Arme schließen, Mareen machte ein spöttisches Gesicht. – Da brauchst du gar nicht so zu gucken, ihr habt es ja wohl zur Genüge getan. – Zur Genüge keineswegs. Pascal ging nicht darauf ein. – Ich gehe jetzt zu Loritta, du rufst Florin an und sagst ihm, Loritta und ich sind in einer Stunde bei ihm. – Glaubst du, eine Stunde reicht für euer Wiedersehen? Pascal tippte die Schwester auf die Nase, sagte: Los, ruf ihn an! Sie ging in die Diele, wo das Telefon stand. Pascal war ihr gefolgt und hörte, wie sie mit Florin sprach. Jetzt gab sie den Hörer ihrem Bruder. – Hallo! rief Pascal in die Muschel. – Hallo Pascal, tönte es aus dem Apparat. Die Stimme des Freundes kam ihm fremd vor. – Wir treffen uns im Haus des Verlages, in dem Zimmer, in dem wir vor Jahren unsere Reise an die Ostsee geplant hatten. – Und wann? – In einer Stunde etwa, ich freue mich sehr. Aber Florin hatte schon aufgelegt.

Die Geschwister machten sich sofort auf den Weg. Mareen schrieb ein paar Zeilen an die Mutter und legte sie in der Diele unter den Kleiderständer.

Die Straßen waren von Sonnenlicht förmlich überflutet, Pascal war wie in einem Rausch. Sehnsucht nach Loritta trieb ihn an. Hin und wieder rannte er. Vor ihrem Haus angekommen, überfiel ihn plötzliche Unruhe. Was, wenn sie nicht zu Hause war? Er hätte ihr schreiben müssen, aber er wusste ja nicht, wann er hier ankommen würde. Aber Loritta war zu Hause. Sie standen sich in der Tür einander gegenüber, wortlos für eine Weile, während sie sich gegenseitig ansahen. – Der Krieg ist aus, sagte Pascal jetzt: Ich kann hierbleiben für immer. – Du bist unverletzt? fragte sie. – Körperlich ja. – Deine Seele werde ich heilen, erwiderte sie. Es klang beinahe feierlich. Er umfasste ihre Hüfte, während sie in Lorittas Zimmer gingen. Dort zog er sie aus, wobei er ihre Unterwäsche zerriss. Sie half ihm, sich zu entkleiden.

Sie lag vor ihm auf dem Bett, streckte die Arme nach ihm aus. – Komm! Ihre Stimme klang, als ersticke sie. Er stürzte sich auf die Liegende und sie liebten sich gierig, wie berauscht. Lorittas Miene veränderte sich, als litte sie Schmerzen, während sie keuchte.

Endlich hatten sie ihre Lust befriedigt. Pascal setzte sich aufrecht, betrachtete seine Geliebte, streichelte sie. – Du bist eine schöne Frau. Bin ich froh, wieder bei dir sein zu dürfen. Fürs erste aber müssen wir zu Florin. Wir haben uns jahrelang nicht gesehen. Er erwartet uns, Mareen ist auch dort. Loritta seufzte: Es tröstet mich, dass du ja von nun an immer da bist.

***

Das Verlagshaus erreichten sie mit der Straßenbahn. Florin wartete mit Mareen schon vor dem Eingang. Die Freunde fielen sich in die Arme, pressten sich aneinander wie ein Liebespaar. Blickten sich dann wortlos eine Weile wechselseitig an. – Man sieht uns den Krieg nicht an, sagte Florin schließlich: Wohl sind wir magerer geworden, aber unsere Gesichter sehen aus, wie damals, jugendlich, glatte Haut. Auch Mareen und Loritta stimmten dieser Meinung zu. – Und wie wirken wir? – Natürlich genau so, nur magerer seid ihr nicht geworden. Alle lachten.
Und wieder saßen sie um den runden Tisch des Verlagsraumes. Nach einer Weile des Durcheinanderredens wollte Pascal von Florin hören, was er über den Russland-Feldzug denke: Immerhin, sage er: Vor Tannenberg haben die Russen entscheidende Siege errungen, sind tief in Ostpreußen eingedrungen. Florin entgegnete: Ein Grund war wohl ein großer Fehler des russischen Oberkommandos. Ludendorff und Hindenburg hatten nur wenig Widerstand zu überwinden. Florin fuhr fort: Heute beklagen viele den Vertrag von Versailles. Aber ich war damals erstaunt und

bestürzt über den Vertrag von Brest-Littowsk, den die deutsche Seite den Russen aufzwang. Immerhin hatten sie den Krieg beendet und damit den Kampf an der Westfront indirekt unterstützt. Was jetzt nach Versailles aus diesem Vertrag wird, weiß ich nicht. Jedenfalls, was mir außerordentlich gefallen hat, war die Freude und Erleichterung über das Kriegsende in den Armeen auf beiden Seiten. Ich habe ein Foto davon, wie sich die Soldaten gegenseitig umarmten und miteinander tanzten. Florin schwieg. Und dann dieses Diktat! setzte er hinzu.
Auch an der Westfront gab es so genannte Fraternisierung, sagte Pascal. Dabei faltete er unwillkürlich die Hände: Ich erinnere mich noch an Weihnachten 1916. Engländer und Deutsche stiegen aus ihren Gräben, redeten miteinander durch Gesten und falsch ausgesprochene Sprachversuche. Solange es die Offiziere zuließen. Schließlich schoss ein deutscher Major mehrmals in die Luft, die Männer liefen zurück in ihre Unterstände und begannen von Neuem zu schießen auf die so genannten Gegner. Gegen die sie nichts hatten, die sie nicht kannten! Und nun, nach dem Ende des barbarischen Abschlachten von Menschen im Namen des jeweiligen Vaterlandes: Wie geht es weiter? Ja, wie geht es weiter, wiederholte Florin und legte beide Hände auf den Tisch. Viele der ehemaligen Frontoffiziere wissen jetzt im Frieden nicht, was sie anfangen sollten. Für sie ist der »Stahlhelm« durchaus eine Option. Nach der Entlassung des Berliner Polizeipräsidenten Eichhorn kam es zu einem Aufstand von Mitgliedern des »Spartakusbundes«. Er wird am 12. Januar 1919 von Regierungstruppen und Freikorps niedergeschlagen, wobei sich dic

Freikorpsleute besonders brutal verhielten. Liebknecht und Rosa Luxemburg wurden von Angehörigen der Garde Schützendivision ermordet. Die Mordserie der Rechten reißt nicht ab. Kurt Eisner wurde am 21. Februar 1919 auf dem Wege zur Landtagseröffnung von einem Adligen durch zwei Revolverschüsse umgebracht. Das alles geschah im Vorfeld der Weimarer Verfassung, die nach der dritten Lesung mit 262 gegen 75 Stimmen angenommen wurde. Er schwieg, einen starren Ausdruck im Gesicht. – Davon habe ich nichts gewusst, sagte Pascal leise: Und warum fand die Versammlung in Weimar statt? – Wohl einmal der Unruhen in Berlin wegen, zum anderen aber um den Einfluss des preußischen Militarismus zurückzudrängen, indem man den Geist der Klassik beschwor.

Die Dämmerung an diesem Februartag 1920 hatte rasch eingesetzt. Florin zündete die große Stehlampe an, die neben dem Sofa stand. Sie gab ein angenehmes Licht, das den Raum in eine Atmosphäre des Friedens wandelte, die sich auch in den Mienen der Anwesenden zeigte. Das also heißt: Ende des Krieges. – Und wie steht es mit unserer Zukunft? fragte Loritta. – Ich kann vorerst nur für mich sprechen. Mareen legte eine Hand auf Florins Linke, fragte: Hast du dir es gut überlegt? Und zu den anderen: Er hat es mir schon gesagt, was er tun will. – Ich habe es wohl bedacht, antwortete Florin: Ich hänge mein Jurastudium an den Nagel und werde Journalist. Mit meinem Vater habe ich schon gesprochen. Er stellt mich als Redakteur ein. – Und warum machst du das? fragte Pascal, den die Ankündigung des Freundes bestürzt hatte. – Es gibt so viel über Themen und Probleme zu recherchieren, was

wert ist, an die Öffentlichkeit zu gelangen, was sie wissen sollte. Kurz, ich will helfen, die Öffentlichkeit zu informieren, was jetzt und hier passiert. Hier in Deutschland und in der Welt. Da will ich meine Zeit nicht vertun mit dem Studium von Paragrafen eines fragwürdigen Rechtssystems. – Als Rechtsanwalt könntest du das in konkreten Fällen besser leisten als durch einen Zeitungsartikel, warf Mareen ein: Oder als Richter. Du kennst ja den Spruch: Recht haben bedeutet nicht ohne weiteres Recht zu bekommen. Mareen hatte jeden aggressiven Ton vermieden, ihre Stimme klang ruhig. Aber ihre Miene zeigte ihre Erregung. Sie blickte Pascal und Loritta an, als wolle sie um deren Zustimmung werben. – Das sehe ich ja auch so, rief Florin: Ich will vor allem den verderblichen Einfluss des Militarismus und der Reaktion auf die Gesellschaft bekämpfen. Nicht mit der Waffe, sondern durch Aufklärung. Ich gebe euch ein Beispiel: Mathias Erzberger, ein Mann der Zentrumspartei, hat am 11. November 1918 den Vertrag von Versailles unterschrieben. Vorher hatte er mit Hindenburg telefoniert, der ihm sagte: »Gelingt die Durchsetzung bestimmter Punkte nicht, so ist dennoch abzuschließen«. Erzberger hat es auf sich genommen, den Vertrag zu unterschreiben. Er wird dafür von den alten Eliten mit wütendem Hass verfolgt.
Hinzu kam, auf der 66. Sitzung der Nationalversammlung am 25. Juli 1919 in Weimar rechnete er als Finanzminister rücksichtslos mit der ehemaligen Reichsführung ab. Deutschland, rief er schließlich, habe keine politische Führung besessen, sondern sei von einer Militärdiktatur gelenkt worden. Diese militärischen Machthaber haben

einen möglichen »Verständigungsfrieden« 1917 durch »einen unvernünftigen, trotzigen und verbrecherischen Eigensinn« verhindert. Er erhielt stürmischen Beifall von den Zentrumsabgeordneten und den Sozialdemokraten. Von rechts wurde gezischt. Erzberger hatte zuvor noch gesagt: »Die Regierung des Prinzen Max von Baden, die noch vom Kaiser eingesetzt und nur fünf Wochen im Amt war und der ich angehörte, habe nur einen Fehler gemacht, sie hätte den General Ludendorff, der am 30. September 1918 plötzlich einen Waffenstillstand gefordert hatte, hinschicken und ihm sagen sollen, schließe du den Waffenstillstand ab. Die verheerende Dolchstoßlegende wäre dann wohl ins Leere gestoßen.«

Ich bin erschüttert, sagte Pascal. – Was für ein Mann, dieser Erzberger, welcher Mut gehört dazu und welcher Patriotismus, solche unerhörten Wahrheiten in aller Öffentlichkeit zu verkünden. Zum ersten Male wurde das Volk von dem größenwahnsinnigen Versagen der ehemaligen Reichsregierung ins Bild gesetzt. Und das gelang nur mithilfe der Presse, die Protokolle jener Sitzung einsehen konnte. Versteht ihr nun, warum ich Journalist werden will?

Loritta hob beide Arme hoch, streckte sich und sagte: Wir könnten dabei zusammenarbeiten. Ich spezialisiere mich auf Pressefotografie. Florin erwiderte: Wenn Pascal mich nicht als Nebenbuhler fürchtet? Pascal meinte: Er fürchte keine Konkurrenz in der Liebe. Und wenn sie erkalte oder gar erlösche, könne er es auch nicht hindern. Dabei lächelte er Loritta zu. Eine Weile herrschte Schweigen. Dann sagte Mareen, sich an Florin und Loritta wendend: Auf

mich könnt ihr bei euren Recherchen nicht zählen. Ich will Medizin studieren. Nach meinen Erlebnissen in den Lazaretten habe ich mich endgültig dazu entschlossen. Und du? fragte sie, Pascal anblickend. – Ich werde natürlich mein Studium abschließen und Chirurg werden.
In diesem Augenblick trat der Vater Florins ins Zimmer. Er hatte einen elastischen Gang, ein jugendliches Gesicht, war gekleidet in einen grauen Anzug ohne Schlips. Hallo, rief er. Gab dann jedem seiner Gäste die Hand, verweigerte aber den Damen den üblichen Handkuss. Sagte: Florin, du hast unseren Gästen gar nichts angeboten. – Wir waren von unserem Wiedersehen berauscht, erwiderte der Sohn. Der Verleger setzte sich an den Tisch zu den jungen Leuten: Ich habe gerade Pascals letzte Worte vernommen. Ihr sprecht wohl über eure Zukunft? Florin berichtet ihm die Ergebnisse ihrer Gespräche. Und fragte dann, ob Loritta als Fotografin angestellt werden könnte? – Ich freue mich, antwortete der Verleger, eine so hübsche Mitarbeiterin zu bekommen. – Noch eine Konkurrenz, sagte Pascal lachend. Und: Ich habe eine Bitte an Sie. Am Bahnhof habe ich einen beinamputierten Soldaten getroffen und ihm versprochen, mich um eine Arbeit für ihn zu kümmern. Könnten Sie ihn vielleicht einstellen, als Pförtner zum Beispiel? – Ich werde zusehen, wozu ich ihn verwenden kann. – Danke! sagte Pascal. – Aber nun lasst uns auf euer Wiedersehen und unser aller Zukunft ein Glas trinken. Damit stand er auf, holte Wein und Gläser aus einem Schrank, wobei ihm Florin half. Alle tranken sich zu und versprachen, einander in allen Lagen beizustehen.

***

Noch am selben Abend feierte Pascal mit seiner Familie seine Rückkehr. Die Mutter hatte ihren Sohn lange an sich gedrückt. Der Vater ihn zusammen mit Loritta ebenfalls. Nun saßen alle im Wohnzimmer um den runden Tisch. Mareen und die Mutter auf dem Sofa. Die anderen auf Sesseln. In der Tischmitte brannten vier Kerzen in Porzellanleuchtern aus Meißen. Mareen hatte ihren Entschluss, Medizin zu studieren, gerade mitgeteilt. – Da bleibt die Medizin in der Familie, sagte der Vater. Und die Mutter: Es ist sehr erfreulich, dass Frauen endlich auch studieren dürfen. Der Vater blieb skeptisch. Ob Frauen nicht lieber eine Familie gründen sollten? Und Mareen darauf: In Lazaretten haben Frauen ihre Fähigkeiten, einen medizinischen Beruf auszuüben, sehr wohl unter Beweis gestellt. – Im Klinikbetrieb, warf der Vater ein, werden Frauen durch ihre Rolle als Mütter häufig ausfallen. – Das liegt an der Gesellschaft, erwiderte Pascal. – Und du? Der Vater wendete sich an den Sohn: Du wirst ja sehr bald dein Examen machen. – Gewiss, so Pascal, und danach Medizin studieren. Die Mutter hob ihr Glas: Auf die Medizin, rief sie. Auch der Vater hob sein Glas: Vielleicht wählst du später sogar die Chirurgie. Sie stießen die Gläser aneinander. Dann füllte er die Gläser erneut und wechselte plötzlich das Thema: Übrigens, sagte er, an Pascal gewendet: Deine Kritik an der Erklärung der deutschen Hochschullehrer vom 16.10.2014 ist widerlegt! Am 10. Dezember 1919 hat Fritz Haber den Nobelpreis für Chemie bekommen. Der von dir gerügte Giftgaseinsatz hat die Juroren des Komi-

tees offenbar nicht beeindruckt. – Für welche Leistung hat er den Preis bekommen? – Für ein Verfahren zur Ammoniaksynthese, eine bahnbrechende Entwicklung, die er zusammen mit Carl Bosch geleistet hat. Pascal atmete tief ein, unterdrückte eine heftige Erwiderung, die den Vater brüskiert hätte: Trotzdem haben wir den Krieg verloren, sagte er leise. – Ja, auch und vor allem wegen der revolutionären Umtriebe. Die Heimat hat uns von diesem Augenblick an, 1916, nicht mehr unterstützt. Die endgültige Revolution hierzulande hat ein Übriges zur Niederlage beigetragen. So musste der Zusammenbruch ja kommen. Das sagte Hindenburg vor einem parlamentarischen Untersuchungsausschuss.
Der Vater hatte mit erhobener Stimme gesprochen Pascal erwiderte nach einem kurzen Schweigen: Hättest du die so genannten Hundert-Tage-Offensive der Alliierten 1918 erlebt, würdest du den Unsinn dieser Behauptung begreifen. Übrigens hat man das gigantische Hindenburgdenkmal aus Holz im Berliner Tiergarten abgerissen. Der Vater beugte sich nach vorn, legte die Hände auf den Tisch, und sagte: Am 10. Dezember hat sogar der Reichskanzler Friedrich Ebert die nach Berlin marschierende Gardetruppe mit den Worten begrüßt: »Kein Feind hat Sie überwunden«. Und der Sozialdemokrat Noske hat als Volksbeauftragter für Wehrfragen ausgerechnet am Heiligen Abend militärische Einheiten aus Freiwilligen gegen die Revolutionstruppe »Volksmarinedivision« eingesetzt. Hier fiel Pascal ein mit den Worten: Und am 6. Januar 1919 sagte er als Oberbefehlshaber der Militäraktion gegen die linken Aufständischen: »Einer muss der Bluthund sein, ich

scheue die Verantwortung nicht.« – Und das, sagte Mareen, nach einem der furchtbarsten Kriege der Geschichte. Dabei schüttelte sie sich. Die Mutter stand jetzt brüsk auf, sagte mit gerötetem Gesicht: Hört bitte auf mit eurer Polemik. Wir wollen froh sein, dass unsere Kinder aus diesem Krieg heil zurückgekehrt sind.
Die Kerzen waren ziemlich heruntergebrannt. Vor den Fenstern herrschte Finsternis. Auf der Straße war kein Mensch mehr unterwegs.

***

Im Mai führten konterrevolutionäre Freikorps aus kaisertreuen Militärs und Politikern einen Putsch gegen die Regierung durch, besetzten das Gelände vor der Reichskanzlei und erklärten ihren Anführer Kapp zum Reichskanzler. Als der Reichswehrminister Noske den Chef der Reichswehr, General Seekt, zum Eingreifen aufrief, erklärte der zynisch: »Reichswehr schießt nicht auf Reichswehr.« Darauf organisierte die SPD einen Generalstreik, der vier Tage dauerte und die Putschisten schließlich zum Abzug zwang. Auch in den kommenden Jahren kam es in der Republik zu Putschversuchen und Aufständen. Politische Morde waren häufig. Am 21. Februar 1919 wird der Ministerpräsident von Bayern, Kurt Eisner, von dem Studenten Graf von Arco erschossen. Er befand sich auf dem Wege zur Eröffnung des Landtages. Als der Mord bekannt wird, sterben bei Schießereien im Landtag zwei Abgeordnete, der Innenminister wird schwer verletzt. Bereits früher wurde ein Anschlag auf Matthias Erzberger verübt, den

er aber überlebte. Er musste erfahren, dass der Schütze nur zu 18 Monaten Haft verurteilt wurde, wegen »ideeller Motive«. Am 26. August 1921 machte er im Schwarzwälder Bad Griesbach Urlaub. Auf einem Spaziergang mit dem Reichstagsabgeordneten Diez wird er von zwei Männern verfolgt. Als sie umkehren wollten, wurde Dietz von einem Pistolenschuss in die Schulter getroffen, der fliehende Erzberger eingeholt und mit 12 Schüssen ermordet. Die Mörder Heinrich Schulz und Heinrich Tillessen sind Mitglieder eines rechtsradikalen Geheimbundes. Die Rechtspolitiker freuen sich öffentlich über den Mord an Erzberger.
Am 24. Juni 1922 wird Walther Rathenau ermordet. Aus einem seinen Wagen überholenden Auto wird er durch Maschinengewehrfeuer getroffen und sein Körper durch eine Handgranate zerfetzt. Er befand sich auf dem Weg ins Außenministerium. Rathenau war, als er mit Sowjetrussland den Vertrag von Rapallo abgeschlossen hatte, von der nationalistischen Rechten als »jüdischer Erfüllungsgehilfe« lange schon bedroht worden. Die Mörder, Kern und Fischer, beide Mitglieder der »Organisation Konsul«, die den Sturz der Republik auch mit Morden betrieb. Beide wurden am 17. Juli auf der Burg Saaleck gestellt. Dabei wurde Kern von der Polizei erschossen, Fischer entleibte sich selbst. Am 25. Juni erklärt Reichskanzler Joseph Wirth im Reichstag nach rechts gewendet: »Da steht der Feind, der sein Gift in die Wunden des Volkes träufelt. Da steht der Feind und darüber ist kein Zweifel. Dieser Feind steht rechts.«

Auch Separatisten hatten versucht, Teile der Republik vom Reich abzuspalten. Angefangen von den Sorben, die zur Tschechoslowakei wollten, bis zum Versuch, ein Rheinisches Wirtschaftsgebiet mit gesonderter Währung unter enger Anlehnung an Frankreich unter Konrad Adenauer zu bilden.

***

Inzwischen hatte Pascal seine Chirurgische Facharztausbildung aufgenommen. Jetzt stand er im Vorraum des OP-Saales der Chirurgischen Klinik. Mit Seife und Wurzelbürste bearbeitete er beide Hände. Danach tauchte er sie in eine Desinfektionslösung, in der sie einige Minuten bleiben mussten. Schließlich hielt er sie ausgestreckt einer Schwester hin, die ihm OP-Kittel und Gummihandschuhe überzog. Das haben wir an der Front nicht machen können, dachte er.

Heute hatte er bei einer Gallenblasen-Entfernung zu assistieren. Der Patient wurde gerade von der hereingefahrenen Liege von zwei Pflegern auf den OP-Tisch gehoben. Pascal hatte das Gefühl, in eine frühere Welt zu tauchen, die er für verloren geglaubt hatte. Und mit einem Male standen die Orte vor seinem inneren Auge, in denen er bislang Operationen erlebt hatte. Alles dort war Behelf gewesen. In seinen Ohren tönten jetzt wieder die Schreie der Verwundeten. Er sah wieder die schmerzverzerrten Mienen und Verkrampfungen der Kriegsopfer, ihre Verzweiflung, die Blutspuren an den Kitteln der Operateure und deren Gesichter, die Entschlossenheit und Härte ausdrückten und

die Anstrengung, die sie es kostete, ihre Erschöpfung zu überwinden. Er hörte das Grollen der Geschütze in der Ferne, sah die Gefäße, in die die abgesägten Gliedmaßen geworfen wurden. Ihn überfiel das ganze Elend der Front. Und gleichzeitig war ihm die Tatsache bewusst, dass Menschen diese Gräuel einander angetan hatten. Unwillkürlich fröstelte er.
Jetzt war er an einem Ort, wo die Medizin ihrer eigentlichen Bestimmung nachkam: Kranke heilen, Folgen von Unfällen mildern oder ganz beseitigen. In Pascals Gemüt kam jetzt eine Art Freude auf, ein Gefühl körperlicher Wärme, weil er Teilhabe hatte an dem Akt menschlichen Fortschritts, am tätigen Humanismus.
Inzwischen hatte der Anästhesist die Narkose begonnen. Der Chirurg machte den ersten Schnitt in die Haut unterhalb des rechten Rippenbogens.

***

Pascal war mit Loritta nach München gefahren, um Brechts Stück »Im Dickicht der Städte« zu sehen. Sie hatten Plätze auf den Balkonen genommen. Im Parkett war alles besetzt. Viele Zuschauer trugen legere Straßenkleidung. Besucher in vornehmer Tracht waren vereinzelt zu sehen. Loritta hatte ein kurzes Kleid an, das sie beim Charleston trug, den sie mit Pascal gelegentlich tanzte. Dieser Tanz kam aus den USA, genannt nach einer Stadt in South Carolina. Er verlangte Beinfreiheit, um die komplizierten Bewegungen korrekt auszuführen. Pascal fand sie mit ihrer Bubikopffrisur sehr attraktiv.

Als sich der Vorhang hob, herrschte augenblicklich Stille. An der Stirnwand der Bühne war zu lesen: Der Kampf zweier Männer in der Riesenstadt Chicago. Darunter ein Text: »Sie befinden sich im Jahre 1912 in der Stadt Chicago. Sie betrachten den unerklärlichen Ringkampf zweier Menschen und sie wohnen dem Untergang einer Familie bei, die aus den Savannen in das Dickicht der großen Städte gekommen ist. Zerbrechen Sie sich nicht den Kopf über die Motive dieses Kampfes, sondern beteiligen Sie sich an den menschlichen Einsätzen, beurteilen Sie unparteiisch die Kampfform der Gegner und lenken Sie Ihr Interesse auf das Finish.«

Das Bühnenbild stellte eine Leihbibliothek dar. Der Angestellte Georg Gargas stand hinter einem Ladentisch. Herein kam Skinny, ein Schreiber. Und Shlink, ein Chinese. Sie wollten von Garga ein Buch kaufen, das er für sie ausgewählt hatte. Es kommen noch zwei Komplizen des Shlink herein. Garga weigert sich, zu verkaufen. Shlink bewirkte, dass Garga vom dem hinzukommenden Besitzer des Geschäftes entlassen wurde. Die Herausforderer wussten über Gargas Lebensumstände genau Bescheid. Gargas Freundin hat sich Männern hingegeben und seine Schwester Marie besorgt wohl nicht nur die Wäsche bei Shlink, der einen Holzhandel besitzt. Shlink schenkt ihm überraschend seinen Holzhandel. Er hält sich für den »besseren Mann«. Das genügt Garga, den ihm erklärten Kampf anzunehmen.

Aus dem Publikum gellen die ersten Pfiffe. Später zeigt die Bühne die Wohnung der Eltern Gargas und Marias. Die Dialoge zwischen John Garga, dem Vater und Gargas Mut-

ter sind seltsam. Sie reden über einen Gelbhäutigen, der mit ihrem Sohn etwas gemacht habe. Plötzlich stehen Zuschauer auf, brüllen: Schluss mit dem Unsinn. Andere rufen: Ruhe! Weiterspielen!
Der Vorhang wurde herabgelassen, das Licht ging an. Im Parkett begannen Streitigkeiten, die in körperliche Tätlichkeiten ausarteten. Plötzlich packte Loritta Pascal am Arm, sagte: Dort, und zeigte ins Parket, das ist Eric. Sie sahen Eric, der gerade mit Fäusten auf einen Kontrahenten losging. Dabei schrie er: Dieses dreckige Stück muss weg. Es ist dem Hirn eines Irren entsprungen. Andere riefen: Endlich ein modernes Theater, Dank dem Dramaturgen.
Loritta war aufgestanden: Komm, wir wollen gehen. Ich möchte meinem Bruder jetzt nicht begegnen. Pascal gab gegen seinen Willen nach. Auf der Rückfahrt sprachen sie über den Sinn dieses Stücks: Mit einem Gegner kämpfen aus purer Lust am Kampf bestimmt ja auch den Boxsport, sagte Loritta: Und Brecht ist ein Fan dieses Sportes. Brecht nennt aber auch Schillers »Räuber« als Anlass zu seinem Stück. Und noch eine ganze Reihe anderer Eindrücke, wie Jensens Roman »Das Rad«, der in Chicago spielt. – Wir wollen uns erst einmal ausruhen von diesem Spektakel, sagte Loritta, und sie wendeten sich nach den Fenstern, um die Landschaft zu betrachten, durch die der Zug sie führte.

***

Nach etwa einer Woche traf Pascal in der Unibibliothek auf Florin. Er saß über einem Stapel von Büchern und hatte Pascals Kommen gar nicht bemerkt. – Hallo Florin. Der sah von seiner Lektüre auf, sein Gesicht erhellte sich förmlich. – Hallo! Pascal setzte sich auf den Nachbarplatz. – Was studierst du denn so eifrig? – Bücher über den Krieg: Ich suche eines, dessen Titel ich vergessen habe, in dem sämtliche Kriege der Menschheitsgeschichte verzeichnet sind, soweit sie dokumentiert wurden. – Ich habe neulich »Im Dickicht der Städte« gesehen, ein merkwürdiges Stück. – Du warst in München? Da hätten wir uns treffen können. Ich habe es mir auch angesehen, bis zu Ende. Weißt du, dass es nach sechs Spieltagen abgesetzt wurde? Und den Dramaturgen hat man entlassen. – Ein Skandal, sagte Pascal: Wie heißt er? – Jakob Geis. Nach dem Tumult haben sie weitergespielt. Am Schluss hat sich Shlink vergiftet, um dem von Garga angestachelten Lynchen zu entkommen.

Was hältst du von dem Stück? Ein Stück über den »Kampf an sich«. Gibt es den überhaupt? – Auch hier gibt es einen Grund, nämlich herauszufinden, wer der »bessere Mann« ist. – Ist das in einer humanistischen Gesellschaft, die sich auch noch christlich nennt, Grund genug, einen Menschen zu klassifizieren? Zu demütigen, weil er nicht der »bessere« ist? – Das wird im Sport nicht gemacht, sagte Florin: Da gibt es Regeln. Und die Kontrahenten geben sich nach dem Kampf die Hände. – Wenn sie nicht am Boden liegen, meinte Pascal ironisch. Aber es gibt doch einen Grund für die Sportler: Ehrgeiz. Es heißt ja auch Wettkampf. Den Sieg erringt aber nur ein Mensch und nicht die Nation, der er angehört oder für die er angetreten ist, die aber dessen Sieg auf ihre Fahnen schreibt und sich dann für die »bes-

sere« hält. – Was mich bewegt, erwiderte Florin, sind die Kriegsgründe. Die werden von den Mächtigen nur vorgeschoben, um ihre wahren Kriegsziele zu verschleiern und die Massen für den Krieg zu gewinnen. Und warum müssen diese wahren Ziele verschleiert werden? Weil unser öffentliches Moralempfinden das fordert! Alle Mächtigen behaupten, keinen Krieg zu wollen, obwohl sie sich dafür gerüstet haben und zu Angriffen entschlossen sind. Sie wollen mehr Macht, mehr Bodenschätze und mehr Land, behaupten aber, die Freiheit zu verteidigen und das vom Gegner drohende Elend von »ihrem Volk« fernhalten zu müssen. Das kann man an zahllosen Beispielen beweisen. Es ist üblich, die eigene Motivation unserer Handlungen zu idealisieren. Wer Fußballer werden will, hat natürlich Spaß an diesem Sport. Er weiß aber auch, dass er dabei Ansehen erwerben kann. Das wird er aber nicht öffentlich sagen. – Ihn treibt Ehrgeiz an, warf Pascal ein. – Ja, Ehrgeiz ist keine Sünde, erwiderte Florin: Nur die Mittel, sein ehrgeiziges Ziel zu erreichen, darf nicht zum Schaden anderer Menschen führen. Im Sport zeigt das der Kampf gegen Manipulationen. Manipulationen in der Politik erfolgt durch Reden der Politiker. Damit dopen sie die Massen und erreichen so ihre Ziele, festigen ihre Macht.
Florin hatte sich erregt und lauter gesprochen. An den Nachbartischen wurde gezischt und eine Studentin sagte, er solle mit seinen Ausführungen in eine Versammlung gehen und sie hier in Ruhe arbeiten lassen. Florin entschuldigte sich und redete sehr leise weiter: Ich habe eine Zeitung bei mir, in der du lesen kannst, was ich darin geschrieben habe. Damit holte er aus seiner Aktentasche

ein geknittertes Exemplar der »Rundschau.« Florin zeigte auf einen Artikel und Pascal las die Überschrift »Ein neuer Retter Deutschlands ist aufgetaucht«. Neugierig las er weiter: Der Gefreite Adolf Hitler wurde am 13. November 1918 aus dem Lazarett in Pasewalk entlassen. Fast ein Jahr später trat er als siebentes Mitglied der »Deutschen Arbeiterpartei« bei, die im Januar 1919 gegründet worden war. Im Januar 1920 übernahm er das Propagandaressort der Partei. Ende des Jahres hält er Reden in Österreich (Wien, Innsbruck, Salzburg). Die Partei erwirbt den »Völkischen Beobachter«. Im Februar 1921 folgen Massenversammlungen im Münchner Hofbräuhaus, wo auch das Parteiprogramm verkündet wird. Im Juli 1921wurde er der Vorsitzende der Partei, die sich jetzt »Nationalsozialistische Deutsche Arbeiterpartei« nennt. Im August 1922 kommt es zu einer Kundgebung auf dem Münchner Königsplatz, wobei sechs Hundertschaften der SA aufmarschieren. Und im Oktober gibt es beim Auftritt von acht SA-Hundertschaften blutige Straßenschlachten. Daraufhin wird die NSDAP in mehreren deutschen Ländern verboten (Preußen, Sachsen, Thüringen, Hamburg, Baden, Hessen u.a.). Doch schon am 27. Januar 1923 kann die NSDAP ihren 1. Reichsparteitag in München abhalten. Dort werden auch die ersten vier Standarten der SA »geweiht«.
Pascal lies das Blatt sinken. Das ist ja ein rasanter Aufstieg dieser Leute. Kennst du das Programm? – Ich habe es gelesen und auch einen Abdruck bei mir. Er suchte in seiner Tasche und holte eine Schrift heraus, die er Pascal gab. Der begann zu lesen. Nach einer Weile sagte er: Das sind ja 25 Punkte, die möchte ich jetzt nicht alle lesen. Du

kannst mir doch die Hauptpunkte nennen. Florin sagte: Hauptpunkte gibt es nicht. Jede Aussage ist gleich wichtig, aber man kann zwei Gruppen unterscheiden Zum ersten einen nationalistisch-rassistischen Teil, der den Zusammenschluss aller Deutschen fordert, sowie Land und Boden zur »Ernährung unseres Volkes und Ansiedlung unseres Bevölkerungsüberschusses«. »Volksgenosse kann nur sein, wer deutschen Blutes ist.« »Kein Jude kann daher Volksgenosse sein«, und weiter: »Jede weitere Einwanderung Nicht-Deutscher ist zu verhindern. Wir fordern, dass alle Nicht-Deutschen, die seit dem 2. August 1914 in Deutschland eingewandert sind, sofort zum Verlassen des Reiches gezwungen werden.« Auf breite Zustimmung stoßen wohl die Forderungen, die ich als demagogische Lockungen bezeichnen würde. Nämlich: »Wir fordern die Abschaffung des arbeits- und mühelosen Einkommens. Brechung der Zinsknechtschaft … Die persönliche Bereicherung durch den Krieg wird als Verbrechen am Volk bezeichnet. Wir fordern daher restlose Einziehung aller Kriegsgewinne. Wir fordern die Verstaatlichung aller (bisher) bereits vergesellschafteten Betriebe. Wir fordern einen großzügigen Ausbau der Altersversorgung. Fordern die Schaffung eines gesunden Mittelstandes, sofortige Kommunalisierung der Groß-Warenhäuser und ihre Vermietung zu billigen Preisen an kleine Gewerbetreibende. Wir fordern … gemeine Volksverbrecher, Wucherer, Schieber usw. sind mit dem Tode zu bestrafen«.

Weiterhin fordern sie die Einführung einer »Staatsbürgerkunde« in den Schulen, die »Ausbildung besonders veranlagter Kinder armer Eltern ohne Rücksicht auf deren

Stand oder Beruf, den gesetzlichen Kampf gegen die bewusste politische Lüge und ihre Verbreitung durch die Presse«. Die sich bereits abzeichnende Einführung einer Diktatur durch die »Schaffung einer starkem Zentralgewalt des Reiches. Unbedingte Autorität des politischen Zentralparlamentes über das gesamte Reich und seine Organisationen im Allgemeinen« scheint die Wähler dieser Partei nicht zu stören.

Pascal war wie betäubt: Das ist doch wohl nicht zu glauben, dass ein vernünftiger Mensch darauf hereinfällt. Er lies jetzt die Atmosphäre des Lesesaales auf sich wirken: Grüne Lampenschirme schimmerten auf den Tischen, an denen Lesende und Schreibende in sich versunken saßen. Über Bücher gebeugt oder Notizen in Hefte machend. Er blickte auf die Studentin in einem gelben Kleid am Nachbartisch. Sie hatte ihr schwarzes Haar in eine Bubikopf-frisur gebracht. Viele junge Frauen tragen jetzt diese Frisur. Das indirekte Licht beleuchtete von der Kassettendecke her die Bücherregale, die alle Wände des Saales bedeckten. Diese Menschen hier können doch unmöglich Wähler einer solchen Partei weder sein noch werden, dachte er.

Er blickte jetzt nach Florin. Der hatte das Papier wieder in seine Taschen gesteckt und schien Pascal nicht zu beachten. Er wartete wohl auf eine Reaktion des Freundes. – Bis auf die ausländerfeindlichen Phrasen ähneln die sozialen Versprechen den Thesen von Sozialdemokraten und Kommunisten, sagte Pascal endlich. – Deshalb haben sie ja auch ihren Namen geändert, erwiderte Florin: Sie versprechen das Blaue vom Himmel. Ihr Ziel aber ist die Abschaffung der Republik und damit finden sie Verbündete in manchen Parteien und auch bei Wählern. Viele machen für die Missstände in der Weimarer Republik die jetzigen Regierungen verantwortlich und vergessen nur zu schnell, dass sie Vierzehn begeistert in den Krieg gezogen sind und unter Wilhelm II. im Namen Deutschlands Tod und Zerstörung über die Völker Europas brachten. Florin hatte sehr leise gesprochen, so dass ihn Pascal kaum verstand. Dennoch hob das Mädchen im gelben Kleid jetzt den Kopf und blickte missbilligend auf die beiden Männer. Wir sprechen ein andermal über die Sache, sagte Florin und erhob sich, um zu gehen. Pascal suchte den Zeitschriftensaal auf, um die Medizinische Wochenschrift zu lesen, in der Neues über Pankreaserkrankungen zu lesen war.

***

Am 13. Januar 1923 hatte Kanzler Cuno wegen der Besetzung des Ruhrgebietes durch französische und belgische Truppen zum passiven Widerstand aufgerufen. Dazu diente eine »Bildpropaganda«, die keine Hemmungen vor Übertreibungen hatte. So gab es eine Schießscheibe, auf der Deutschland von einem Monster bedroht wird, dessen Ziel es ist, das Deutsche Reich als Kolonie auszubeuten. Diese Politik führte nicht zum Erfolg. Deshalb beschloss eine Mehrheit im Reichstag mit Unterstützung der Deutschen Volkspartei DVP, des katholischen Zentrums, der Deutschen Demokratischen Partei DDP und der SPD, eine neue Regierung zu bilden. Kanzler wurde Stresemann von der DVP. Er übernahm zugleich das Außenministerium.

Stresemann suchte die Verständigung mit Frankreich und beendete den passiven Widerstand.
Am Frühstückstisch in der Klinik sagte Pascals Vater, er billige diese Entscheidung nicht. Damit anerkenne man auch die Erschießung Leo Schlageters auf der Golzheimer Heide am 8. Mai 1923. Alle Deutschen waren damals über die Vollstreckung des Urteils empört. – Wie wurde das Urteil begründet? fragte Pascal. – Wegen Sabotage, Spionage für die deutschen Behörden. – Jetzt sind es vor allem die Rechten, die Schlageter zum Märtyrer machen, erwiderte ein Assistenzarzt. – Auch ich finde das Urteil skandalös und bezeichne mich nicht als Rechten, sagte der Vater bissig. Jedenfalls kommen die Separatisten aller Richtungen nicht zum Zuge, trotz ihrer massiven Versuche. Die Deutschen wollen ihr Vaterland nicht zerstückeln lassen. – Dafür setzt sich auch die Partei der Nationalsozialisten ein, sagte ein anderer junger Assistenzarzt, der erst seit einem Monat in der Chirurgie war. – Kennen Sie das Programm dieser Partei? fragte Pascal. Da unterbrach der Chefarzt den Disput: Ich wünsche hier keine Diskussion über Parteiprogramme. Dann stand er auf.
Am 10. November 1923 erhielt Pascal per Post eine neue Ausgabe der »Rundschau« mit einem Artikel von Florin. Pascal riss den Umschlag auf und las im Stehen: »Hitlerputsch in Bayern«. Am 8. November 1923 im Münchner Bürgerbräukeller: Ritter von Kahr hält vor Mitgliedern des bayrischen Kabinetts und hohen Regierungsbeamten eine Rede gegen den Marxismus. Kurz vor 21.00 Uhr stürzt Hitler mit einigen seiner Anhänger in den Saal. Mit der Pistole in der Hand schafft er sich Platz bis zum Podium.

Dort verkündet er die Revolution. Die Regierungen in Berlin und Bayern erklärt er für aufgelöst. Eine neue wird eingesetzt, bestehend aus »Gen. Ludendorff, Ad. Hitler, Gen. Lossow, Oberst v. Seisser«. Noch in der Nacht nehmen die drei ihre, wie sie sagen »erpresste«, Zustimmung zurück. Am folgenden Tag marschieren etwa 2000 bewaffnete nationalsozialistische Verbände vor die Münchner Feldherrnhalle und werden von Einheiten der Polizei gewaltsam auseinandergetrieben.14 Rebellen und 3 Polizisten kamen ums Leben. Die übrigen fliehen. Hitler gelang in einem SA-Sanitätsauto die Flucht.
In einem Nachsatz schreibt Florin: Hinter der angeblich erpressten Zustimmung stand in Wahrheit ihre Enttäuschung über Hitlers Vorgehen, da er ihre eigenen Pläne zur Wiederherstellung der Monarchie in Bayern zerstört hatte.
Mitte des Jahres erhielt Pascal einen Anruf von Florin. Er lud ihn zu einem Gespräch »über die Ereignisse« in den Gasthof »Zur Henne« ein. Der Treffpunkt lag in der Nürnberger Straße. Pascal war fünf Minuten vor der vereinbarten Zeit zur Stelle, aber Florin war schon in dem Lokal. Er saß an einem Tisch vor einem der kleinen Fenster, die mit buntem Glas bedeckt waren. Nach der kurzen Begrüßung fragte Florin, was der Freund zu trinken wünsche. – Ein Pils, antwortete Pascal und Florin bestellte das Getränk bei einer jungen Kellnerin. – Hast du meinen Artikel gelesen, fragte er dann, nachdem der Freund einen tiefen Zug aus seinem Glas gemacht hatte. – Ich frage mich, so Pascal, ob deine Auffassung, von Kahl und seine Leute hätten dem Hitler nur sein Vorpreschen verübelt, richtig ist. Seien also mit seiner Grundhaltung einverstanden. –

Hitler wurde am 11. November verhaftet und in einem Prozess zu fünf Jahren Festungshaft verurteilt. Ludendorff übrigens frei gesprochen, bereits acht Wochen später wurde er vorzeitig aus der Haft entlassen. Er hatte in seiner Haftzeit Gelegenheit, sein Bekenntnis in dem Buch »Mein Kampf« niederzulegen. Er muss also einflussreiche Gönner gehabt haben. Aber das ist nicht der Grund, warum ich dich treffen will. Wie du weißt, haben sich die deutschen Wissenschaftler und Hochschullehrer voll hinter die Großmachtsbestrebungen des Kaisers gestellt. Das führte zu einer internationalen Isolation der deutschen Wissenschaft. Zwar gab es nach Kriegsende einen Neubeginn. Die 1911 gegründete »Kaiser-Wilhelm-Gesellschaft« behielt trotz der Abdankung des Kaisers ihren Namen in der Weimarer Gesellschaft. Mit ihrer Hilfe wurde 1920 die »Notgemeinschaft der deutschen Wissenschaft« ins Leben gerufen. Sie wurde mit staatlichen Mitteln finanziert. Dadurch gelang eine schnelle Anpassung der deutschen Wissenschaftler an die internationale Spitzenforschung. Albert Einstein, Max Planck, Max von Laue, Werner Heisenberg, Max Born und Fritz Haber erhielten Nobelpreise. Die Universitäten aber waren wie im Kaiserreich Hochburgen der Judengegner und Verächter der Weimarer Republik. Sie vermittelten Kastengeist und traditionelle Wertvorstellungen. Dabei wurden Einstein, Max Born und Fritz Haber ihrer jüdischen Abstammung wegen stark angefeindet. Pascal entgegnete: Immerhin erhielten Frauen die Zulassung als Hochschullehrerinnen. – Darüber freue ich mich auch, so Florin: Jedenfalls wurden und werden die zukünftigen Akademiker von ihren Professoren in einer antirepublika-

nischen, nationalistischen, antiliberalen Haltung erzogen. Und nun mein Unbehagen: Viele von ihnen sympathisieren mit dem »Nationalsozialistischen Deutschen Studentenbund«, der 1926 auf Befehl von Hitler gegründet wurde.
Später (1931) votierte übrigens bei Studentenschaftswahlen die absolute Mehrheit an 28 Universitäten für den Bund. Baldur von Schirach führte damit bereits zwei Jahre vor der Machtübernahme Hitlers dessen Ideologie bei den künftigen Akademikern ein.
Florin hatte sich auf seinem Stuhl zurechtgerückt, legte jetzt beide Hände auf den Tisch und sah Pascal an: Hast du bei Mareen dergleichen beobachtet? – Das müsstest du doch noch vor mir erfahren können, erwiderte Pascal. – Sie sagt, dass ihr bislang nichts Derartiges aufgefallen sei. Sie kenne Studentenwerke, die für unbemittelte Kommilitonen Mensen und Wohnheime eingerichtet hätten und hält meine Einschätzung für übertrieben. Dabei kann ich beweisen, dass ein Studium für Unter- und Mittelschichten kaum möglich ist. Es bleibt ein Luxus für Kinder aus gutsituierten bürgerlichen Familien.
Pascal hatte noch ein Pils für den Freund und sich bestellt. Er sah auf die Kellnerin, die jetzt die Gläser vor ihm auf den Tisch stellte, sagte danke und trank dann Florin zu, der ihm das Glas missbilligend entgegen hielt. Pascal schwieg eine Weile, sagte dann: Weißt du, ich habe eine Reihe von Erfindungen im medizinischen Bereich kennengelernt, die mich eigentlich froh machen. – An was denkst du, fragte Florin? Dabei stellte er sein Glas wieder auf den Tisch. – Da sind zuerst die UV-Strahlen der Höhensonnen,

die seit 1918 angewendet werden und die die Krankheit der Armen, wie die Rachitis auch genannt wird, heilen und verhindern kann. 1924 gelang die Aufzeichnung von Hirnströmen durch Hans Berger. Die Entdeckung des Tumorzellstoffwechsels durch Otto Warburg 1926. Und 1925, die Gründung des weltgrößten Chemiekonzerns IG-Farben, eine Fusion mit Bayer, Höchst und BASF, die etwa 4000 Patente anmelden konnten. Pascal fasste nach Florins Hand, sagte eindringlich: Die deutsche Wissenschaft und Technik warf immer mehr Erfindungen und Entdeckungen auf den Markt, das ist doch auch ein Ergebnis der Weimarer Republik. Deine Sorge wegen des verrückten Gefreiten aus Braunau wird sich auflösen! Florin antwortete: Ich habe nicht geglaubt, dass es so schwer sein würde, den Siegeslauf des Nazis aufzuhalten. – Warten wir die nächste Wahl ab, sagte Pascal.

***

Es war ein Sonntag, an dem Lorittas Vater Geburtstag hatte. Auf den Straßen spazierten Menschen in Gruppen und Einzelne. Alle wollten den schönen Tag genießen. Loritta verhielt jetzt ein wenig den Schritt und fasste Pascals Hand. – Ich bitte Dich sehr, sagte sie in schmeichelndem Ton: Vermeide Diskussionen, die sich um politische Themen drehen. Mein Vater hat unglaublich reaktionäre Ansichten. Und Eric, der dabei sein wird, übertrifft ihn womöglich. – Ich gebe mir Mühe, erwiderte Pascal.
Im Wohnzimmer wurden Loritta und Pascal vom Vater sehr herzlich begrüßt. Eric legte einen Arm um Pascal,

sagte: Willkommen in unserem Kreis. Pascal hatte »Die Buddenbrooks« mitgebracht, die er dem Jubilar überreichte. Auch Eric, der den Titel erspäht hatte, wollte es bald lesen. – Ein Jahrhundert-Buch, sagte er und strich mit der Hand über den Einband. Die Mutter wies den Neuankömmlingen Plätze an der Kaffeetafel an. Es waren nur wenige Gäste anwesend: Professor Stein von der Technischen Hochschule, ein schlanker Herr mit einem Schnauzbart und straff gekämmten weißem Haupthaar und blassem Teint. Er war etwa im Alter von Lorittas Vater, der heute 69 Jahre alt wurde Er erhob sich, um Loritta zu begrüßen. Was ihm sein Nachbar, Professor Holz, nachtat. Dieser war Vorsitzender der Bau-Ingenieurs-Abteilung der Hochschule. Sein Haar war dunkel mit grauen Strähnen an den Schläfen. Er trug eine blauweiße Halsbinde. Seine Stimme war laut. Er nannte Loritta ein schönes Fräulein, Pascal gab er nur kurz die Hand. Er war 56 Jahre alt und noch im Amt. Dann war noch ein Pfarrer namens Ollmann anwesend. Er saß in einem Lehnstuhl und blieb sitzen, während Loritta und Pascal ihn begrüßten.
Kaffeeduft erfüllte den Raum. Die Mutter ging in die Küche, um die Torte zu holen. – Wie vertragen Sie den Ruhestand? fragte jetzt Stein, sich an den Hausherrn wendend. – Ich bin weit entfernt von einer Selbstüberschätzung, antwortete dieser: Aber ein erfolgreicher Gelehrter sollte, solange er noch schaffen kann, sich nicht ausruhen, sondern ein Thema bearbeiten, zu dem er im Vorlesungs- und Lehrbetrieb nicht gekommen ist, was aber für die Fachwelt wichtig ist.

Die Mutter hatte inzwischen eine Schwarzwälder Kirschtorte auf den Tisch gestellt. Der Jubilar nahm jetzt mit der Kuchengabel ein Stück von der Torte auf, wobei er einen konzentrierten Eindruck machte. Professor Holz nutzte die Gelegenheit, die Torte zu loben: Woher haben Sie das Rezept für diese Kostbarkeit? Dabei hielt er seine Gabel mit der Torte in der Schwebe. Die Mutter erwiderte: Das Rezept stamme aus dem Schwarzwald. Aber wahrscheinlich käme es aus der Schweiz. Andere meinen, der Name der Torte beziehe sich auf eine Frauentracht aus dem Schwarzwald. In einigen Dörfern dort tragen die Mädchen ein Kleid, das schwarz ist wie die Schokoladenstreusel, eine Bluse, weiß wie Sahne, und einen Bollerhut, der auf weißem Untergrund mit roten Kugeln besteckt ist, die an Kirschen erinnern. – Diesen Hut tragen aber nur die ledigen Mädchen, rief Eric und schob seinen Teller zur Mutter hin, um ein neues Stück Torte zu bekommen.
Durch die großen Fenster strömte Sonnenlicht und erhellt den Raum, der sonst, der hohen Bäume wegen, die vor den Fenstern standen, etwas dunkel war. Auch die Gemüter der Anwesenden entspannten sich bei diesem Wetter. Es wurde höchste Zeit, sagte der Vater jetzt unvermittelt, dass die so genannte Inflation gestoppt wurde. Eine der selten guten Entscheidungen der Weimarer Republik. Man hatte durch die Papiergeldschwemme schon jeden Überblick verloren. Er stand auf, ging zu einem Schrankkasten, dem er einen Schein entnahm: Es ist ein so genanntes Notgeld, herausgebracht von der deutschen Reichsbahn, ein Gutschein über zehn Billionen Mark! Das muss man sich einmal vorstellen. – Das verdanken wir dem Bankier Hjalmar

Schacht, sagte Holz und führte sein letztes Stück Torte zum Mund, wobei er einen leichten Schmatzlaut von sich gab. Trotzdem kann man als Deutscher nicht froh werden über unser Sklavendasein, sagte der Vater jetzt und knirschte mit den Zähnen: Man ist hasserfüllt gegen die verruchten Urheber. Unsere Feinde hatten Staatsmänner. Wir hatten keine mehr seit Bismarck. Und hinter ihm stand der kluge Kaiser Wilhelm. Sein Nachfolger, Wilhelm der Kleine, ein eitler, eigensinniger, in Größenwahn befangener Komödiant, wies Bismarck die Tür und lies ihm eine Reihe auserlesener Hofnullen folgen. Mitten im Kriege machte der Unselige den Unfähigsten aller Nachfolger Bismarcks zum Reichskanzler! Da fiel ihm Eric ins Wort. Er setzte sich auf seinem Stuhl gerade, fuhr sich mit der Hand übers Haar und sagte mit erhobener Stimme: Heute und hier gibt es einen würdigen Mann, der das Reich führen kann. Alle blickten ihn erwartungsvoll an und er fuhr fort: Ich meine Adolf Hitler. Er hat die »Nationalsozialistische deutsche Arbeiterpartei« gegründet und militärisch ausgebildet, die er durch seine ungewöhnliche Rednergabe und untadelige Persönlichkeit vollständig beherrscht. Er bekämpft leidenschaftlich die Verjudung in jeder Form und auf allen Gebieten. Deshalb hat er sich den ganzen Judenanhang zum mächtigen Feind gemacht. Leider ließ er sich im November 1923 zu einem entsetzlich dummen Streich hinreißen. Er versuchte einen Aufstand. Bei der Niederschlagung der Aktion ging man feige und heimtückisch vor. Die in die Stadt arglos einrückenden Hitlerleute wurden an der Feldherrnhalle mit Schüssen empfangen. Übrigens entwickelte sich sein Prozess im Frühjahr vor dem Münchner Volksgericht zu einem Skandal, der auch das Ansehen aller beteiligten Personen dauernd untergraben hat. – Sie meinen, sagte Pascal, sich mühsam beherrschend, dass Ludendorff freigesprochen und Hitler zu fünf Jahren Festungshaft verteilet wurde, aber nach acht Wochen wieder frei kam? Eric, sich auf dem Stuhl reckend: Die Verdienste Hitlers wurden nicht gewürdigt. Da rief Loritta: Ich weiß nicht, warum du Juden nicht leiden kannst. Juden haben im Krieg gegen unsere Feinde gekämpft. Und in Wissenschaft und Kunst Hervorragendes geleistet. – Jetzt leben wir unter dem Reichspräsidenten Friedrich Ebert in einer parlamentarischen Demokratie, sagte Pascal ruhig. Und mit den anderen Völkern in Frieden. Dass dein Freund ein Sozi ist, haben wir nicht gewusst, erwiderte Eric brüsk. Loritta sagte: Pascal ist in keiner Partei. – Aber er hat eine sozialistische Gesinnung, erwiderte Eric: Es bleibt dabei, unser Vaterland wird von Leuten regiert, die sich als Erfüllungsgehilfen unserer Feinde verstehen. Und an Pascal gewandt: Leute wie Sie können das nicht begreifen. Da wendete sich der Hausherr an seine Tochter: Ekelhaft und albern finde ich das Gejammer von einer Völkerverbrüderung nach dem Krieg. Er blickte jetzt Pascal an: Ich jedenfalls hoffe, dass der Hass, den die so genannten Sieger im deutschen Volk gesät haben, sich in einem Vernichtungskampf auswirken wird. Ich werde es nicht mehr erleben, aber der für uns verlorene Weltkrieg war nur ein Vorspiel. Das deutsche Volk wird gereift und gestärkt durch Abstoßen und Reinigen von krankhaften Gebilden seine Weltstellung zurückgewinnen und festhalten.

Nach einem bedrückten Schweigen sagte Loritta: Es tut mir leid, lieber Vater, wir leben nun in unterschiedlichen Lagern. Ich kann für alle Menschen nicht wünschen, dass sie Tod und Elend eines weiteren Krieges aushalten sollen.
Herr Ollmann hatte bislang geschwiegen. Er hatte das Stück Torte, das die Hausfrau ihm gebracht hatte, mit Dank abgelehnt. Er hielt ein Buch in den Händen. Häufig blickte er jedoch über den Rand seiner Brille. Jetzt legte er das Buch ab und hob offenbar zu einer längeren Rede an. Er begann in einer hohen Tonlage: Vornehmlich junge Leute scheinen heute zu glauben, in alles hineinreden zu können. Er habe den Eindruck, seit dem verlorenen Krieg hätten sich die Sitten gelockert. Das beginne bei den Tanzmoden, bestimme die Form heutiger Musik, die Ohrenschmerzen oder Langeweile anstatt Genuss und Erbauung schaffe und ende noch nicht bei der unseligen Zersplitterung der Parteien. Unlängst habe er mit Pfarrer Oehlert ein diesbezügliches Gespräch geführt, das ihm, Ollmann, ein wenig Hoffnung gegeben habe. Der Pfarrer erwähnte nämlich eine nationale Bewegung, die leider, wie die letzten Wahlen gezeigt hätten, noch zu wenig beachtet würde. – Er meint die NSDAP, flüsterte Loritta. – Die hat Pfarrer Oehlert gelobt? fragte Pascal ungläubig. Ollmann atmete hörbar: Nehmen wir zuerst ihren Namen, fuhr er fort. Nomen est omen. Die Partei nennt sich national. Das entspricht der kirchlichen Bedeutung des Wortes Volk, Nation. Und: Sozial. Nun, Sozius, das ist der Bruder. Er wölbte den Mund, blicke eine Weile ins Leere.

Vielleicht wollte der Herr Pfarrer ausdrücken, dass er Hitler in die Bruderschaft Christi aufnehme? fragte Pascal höflich. Ollmanns seidenpapierne Haut bekam einen rötlichen Schimmer. Er rieb die Daumen seiner über den Schoß gefalteten Hände. Fragte dann, ob man ihm erlaube, weiter zu sprechen und fuhr sogleich fort: Da wäre noch der Begriff Arbeiter. Auch die Kirche wende sich an den Arbeiter. Pfarrer Oehlert selbst bezeichnet sich als Arbeiterpfarrer. Ollmann sagte es, als spiele er eine Triumphkarte aus. Sah alle der Reihe nach an: Und schließlich heißen sie sich deutsch. Nun, wir sind Deutsche. Eine Partei könne sich nicht besser als durch diese Namen bezeichnen. Besonders aber empfehle sie sich wahrhaften Christen. Hitler selbst nenne sich christlich. Ohne einer Konfession den Vorzug zu geben. Das kommt dem alten Gedanken einer Einheitskirche näher. Eine solche Partei würde das augenblickliche Chaos beherrschen und uns alle durch Glauben in die Ordnung zurückführen. – Insbesondere, sagte Pascal erregt, weil dieser konfessionslose Christ den Kreuzzug gegen den jüdisch-materialistischen Geist in uns und außer uns – er fuhr mit der Hand durch die Luft – anzutreten droht oder verspricht, wie Sie es lieber hören wollen. – Es wäre dies, sagte Ollmann, auch die Meinung anderer Kirchenmänner. Und man könne jenen Würdenträgern doch wohl aufrechte Gesinnung, Urteilskraft und Weitsicht zutrauen. Es war dann nach Ollmanns Worten still geblieben. Schließlich durchbrach Loritta als erste die Starre. Sie stand brüsk auf und erklärt sich für unpässlich, was Florin zum Anlass nahm, ihr seine Begleitung anzubieten. Und Ollmann, mit knöchernen Händen

die Lehne seines Stuhles umfassend, betrachtet die jungen Leute mit einem unsäglich traurigen Ausdruck.
Auf der Straße sagte Pascal bitter: Da hast du wieder einen Beweis, wie weit Bildung und politisches Urteil auseinander klaffen. Jede Gruppe mästet ihre hauseigene Wahrheit und umgibt sich mit ihr wie mit einer Aureole. Sie wollen nicht die Demokratie, sondern die Macht ihrer Gruppe und damit ihre eigene. Er ging mit hängenden Schultern. – Manchmal fürchte ich, sie werden die Demokratie erwürgen.

***

Mareen ging an diesem Sonntag mit Pascal im Stadtpark spazieren. Es war ein sonniger Tag, aber Mareens Gemüt war an diesem Tage nicht heiter. Auch Pascal schwieg. Jetzt wies er mit einer Handbewegung auf die Liegewiese am Rande eines kleinen Sees. Zahlreiche Menschen lagerten dort. Viele Männer hatten ihre Oberkörper entblößt. Mädchen in Büstenhaltern saßen in einer Gruppe zusammen. – Sie genießen das schöne Wetter, sagte Mareen: Und sie haben allen Grund dazu. Während Florin immer nur die Republik kritisiert. Nach seiner Meinung gewinnen die Feinde der Republik an Boden. Dabei leben wir in einer nie dagewesenen Freiheit. Für alle Künste. Auch Kritiker wie George Grosz kann ohne Zensur schaffen, wie sein »Ecce Homo« beweist. Käthe Kollwitz kämpft in ihren Bildern für den Pazifismus. Sie wurde von der Preußischen Akademie der Künste 1919 zur Professorin ernannt. Zuckmeiers »Fröhlicher Weinberg« und »Der Hauptmann von Köpenick« locken ein großes Publikum in die Theater. Thomas Manns »Zauberberg« und Hesses »Steppenwolf« wurden auch im Ausland berühmt. Nicht zuletzt hat Marlene Dietrich im »Blauen Engel« eine bejubelte emanzipierte Frau dargestellt. Ich habe nur einiges erwähnt, habe noch nichts von der Avantgarde in der Malerei und Architektur gesagt. All das zeigt doch, dass die Republik lebt und weiterhin Lebenskraft besitzt. Aber Florin sieht nur das Negative.

Sie waren zu einem Kiosk gelangt. Mareen wollte eine Limonade trinken. Sie nahmen Platz an einem runden Tisch, der mit einer Marmorplatte bedeckt war Pascal holte zwei Zitronengetränke an der Theke. Mareen nippte an ihrem Glas, sah dann über den Glasrand hinweg auf den Boden. Schließlich sagte sie: Ich vermisse die Vertrautheit zwischen Florin und mir. Das liegt wohl auch daran, dass Florin immer oder wenigstens sehr häufig an Dinge denkt, über die wir verschiedener Meinung sind. Zum Beispiel habe ich mich über die Leistung von Professor Sauerbruch gefreut, der die so genannte Unterdruckkammer entwickelt hat, wodurch Eingriffe am offenen Thorax möglich geworden sind. Doch Florin sagte nur; das ist ja schön. Seine Stimme war völlig gleichgültig.

Pascal erwiderte: Ich kann seine Sorge verstehen. Ich war doch vor Tagen zum Geburtstag von Lorittas Vater eingeladen. Es hat da einen Konflikt gegeben. – Inwiefern? – Ihr Vater hat Auffassungen geäußert, die ich nicht für möglich gehalten hätte. Er verabscheue die Republik und ihre Politiker. Seine Auffassung gipfelte in dem Wunsch nach einem Revanchekrieg, den er zwar nicht mehr erleben würde, aber erhoffe. Die anwesenden Professoren der Technischen Hochschule widersprachen ihm nicht. Nur Loritta distanzierte sich von ihm und Eric, sein Sohn, stimmte ihm zu. Das zeigt doch, dass es rechte Kräfte gibt, die einen neuen Krieg anzetteln würden, wenn sie könnten. Ich habe das natürlich Florin erzählt. – Davon hat er mir nichts gesagt, erwiderte Mareen. – Ihr müsst einander wieder vertrauen, sagte Pascal und legte einen Arm über die Schulter der Schwester. Übrigens, was macht deine Facharzt-Ausbildung? – Noch ein Jahr, dann bin ich Gynäkologin. Ich freue mich sehr darauf. Pascal erwiderte: Ich halte dir die Daumen. Auf bald, und er verließ die Schwester.

Mareen schlenderte noch eine Weile am Ufer des Sees umher. Da bemerkte sie eine Gruppe von Jungen, die Steine auf ein Ziel warfen, das Mareen nicht sehen konnte. Hin und wieder stießen sie Freudenrufe aus, wenn einer das Ziel offenbar getroffen hatte. Im Näherkommen sah sie, dass die Jungen eine dicke Kröte steinigten. Das gequälte Tier machte verzweifelte Versuche, den Geschossen zu entkommen. Mareen rannte zu der Gruppe und rief: Was macht ihr da! Hört sofort auf! Die Jungen waren etwa 12 bis 14 Jahre alt. Einige hielten ihre Steine in den Händen, warfen aber nicht mehr. Da rief ein großer Junge: Die Alte hat uns gar nichts zu sagen! Damit warf er einen Stein weiter nach dem Tier, das er aber nicht traf. Die Kröte zuckte noch eine Weile, blieb dann reglos liegen. Sie war offenbar tot.

Mareen trat dicht vor die Jungen und sagte mit scharfer Stimme, wer noch einmal wirft bekommt von mir eine tüchtige Ohrfeige! Jetzt drehte sich der Junge weg und rief laut gegen die Wiese: Mama, die Frau will mich schlagen! Daraufhin erhob sich eine junge Frau und kam herbeigelaufen. – Sind Sie die Mutter? fragte Mareen höflich. Als die Frau die Frage bejahte, fuhr Mareen fort: Ihr Sohn hat diese Kröte mit Steinen beworfen! Die Frau sah erst Mareen an, dann auf die Kröte und rief: So ein ekliges Tier! Und nahm den Jungen an die Hand, unterstehen Sie sich, ihn zu schlagen, sagte sie noch. – Ich werde Sie anzeigen, wegen Tierquälerei, sagte Mareen ruhig. Die Frau aber nannte ihren Namen nicht. Mareen, die sich nach Passanten umgesehen hatte, die die Untat doch beobachtet haben mussten, fand keinen, der bereit war, den Vorgang zu bezeugen. Die Frau hatte die Liegewiese wieder erreicht und gab dem Jungen eine Schnitte aus ihrem Picknickkorb.

***

Der Reichspräsident Friedrich Ebert starb nach einer verschleppten Blinddarmoperation. So musste ein neuer Präsident gewählt werden. Florin berichtete darüber in seiner Zeitung. Die Wahl am 26. April 1925 erfolgte in zwei Wahlgängen. Im ersten erreichte keiner der Kandidaten die absolute Mehrheit. Für den zweiten Wahlgang standen sich der ehemalige Reichskanzler Wilhelm Marx von der Zentrumspartei mit der SPD und DDP im so genannten »Volksblock« und der Generalfeldmarschall a. D. Paul von Hindenburg im »Reichsblock« gegenüber. Noch am 25. April hat sich Thomas Mann in der »Freien Presse« aus Wien gegen die Kandidatur Hindenburgs ausgesprochen. Dennoch wählte das deutsche Volk im zweiten Wahlgang den General. Den Ausschlag gaben die Wähler der KPD, die einen eigenen Kandidaten aufgestellt hatten: Ernst Thälmann, der mit seinen erzielten 6,7% der Wählerstimmen den Volksblock hätte erfolgreich werden lassen können. So wurde der General mit 48,3% der einfachen Mehrheit gewählt.

Pascal hatte mit Florin das Barlach-Stück »Die Sündflut« im Schauspielhaus besucht. Sie waren von der Vorstellung enttäuscht. Der Sinn des Stückes war nebulös. Gefallen hatte ihnen der Darsteller des Calan, Werner Hintze. Er stellte die Figur des Bösen vollendet dar. Florin meinte, so könne man die Wahl Hindenburgs auffassen: Die Wahl des Bösen. Sie waren auf dem Heimweg. Ich habe einen Beitrag des Journalisten Theodor Wolff in dem »Berliner Tageblatt« bei mir, den ich dir gerne vorlesen möchte, verkündete Florin. Sie setzten sich auf eine Bank an Rande des Stadtparks und Florin holte das Papier aus seiner Jackentasche. Der Artikel entstand schon am nächsten Tage nach der unseligen Wahl: »Die Republikaner haben eine Schlacht verloren. Der bisher monarchistische Feldmarschall von Hindenburg wird Präsident der deutschen Republik. Landbündler und Offiziersbündler lassen heute die Sektpfropfen knallen. Wir empfinden Scham über die politische Unreife so vieler Millionen, die sich nun wieder den Augen der achselzuckenden Welt zeigt. Die gestrige Wahl war eine Intelligenzprüfung, und vor der zuschauenden Weltgalerie, vor mitleidig entsetzten Freunden und höhnenden Feinden, ist ungefähr die Hälfte des deutschen

Volkes durchgefallen.« – Die Rechtsparteien feiern den Wahlausgang überschwänglich als »Heimkehr des alten Preußens in das neue Deutschland«. Du wirst sehen, wie Hitler diese Chance nutzen wird, um seinen Einfluss zu erhöhen.
Aber noch lebt die Weimarer Republik, sagte Pascal, nachdem er Mareen und Loritta von dem Barlach-Stück und Florins Prognose des Wahlausganges am übernächsten Tage erzählt hatte. Und schon an 10. September 1926 wurde die Republik Mitglied im Völkerbund. Ovationen folgten auf die Rede des deutschen Außenministers Gustav Stresemann. Das Reich erhielt auch einen ständigen Sitz im Völkerbundsrat.
Pascal reiste Anfang Oktober nach Wien, wo sich am 3. Oktober 1926 im Wiener Konzerthaus Vertreter von 28 europäischen Staaten trafen, um den »ersten Paneuropa Kongress« zu veranstalten. Der Schriftsteller Richard Nicolas Graf Coudenhove-Calergi stellte sein politisches Programm vor, das eine Abschaffung der Grenzen und einen europäischen Staatenbund vorsah. Der Kongress wurde von dem deutschen Reichstagspräsidenten Paul Löbbe (SPD) geleitet. Pascal begrüßte das Manifest am Schluss der Konferenz, das einen »Europäischen Staatenbund« forderte.

Am 5. September 1928 entdeckte Alexander Fleming durch Zufall das Penicillin. Mareen, Pascal und ihr Vater feierten diese Entdeckung als ungeheuerlichen Fortschritt in der Medizin. Sie trafen sich in der Wohnung ihrer Eltern, die beide Kinder schon geraume Weile verlassen haben. Der Vater hatte wieder eine Flasche guten Weins geöffnet und brachte einen Tost auf die Forschung aus. – Endlich einmal ist es nicht die Chirurgie, die Leben erhält, sagte er – Und diesmal ist es ein Engländer, ergänzte Pascal. Sie sprachen noch lange über die nun möglichen Behandlungen von bislang tödlichen Infektionskrankheiten. Mit einer herzlichen Umarmung trennten sie sich kurz vor Mitternacht.

Pascal und seine Freunde hatten von dem Film »Der andalusische Hund« gehört, der am 1. Oktober in Paris uraufgeführt worden war. Es war ein surrealistischer Stummfilm, der die Zuschauer offenbar schockieren sollte. Drehbuch und Regie stammten vom Louis Bunel und Salvador Dali, die beide auch in dem Film mitspielten. Pascal und seine Gefährten waren nach Paris gefahren, um sich den Film anzusehen. Die Aufführung war fast ausverkauft. Der Film hatte keine Handlung. Es gab nur Szenen, die aus Träumen und dem Unbewussten stammen konnten. Loritta und Mareen sahen zu Boden, als ein Auge mit einem Rasiermesser durchschnitten wurde. Auch im Publikum gab es Missfallensäußerungen. Auf der Ruckfahrt nach Deutschland meinte Pascal, das solche Filme nicht gefördert werden sollten. Sie verführen zur Gewalt. Florin schwieg, sagte später: Dieser Film passe gut in das Konzept der Nazis.

***

Vorerst aber blieben die Hitlerwähler in der Minderheit. Bei der Wahl zum Reichstag gewinnt die SPD. Auch die

KPD erhält einen Zuwachs von 2 %. Die NSDAP verliert, kann nur noch 12 von 491 Abgeordneten stellen. Doch die SPD muss den Auftrag zur Regierungsbildung am 22. Juni an Hindenburg zurückgeben. Grund: Bau des Panzerkreuzers A, den der Partner DVP forderte, die SPD aber ablehnte. Am 28. Juni schließlich wird unter Kanzler Müller eine Regierung aus fünf Parteien gebildet. Und das Kriegsschiff wird gebaut.
Pascal, Florin, Loritta und Mareen haben die SPD gewählt und sind jetzt enttäuscht. Da schlägt die KPD vor, einen Volksentscheid über den Bau des Kreuzers zu veranlassen. Die Idee wird verspottet. Florins Vater gab zu bedenken, da außer der KPD keine Partei den Entscheid unterstütze würde jede Unterschrift zu einem Bekenntnis für diese Partei. Das verschreckt viele, die wohl gegen Aufrüstung wären, aber die sonstigen Ziele der Partei nicht billigten.
Ich werde es jedenfalls versuchen, sagte Florin. Loritta bemerkte, sie habe ein Exemplar der AIZ gelesen. Dort waren Soldaten der Roten Armee auf dem Titelblatt abgebildet mit der Unterschrift »Russland will den Frieden, aber es ist gerüstet gegen den Überfall«. – Siehst du, das erklären alle Regierungen. Wo soll ich als Durchschnittsbürgerin da Unterschiede sehen? Dem einen glauben, dem anderen nicht? So bin ich, wie du siehst, gegen jede Rüstung.
Florin und Loritta hatten sich einen werbewirksamen Auftritt ausgedacht: Florin würde ein Plakat tragen, auf das ein schwarzer Kreuzer gemalt war, den zwei rote Balken diagonal durchkreuzten. Auf dem Rücken trüge er eine Kiepe gefüllt mit Handzetteln. Es war vorgesehen, dass

Loritta diese Zettel den Passanten mit einem Knicks überreichte. Nach Lorittas Einfall sollte Florin dazu in rhythmischen Abständen auf einer Trillerpfeife die Morsezeichen SOS blasen und danach im Bänkelsängerton »Save Our Souls« singen. Und sie hatten Erfolg. Lorittas Verbeugungen und Florins musikalisches Beiwerk erheiterten die Passanten. Sie lachten und fragten nach ihrer Sammelbüchse, weil sie wohl dachten, ein wanderndes Kabarett vor sich zu haben. Fast Jedermann nahm die Zettel von der artig knicksenden Loritta und gab sie unterschrieben zurück. So hatten sie in kurzer Zeit einen großen Teil ihrer Aufrufe verteilt.
Am dritten Tage hielt sie ein Polizist an und fragte nach ihrer Legitimation. Es sei, was sie betrieben, eine Demonstration. Ihre Erklärung, Handzettel für den Volksentscheid zu verteilen, wehrte er ab. Er sehe, was er sehe, und das sei eine Demonstration. Durchgeführt mit Handzettel, Transparent und Losung, und das sei ohne Genehmigung verboten. Er forderte sie auf, ihn zur Polizeiwache zu begleiten. Dort erklärte ihnen ein Beamter, die nicht genehmigte Demonstration sei hiermit aufgelöst, Transparent, Handzettel und Pfeife seien beschlagnahmt. Florins Proteste bewirkten nichts. Lorittas Gesicht glühte. Mit beiden Händen stützte sie sich auf den Tisch vor dem Beamten und rief, sie ließe sich in ihren demokratischen Rechten nicht behindern. Dem von ihr herbeigerufenen Leiter erklärte sie, sie werde sich als Tochter eines Finanzbeamten bei der zuständigen Behörde beschweren. Das sagte sie in einem Ton, als überbringe sie die Einladung zu einem Tanzfest. Aber gerade diese Art schien die Polizisten zu

beeindrucken. Der Leiter bedauerte, die Tochter eines Beamten in diese Lage gebracht zu haben, woran sie allerdings selbst Schuld trage: Ich kann doch nicht annehmen, sagte er, dass Sie mit Kommunisten gemeinsame Sache machen. Worauf Loritta erwiderte, in Elternhaus und Schule habe man ihr beigebracht, dass die Polizei über die Einhaltung demokratischer Gesetze zu wachen und nicht freie Bürger in Gewissenszwänge zu bringen habe. Das wollte der Leitende nun erklärt haben und Loritta erklärte es ihm: Es sei ihre persönliche Meinung, dass der Panzerkreuzer A nicht gebaut werden sollte. Und nicht ihre Sache, wenn Kommunisten diese Meinung teilten.
Auf der Straße lobte Florin Lorittas Unerschrockenheit. Sie blieb stehen, sah ihn an, als habe sie ihn nicht genau verstanden. – Na, hör mal, sagte sie. Das ist ja schließlich unsere Polizei.

***

Schon am 20. Oktober 1928 wird der Zeitungsmogul Alfred Hugenberg zum Vorsitzenden der Deutsch Nationalen Volkspartei gewählt. Er ist ein konsequenter Gegner der Republik und betreibt generelle Opposition. Er verlangt den Austritt Deutschlands aus dem Völkerbund und tritt für die Wiederherstellung der Monarchie ein.
Trotz der 1927 eingeführten Arbeitslosenversicherung wuchs der Unmut in der Bevölkerung. Unter Kanzler Brüning kam es wegen der sich abzeichnenden Wirtschaftskrise zu Sparmaßnahmen, was zur weiteren Ablehnung der Reichsregierung führte. Daran änderten auch das Hoover-

Moratorium und die erfolgreichen Verhandlungen in Lausanne nichts. Auf Wunsch Hindenburgs bildet deshalb Franz von Papen das so genannte »Kabinett der Barone«. Als eine seiner ersten Maßnahmen heben sie das im April erlassene Verbot der SA und SS auf.
Pascals Vater erklärte gegenüber seinem Sohne bei einer Visite, dass er sich von dieser Regierung aus parteiunabhängigen Fachleuten Erfolg verspreche. Dagegen schrieb Florin in seiner Zeitung, die Mitglieder des Kabinetts stammten überwiegend aus rechtskonservativem Adel. Und der General von Schleicher sei als mächtigster Mann und Drahtzieher der Aktion eine Gefahr für die Republik. Er veröffentlichte auch eine Liste der Arbeitslosen. Deren Zahl stieg von 215 000 im Jahre 1922 auf 3 076 000 im Jahre 1932. Allein im Februar 1932 mussten mehrere Kohlezechen 4 200 Bergleute entlassen.
Am 26. Januar 1932 erklärte Hitler im Düsseldorfer Industrieklub vor rund 650 geladenen Vertretern der Wirtschaft und Großindustrie, darunter Fritz Thyssen, dass er sich zu Privateigentum und Führerprinzip auch in der Wirtschaft bekenne. Zudem sehe er die Ursache der Krise in der Führungsschwäche der Reichsregierung.
Hindenburg, der zunehmend unter den Einfluss seiner reaktionären Vertrauten geriet, löste den Reichstag am 4. Juli auf und setzte Neuwahlen für den 31. Juli an.
Die Hitlerpartei agiert mit modernsten Wahlmethoden. So auch mit einem Plakat, auf dem über Bildern von Arbeitern ein kleinerer Schriftzug »Unsere letzte Hoffnung« und mit großen Blockbuchstaben HITLER steht. Damit spricht sie die auf 5 603 000 angewachsene Zahl der Arbeitslosen

und die zahllosen ums Überleben kämpfenden Familien an. So hat sie Erfolg. Die Partei wird mit 37,4 % der abgegebenen Wählerstimmen stärkste Kraft im Reichstag. KPD und NSDAP gewinnen zusammen über 50%. Trotzdem kann Hitler noch keine Regierung bilden. Am 6. November findet schon nach 6 Monaten eine zweite Wahl zum Reichtag statt, da das Parlament aufgelöst worden war. Diesmal verlieren die Hitlerleute 34 ihrer 240 Mandate. (33,1 %, die SPD erhält 21,6%, die KPD 16,9 %.). Aber zusammen mit der KPD haben die Hitlerwähler rein rechnerisch im Parlament die Mehrheit, womit sie die Regierungsbildung blockieren. Somit blieben die so genannten Präsidialkabinette in Kraft, die mit Hilfe von Notverordnungen regieren. So kommt Hitler an die Macht. Am 30 Januar 1933 ernennt Hindenburg Hitler zum Reichskanzler.

Pascal kann in letzter Zeit sehr schlecht schlafen. Häufig ängstigen ihn Albträume. So erlebte er einmal die Nacht vom 8. zum 9. November 1938. Am Abend des 8. November befand er sich, von der Universität kommend, vor der Freitreppe des Opernhauses. Dort hatte sich eine Gruppe von SS-Leuten versammelt. Von einem Polizisten, der ihn aufforderte, weiterzugehen, erfuhr er, es handele sich um eine Trauerkundgebung für den von einem jungen Juden ermordeten Gesandtschaftsrat von Rath.
Pascal erinnerte sich an die Worte eines Assistenten in einer Vorlesung, die Juden seien Angehörige einer feindlichen Macht, sie dürften »nicht länger Wohngemeinschaft mit uns Deutschen teilen.«
Pascal schlief, wie üblich, bei offenem Fenster. Als er, früher als sonst, erwachte, glaubte er, einen hellen Schein am Himmel wahrzunehmen. Dieser Schein stand nicht ruhig wie der Abglanz von Lichtern, sondern wurde heller und wieder dunkler. Das konnte nur ein Brand sein! Aber Pascal hatte keine Wehren gehört. Dafür war ihm, als vernehme er jetzt Geräusche wie Rufen und das Trampeln von Füßen über Pflaster. Als sei eine Menge im Aufbruch. Er beschloss, der Sache nachzugehen, zog sich an, nahm sein Fahrrad im Flur auf die Schulter und trug es auf die Straße. Dort fuhr er in Richtung Zentrum. In der Nürnberger Straße stieß er auf erste Verwüstungen. Er hielt an, sah,

wie Banden in Zivil mit Pflastersteinen Schaufenster zertrümmerten. Andere, darunter SA-Leute, schlugen mit Eisenstangen und Stöcken die Reste der Scheiben heraus, um dann in die Läden einzudringen und den Inhalt auf die Straße zu werfen. Ein Stück weiter lagen Uhren und Ringe auf dem Fußweg. Er sah, wie ein Mann Uhren unter das Licht einer Laterne hielt und sie dann in seine Jackentasche steckte. Im Weitergehen traf Pascal auf Polizisten. Sie standen herum, ohne einzugreifen. Er ging zu einem der Beamten. – Das ist doch Landfriedensbruch, sagte er: Aufruhr. Warum tun Sie nichts? – Der Polizist drehte sich weg, ohne zu antworten. Sagte dann: Wir sind hier, um Plünderungen zu verhindern.
Als Pascal aus der Görnschenstraße in die Seeligerstraße einbog, sah er, dass aus den Fenstern des Kaufhauses »Uhry« Flammen züngelten. Aus den zerschlagenen Schaufenstern im Erdgeschoss drang Qualm. Die engen Straßen der Innenstadt waren übersät mit Glassplittern und herausgezerrten Waren. Die Mauern hallten wider vom Johlen weniger Randalierer, die mit verrenkten Gliedern umhersprangen und brüllten wie die Veitstänzer des Mittelalters. Da sah Pascal in der Böttgergasse eine Gruppe Menschen kommen. Frauen und Männer, notdürftig bekleidet. Getrieben und umkreist von SA-Leuten und Zivilen. Pascal drückte sich in die Eingangstür eines Geschäftes, um den Zug an sich vorbei zu lassen. Die bogenförmige Böttgergasse war ziemlich eng. Zu beiden Seiten standen hohe Handelshäuser. Von seinem Standort aus hatte er einen Blick auf die Renaissancehäuser des Marktes. Dahinter ragte der Turm der Nikolaikirche. Da war der

Zug heran. In der ersten Reihe ging ein junges Mädchen. Sie hatte einen Morgenmantel an, den sie mit der Hand zusammenzuhalten suchte. Ihre Augen groß, dunkel, starr, glänzten auf, wenn sie Lichtbahnen vor Schaufenstern durchschritt. Neben ihr lief ein alter Mann mit Bart und rundem Hut. Über dem Nachthemd eine dunkle Hose mit Gummiträgern. Ein junger Mann, der ein graues Jackett über einem Schlafanzug trug, ging barfuss. Die Inneren des Zuges stützten einen Mann, der offenbar gehbehindert war und halb getragen, halb gehoben wurde. Blut aus seiner verletzten Nase bedeckte das weiße Vorhemd. Er hatte einen Frack an, der ihm wohl zunächst gelegen war, als er aus dem Bett gezerrt wurde.
Viele von ihnen zeigten Spuren von Schlägen. Sie liefen, stolperten und schwankten ohne einen Laut von sich zu geben. Auch ihre Häscher schwiegen. Mit Knüppeln wiesen sie dem Zug den Weg.
Über dem Markt stand in dünnen Schwaden Qualm, der von dem brennenden Kaufhaus herrührte. Pascal, Rauchgeschmack auf der Zunge und Brandgeruch in der Nase, hatte plötzlich die Vorstellung, dass auf dem Markt jener Scheiterhaufen schwelte, auf dem im 17. Jahrhundert die letzte »Hexe« der Stadt verbrannt worden war.
Vorsichtig war Pascal dem Zug gefolgt. Sie verließen die Innenstadt, erreichten das Germaniaviertel, wo der Fluss die Stadt durchzog. Jenseits der den Fluss überquerenden Ausfallstraße erstreckten sich Wiesen neben einem befestigten Ufer. Dieses Gebiet hatten SA-Posten abgesperrt. Auf den Wiesen standen LKWs mit Planen. Die kahlen Zweige der großen, Wege und Flussufer säumenden Ei-

chen, wild wachsende Büsche, die in das Dickicht des nahen Waldes übergingen, verwoben sich in der aufkommenden Morgendämmerung zu einem Geflecht, zwischen dessen Spalten und Lücken Pascal die Quälerei von Menschen, das Spiel der Peiniger mit ihren Opfern sehen konnte. Er klammerte sich an das Rundeisen des geschmiedeten Geländers. Spürte schweißige Nässe an Handflächen und Nacken und gleichzeitig die kneifende Kälte der Flussluft, die ihn einhüllte. Er verfolgte den trägen Lauf des schwarzen Wassers in dessen gemauertem Bett. Da fasste er einen treibenden Gegenstand genauer ins Auge. Vielmehr, es gelang ihm nicht länger zu verkennen, was da herangetrieben wurde, dass die aufgeblähten Stoffbahnen nicht zu einem Laken gehörten oder zu einer Plane, sondern das Kleid einer Frau waren, die, mit dem Gesicht nach unten, gekrümmten Rückens, wie über ein Brett gelegt, fortgeschwemmt wurde. Die Strömung bewegte ihre Arme und Beine. Die Strömung? Pascal rannte zur nächsten Steintreppe, die, durch ein Gitter abgesperrt, der Innenseite der Ufermauer aufgesetzt war. Er schwang sich über die Barriere, stieg die Treppe hinab bis zur letzten Stufe über dem Wasserspiegel. Er beugte sich und erkannte bald, dass er von hier aus die Frau nicht erreichen konnte. Erschauernd vor dem Wasser und der Leblosigkeit der Frau und gleichzeitig voller Angst, dass noch Leben in ihr sein könnte, und er, Pascal, nicht fähig, es ihr zu erhalten, ging er weiter auf den Stufen, die unter Wasser verschwimmend sich in zunehmender Tiefe aufzulösen schienen. Er spürte die eiskalte Feuchte an seiner Haut; Nässe in den Schuhen, in denen seine Füße ihren Halt verloren und zu rutschen begannen. Schließlich erreichte er den Körper, zog vorsichtig an dem Kleid, bis er die Frau an der Treppe und ein Stück herausgehoben hatte. Die Frau war tot. Er entdeckte an ihrem Schädel eine napfartige Mulde, als sei der Knochen an dieser Stelle erweicht. Er würde die Tote festhalten, bis Leute kämen. Als er merkte, dass er im Wasser stand, bewegte er nur die Zehen in den Schuhen.

Im Begriff, nun doch zu rufen, nicht um Hilfe, sondern um Aufmerksamkeit zu erzwingen, hörte er erneut Motoren, Autotüren schlagen, Kommandos und sah jetzt von seinem Standort aus einen LKW mit offener Ladefläche. Auf ihr SA-Leute, die ohne die Seitenborde herabzulassen von dem Fahrzeug sprangen, gegen Haustüren schlugen und traten. Pascal sah Fenster hell werden und manche sofort wieder erlöschen. Glassplitter schlugen auf das Pflaster wie Hagel: Ein, zwei helle Schreie, die offenbar sofort erstickt wurden. Pascal hielt die Tote weiterhin am Kleid fest. Die Strömung war nicht stark, aber stetig. Sobald er wieder den Versuch machte, sie höher zu ziehen, fühlte er ihre Schwere und befürchtete, das Kleid könnte reißen. Es war wohl klüger, sie hier in dieser Lage zu belassen, bis jemand käme.

Aus Türen, die Pascal einsehen konnte, wurden jetzt Menschen gezerrt oder liefen vor Verfolgern davon. Schon hatte sich wieder ein Zug gebildet. Vor Pascals Augen standen die Stangen des Geländers wie Leitlinien, darunter die Kante der Uferpromenade und ganz nahe der grobkörnige Asphalt. Da erschienen in seinem Blickfeld wie in einem Ausschnitt Beinpaare, in Schnürschuhen steckende

Füße ohne Strümpfe, dann eine Frau, im Schlüpfer, in der Hand einen Schuh, den anderen hatte sie an. Um die Menschen herum, fuchtelnd, brüllend, schlagend: SA, mit schief aufgesetzten Mützen, von herabgelassenen Sturmriemen gerahmte, gequollene Gesichter, denen wie in einem plötzlichen Krampf die Münder breitgerissen waren. Ein alter Mann ging in der Mitte der Straße, einen breitkrempigen Hut auf dem Kopfe, den Kaftan umgehängt. Die Gepeinigten machten einen Bogen um ihn. Plötzlich war die Straße leer.

Pascal blickte auf die Fassaden der Häuser. Alle Fenster blieben geschlossen. Wie die Haustüren der Unbeteiligten. Mitunter war ihm, als bewegten sich Gardinen. Er glaubte, Schatten dahinter auftauchen zu sehen und wieder verschwinden. Aber kein Ruf war zu hören, kein Laut. Eine Stadt im Tiefschlaf des Morgens.

Pascal hatte das Gefühl, dass Säure in seinen Adern flösse. Sich in Brust und Bauch ergösse. Als er den Hall von Stiefeln hörte, rief er. Zwei SS-Leute beugten ihre Köpfe über das Geländer. Die gebogenen Mützen glichen aufgeblasenen Ballonen. Gleich würden sie abheben, kahle Schädel entblößen, gequollene Hirne: Was machen Sie da unten! – Ich halte eine Tote. – Einer von ihnen pfiff. SA-Leute kamen, kletterten die Treppe herunter, packten die Frau, schleiften sie an Pascal vorbei, warfen sie auf einen inzwischen herangefahrenen LKW.

Pascal stieg aus dem Flussbett, überwand das Geländer, ging mit einem Gefühl, als würde er jeden Augenblick von Kugeln im Rücken getroffen. Er musste sich zwingen, nicht zurückzublicken, nahm sein Rad und fuhr los. Er trat

kräftig in die Pedale, um die Fühllosigkeit aus seinen Füßen zu vertreiben. Am nächsten Tage kam er über den Ring in die Innenstadt. Da waren ganze Ladenstraßen mit Glassplittern übersäht. Waren zerbeult, zerrissen. Vor einem Spielzeuggeschäft blieb er stehen. Sah aufgeschlitzte Teddybären, aus denen die Füllung heraus quoll. Puppen mit zerbrochenen Porzellanköpfen, an Drähten heraushängende Augen. Ein Eisenbahnzug zerquetscht. Vor einigen Geschäften kehrten Frauen und Männer mit umgebundenen Schürzen Glas zusammen, füllten es in Eimer. Viele Geschäfte aber waren unbeschädigt und geöffnet. Menschen gingen ein und aus. Taschen, Pakete, Hutschachteln in den Händen. Es waren so viele Leute auf den Straßen wie sonst. Sie stiegen über die Scherben oder umgingen sie. Pascal hatte den Eindruck, sie sahen sie gar nicht. Er war niedergeschlagen. Die Stadt sah hässlich aus. Sie gefiel ihm nicht mehr. Wie gern war er sonst hier. Und das ausgebrannte Kaufhaus machte ihm Grauen.
Noch war die Erschütterung über den »erlebten« Pogrom nicht überwunden, als ihn ein weiterer Alb heimsuchte. Wie durch einen Zauber fühlte er sich plötzlich auf eine Hochebene versetzt. Zwischen gezackten Gipfeln lief er ziellos dahin. Die Ebene endete auf einmal abrupt vor einem tiefen Abgrund. Seltsamerweise verläuft ein Steg aus Brettern zu einer zweiten Hochebene jenseits des Abgrundes. Es scheint, dass man diese zweite Ebene so erreichen kann. Pascal fürchtet abzustürzen, wenn er sich dem Steg anvertraut. Dennoch will er den Gang versuchen. Vorsichtig betritt er den Brettersteg. Schritt vor Schritt geht es vorwärts Da verengt sich der Steg und wird lückenhaft.

Pascal bleibt stehen. Plötzlich bricht der Steg unter seinen Füßen und Pascal stürzt in eine bodenlose Tiefe. Ein grässliches Angstgefühl übermannt ihn während des andauernden Sturzes. Ein Schrei dringt aus seinem Munde. Er glaubt den Aufprall seines Körpers und seine Zerschmetterung auf dem Boden zu erleben. Doch da erwacht er und fühlt sich wie erlöst. Durch das Fenster der Hütte, in der er offenbar in Tagträumen den ersten Weltkrieg und die Nachkriegszeit »erlebt« hatte, dringt Sonnenlicht. Und wieder hört er die Laute eines unbekannten Vogels.
Beim Verlassen der Hütte spürt er plötzlich ein starkes Frösteln. Seine Zähne klappern. Er kann sich kaum auf den Beinen halten. Er beschließt, sogleich seinen Hausarzt aufzusuchen, der ihn in eine Klinik einweist. Dort fällt er in einen Dämmerzustand. Er lebt in einer anderen Zeit. Es herrscht auch ein anderes Zeitmaß. Die Einteilung der Zeit, fußend auf Erdrotation und Erdrevolution, schien überdeckt von den Ereignissen geschichtlicher Dimensionen. Dem Bürgerkrieg in Spanien war der Anschluss Österreichs, den Judenpogromen die Besetzung der Tschechoslowakei gefolgt, und der rasch aufblühende Sommer stand schon ganz im Zeichen des nächsten bedeutungsschweren Ereignisses, das 2. Weltkrieg heißen wird.

Es ist der Abend des 31. August 1939. Pascal ist zusammen mit seiner Freundin Jana, seiner Schwester Laura und Lars, seinem Freund, auf dem Jahrmarkt, der alljährlich auf einem Freigelände hinter dem Stadtpark stattfindet. Das Tor, durch das sich die Besucher drängten, sah aus wie die Schauseite eines Kaspertheaters. Und Laura sagte: Alle

die Leute, die hier hindurchgehen, schienen ihr aus der Welt Kaspers zu stammen. Schon bald befanden sie sich inmitten der Buden und Schaustätten und wurden eingezwängt in die Gangart der Menge. In dem Gewirr der Stimmen herrschte ein heiterer Grundton. Doch war auch mancher Übermut erkennbar, der sich in schrillen Schreien äußerte, die aus Gruppen aufstiegen. Drei junge Burschen drängten, sich gegenseitig boxend, durch die Menge. Ihre Gesichter glichen lachenden Masken, die rot und schweißig vom Laufen, auch schon Verbissenheit und Schlaglust zeigten, so, als könnten sie sich für ein bestimmtes Gefühl noch nicht entscheiden.
Nach dem Untergang der Sonne war der Himmel noch eine Weile hell. Pascal schien es, als sei nur hier unten auf dem Rummelplatz Dunkelheit ausgebrochen; eine Finsternis, die aus dem uralten Flecken zwischen den Flussniederungen und dem östlichen Waldstück heraufkroch. Sie kündigte mit ihrer Stille nicht den Einbruch der Nacht an. Diese Dunkelheit schien Pascal vielmehr die eines plötzlich schwarz gewordenen Tages mitten in dessen tollsten Wirbeln. Die Menschen, zu Schatten geworden, walzten zwischen den Buden umher, von den tausend Lichtern des Rummels blitzhaft beleuchtet. So entstanden zerschnittene Gesichter, gevierteilte Schultern, und manchmal, als stünde er im Scheine eines herabzischenden Blitzes, ein ganzer Mensch.
Pascal saß neben seinen Begleitern in einer Karussellbank, dreifacher Bewegungsrichtung ausgesetzt. Die Bank, halbmondförmig, mit hartem Sitz und eiserner Lehne, drehte sich in einem Halbkreis um ihre eigen Achse, wobei sie

gleichzeitig um die Achse des Karussells geschleudert wurde, an die sie durch eine eiserne Konstruktion gefesselt war. Wie der Mond um die Erde. Zudem senkte sie sich in Tiefen und hob sich in Höhen auf eisernen Rollen über gleitendem Stahlband. Im Grunde hatte Pascal eine Abneigung vor dem kalten Eisen der Maschine und ihren wirbelnden Kräften, gegen die er jetzt ankämpfte.
Mittlerweile waren immer mehr Menschen zusammengekommen. Pascal dachte sie sich zusammengewachsen zu Überkörpern, deren Oberfläche klebrig, bindungsfähig sei, Menschen anzöge und nicht wieder frei ließe. Ihm fiel ein: mitgegangen, mitgefangen, mitgehangen.
Unter einem Bierzelt mit kegelförmigem Dach saßen unter Girlanden und gelben Monden andere Gruppen an langen Holztischen. Hatten sich, Körper und Arme vereinend, zu vielgliedrigen Ketten verbunden, auf denen Hälse und Köpfe wie Pfeilspitzen einer Palisade saßen. Ihre einheitliche Körperlichkeit aber war an der gleichartigen Bewegung aller Leiber und Glieder zu erkennen, die gleichsam einem Herzen folgte, das in Gestalt von Pauken, Ziehharmonikas, Blasinstrumenten und Schellenbecken diese Bewegung hervorrief und bestimmte. Wie eine gleitende Schlange pulsierte jetzt der Gliederring um die Tische. Die Köpfe auf den Hälsen hin zum Kapellenherz gedreht und wieder weg von ihm, die Leiber nachziehend und über die Tische hin. Und hochfahrend gegen die Zeltdecke, Gestänge und Girlanden, sich vermischend mit dem rotmundigen Lachen der Monde, brausende Gesänge vom Rhein, der Deutschlands Strom, nicht Deutschlands Grenze sei. Und von der Maas bis an die Memel, und Bier her, Bier

her! Dazwischen, wobei sich die Schlange enger zog und rhythmisch wieder weitete, Hochrufe auf unseren Führer. Wie Bernstein glänzten die an die Münder gehobenen schaumbedeckten Humpen. Reden und Rufe wie Schaum, blasig platzend und vom Winde verweht. In der Umgebung des Zeltes, obwohl verboten, Urinierende: Hand in die Hüfte gestemmt, Kopf gegen einen Lichtmast erhoben oder über Pfützen gesenkt. Hin und wieder von Lampenlicht getroffen blinkte auch der gebogene Strahl bernsteinfarben. Man sehe sie förmlich Stoffwechseln, sagte Lars. Sie betraten ein Spiegelkabinett. Aus seinem Inneren drang anhaltendes Gelächter. Hier aber, hinter Trennwänden aus Pappe, tönte das Lachen leiser. – Wir haben, sagte Lars, die Lautsprecher jetzt im Rücken. In den gekrümmten Spiegelflächen erblickte Pascal das eigene Gesicht. und auch die Gesichter von Lars, Laura und Jana in fratzenhafter Weise verzerrt, ins wässrig Konturenlose zerflossen, in die Breite gezogen, in die Höhe gehöhnt, zur blökenden Kugel gerundet oder zum kubischen Vieleck. Nicht ein einziges Mal war Pascal nach Lachen zumute angesichts dieser Entstellungen des menschlichen Gesichts und der hexischen Verwandlung ganzer Personen in gnomische oder riesenhafte Ungestalten. Pascal wollte sich die unheimliche Verrenkung seines Körpers nicht gefallen lassen, wollte einfach nicht mehr hineinsehen in diese Spiegel. Gott sei Dank, dachte er, kann das alles aus Menschen nicht wirklich werden.

Wieder inmitten der Menge kam ihnen plötzlich eine merkwürdige Gruppe entgegen. Es waren drei Männer. Der mittlere, ein hagerer Mann mit bräunlich gelblicher

Haut, knochigem Gesicht, hielt sein Jackett mit beiden Händen auseinander, um seine unbedeckte Brust zu entblößen, die er, sich in den Hüften wechselnd nach beiden Seiten drehend, der Menge bot. Und das war das Unheimliche: Unterhalb der linken Brustwarze klaffte ein roter Hautspalt. Wenige geronnene Blutstropfen hafteten darunter. Eine Wunde, dachte Pascal, von einem Messerstich. Schon von weitem war zu sehen, wie Passanten, darunter eine Krankenschwester mit Haube, versuchten, den offenbar Verletzten anzuhalten, ihn womöglich auch aufforderten, sich behandeln oder helfen zu lassen. Der Verwundete widersetzte sich diesem Ansinnen, ja, er riss sich sogar los, als ein Mann ihn am Arm fasste und festhalten wollte. Es schien ihm nur daran zu liegen, die ihm zugefügte Beschädigung seines Körpers aller Welt vorzuweisen und auf diese Weise sich selbst als Opfer einer Untat darzustellen. Seine Kumpane begnügten sich, ihn zu begleiten.
Vielleicht ist das nur angemalt, bemerkte Lars. Mit so einer Wunde kann einer doch nicht lange herumlaufen. Aber im Näherkommen sah man, dass die Haut des Mannes einen wächsernen Schein aufwies, Gesicht und Hals schweißbedeckt waren. Und von seinen zwei Begleitern wusste man nicht, waren es Begleiter oder die Täter. Da war die Gruppe plötzlich abgeschwenkt und wie vom Erdboden verschluckt. Vielleicht waren es doch Schausteller, sagte Laura.
Und wieder trafen sie auf eine Schießbude. In diesem Herbst, sagte Lars, sind sie wie Pilze nach dem Regen aufgeschossen. Pascal drängte sich zwischen die Umstehenden und sah, wie von einer Vorrichtung gezogene Papp-

figuren in ziemlicher Geschwindigkeit von links nach rechts über eine Bühne wechselten. Die Figuren stellten Soldaten in einer bräunlichen Uniform dar, ein Helm wie ein Topf. Über der Schulter trugen sie eine Schärpe: Rot-Weiß. Endlich war Pascal an der Reihe. Er nahm das Gewehr, setzte es an die Schulter. Da wurde es ihm von hinten aus der Hand genommen. Es war Lars. Hier schießen wir nicht, sagte er. Da rief einer der Umstehenden: Sie wollen die Polacken wohl verteidigen? Der Rufer drehte sich zu Lars, stemmte eine Hand in die Hüfte. – Die verteidigen sich schon selbst, sagte Lars sehr ruhig. – Seht doch diesen Schweinekerl, rief ein anderer, hast wohl Bromberg vergessen! Lars war rasch weggegangen, von Pascal gefolgt. Sie wollten Jana und Laura treffen, die in einiger Entfernung gewartet hatten und jetzt mit den beiden davongingen. Pascal war erschrocken über die Feindseligkeit der Männer und lief hinter Lars her, der jetzt einen schmalen Pfad zwischen den Wänden von zwei Großzelten nahm, über deren Leinen Pascal stolperte.
Sie befanden sich inmitten von Schachtelhalmen, Schafgarbe, mannshohen Disteln auf einem kleinen Platz. Es war, als sei hier zwischen Fluss und Stadtrand die Auenlandschaft wieder durchgebrochen. Allmählich hatte sich der Lärm des Rummels verändert, war dumpfer, raunender geworden. Sie bewegten sich jetzt mit der Menge auf die Wiesen zu. Sie alle wollten das Feuerwerk sehen. Die am Rande der Wiese abgestellten Wagen der Schausteller waren besetzt mit Schaulustigen, die auf Deichseln, Dächern und Leitern hockten wie angeleimt. Und immer mehr Menschen sammelten sich. Wir kommen nicht wei-

ter, sagte Laura. Doch da die Wiese hier abschüssig war, konnten sie von ihrem Standpunkt aus einigermaßen sehen, was am Flussufer vor sich ging. Feuerwerker hantierten wie Roboter zwischen gebündelten Raketen und Zündschnüren. Und jetzt brach das Spektakel los. Ein gutes Dutzend Raketen entfuhr funkenstiebend wie Dämonen mit roten, grünen, gelben Köpfen gleichzeitig den Halterungen und zerstoben in der Schwärze auf farbenreiche Weise. Immer mehr, immer toller, immer neue. Wie in Gewitterblitzen wurden die Gesichter der Menge weiß. Aufgerissene Augen, offene, klaffende Münder. Und die Ahs und Ohs erhoben sich wie Tonfontänen über den Schaulustigen. Danach sah man Flächenrosetten, Saturnsonnen, die farbigen Kränze der Feuerräder. Nach einem letzten Aufruhr der Raketen, Brander und Mörser, die so dicht flogen, dass sie in der Luft zusammenzustoßen schienen und der Himmel eine flirrende Fläche voller Farb- und Nebelflecke war, in denen sich, wie Planeten in der Milchstraße, unzählige Lichter zeigten und verstoben, brach alles ab. Es war stockfinster. Irgendwo war Kinderweinen und Mütterschelte zu hören. Pascal fürchtete schon, das Ende sei gekommen, da flammten am Flussufer Rotfeuer auf. Pascal war es, als ströme brandiges Rot aus den Massen, wie von ihnen abgesondert, liefe über die Wiese zum Fluss, dringe auch in ihn ein, verfärbe das Wasser, alle Büsche und Baumgruppen und werfe seinen Qualm aus Feuersäulen noch in die untersten Schichten des Himmels
Atemlose Stille herrschte. Verschiedentlich wurde gehustet. Ob der viele Rauch noch normal war? Das Feuer hatte diesmal eine ungewöhnliche Ausdehnung. Aber jetzt

schien es doch abzuflauen. Da stieg plötzlich, zusammen mit einer turmhohen Feuergarbe, ein Stück von den Brandern, Kreuzen und Stangen entfernt, eine helle Flamme hoch. Pascal glaubte, ihr Knattern zu hören. Gleichzeitig ertönte ein unbeherrschter Schrei aus der Menge. Vielleicht hatte ein Heustapel auf den Wiesen Feuer gefangen, das sich nun im Buschwerk ausbreitete. Mit einem Mal war die dreibogig geschwungene Brücke über den Fluss hell erleuchtet. Man sah Oberkörper und Köpfe von Leuten, die offenbar von der Brücke aus das Feuerwerk beobachtet hatten und jetzt mit den Armen gestikulierten. Nach einer Weile hörte man das Klingeln der Wehren und das Martinshorn der Sanitätswagen. Über dem Rande der Stadt, am Horizont, glaubte Pascal einen huschenden Schein zu bemerken. Das kann doch unmöglich mit dem Feuerwerk zu tun haben, dachte er.
Die Menge aber begann sich wie ein schwarzer Zyklop plötzlich zu bewegen. In ihrem Leib zeigten sich Risse und Sprünge. Sie begann sich zu zerteilen und nach den Ausgängen des Rummels zu treiben. Viele brachen sich mit Gewalt Bahn und jeder stieß jeden. Heute ist ja allerhand los, sagte Lars. Sie gingen zur nächsten Haltestelle der Straßenbahn. Die Luft war stickig. Der Mond hing hoch über den Dächern. Pascal glaubte, ein fernes Grollen zu hören, als daure der Rummel noch an oder als bilde sich ein Gewitter.

***

Als Pascal am nächsten Morgen gegen sieben Uhr er-

wacht, schien die Sonne ins Zimmer. Er stand auf, ging ans Fenster. Der Himmel war tiefblau. Leuchtende Farben, die selbst den Hinterhof malerisch aussehen ließen. Alles wirkte wie neu gestrichen. Pascal hatte das Gefühl, das Sonntag sein müsse.
Da wurde die Tür geöffnet, seine Mutter kam herein und als sie ihn wach sah, zog sie ihn an sich. Es ist Krieg, mein Junge! – Krieg? wiederholte Pascal. Also doch ein besonderer Tag, dachte er.
Der Anblick der Straße ernüchterte Pascal. Leute gingen, Autos fuhren wie immer um diese Stunde, wenn er zur Universität ging. Bäcker Jaschke hatte geöffnet, ebenso der Milchladen. Straßenkehrer schoben ihre Besen am Rande der Fahrbahn, häuften den Schmutz. Und einen Augenblick glaubte er, dass sich die Mutter vielleicht verhört oder eine Nachricht missverstanden habe.
Auch im Hörsaal der Uni strahlte Sonnenlicht. Als Professor Bürger den Saal betrat, machte er ein ernstes Gesicht. Er begann seinen Vortrag mit den Worten: Es ist Krieg, wie ihr wisst. – Ja, den Polen wird's heimgezahlt, rief ein Student. Der Professor sah ihn kurz an und fuhr fort: Für euch bedeutet das, Lernen mit aller Kraft, dass ihr an der Front helfen könnt, den Opfern ihr Los zu erleichtern. – Pascal sagte zu seinem Nachbarn, bis wir Ärzte sind, wird Zeit vergehen. – Mal sehen, erwiderte der Nachbar, vielleicht kommen wir vorher zum Einsatz.

An diesem Nachmittag traf sich Pascal mit Lars in dessen Wohnung. Er hatte seit Monaten eine eigene Bleibe bei einer älteren Dame in der Lessingstraße. Lars studierte Geschichte. Bei uns erschien heute der Professor Hassler in SA-Uniform, sagte er zur Begrüßung. Wie war es bei euch? – Alles normal. Wir wurden zum intensiven Lernen aufgefordert, um als Ärzte an der Front eingesetzt zu werden. – Na, dann gib dir mal Mühe, sagte Lars ironisch. Jedenfalls haben bei diesem neuen Kriege nicht so viele gejubelt wie 1914. Übrigens: Weißt du, dass der so genannte Überfall der Polen auf den Sender Gleiwitz in Wahrheit von Deutschen vorgetäuscht wurde, die in polnischen Uniformen agierten? – Nein, woher hast du diese Information? – Mein Vater ist Chefredakteur der »Tageszeitung«, der hat darüber recherchiert und es mir gesagt. – Du redest nicht darüber, nicht wahr? – Selbstverständlich nicht, so Pascal. – Auch nicht zu deiner Schwester. – Nein, obwohl Laura verschwiegen ist, wie ich glaube. – Nun ist er da, der Krieg, fuhr Lars fort, und es ist wieder ein Kapitalistenkrieg. Da siehst du es, sagte er, während er eine Cognacflasche aus einem Schrank nahm, als spräche er mit der Flasche. Sie haben keine einheitliche Strategie. Müssten sie sich nicht, ihrer Natur nach, zusammenschließen gegen Moskau? Aber sie tun es nicht. Zum Glück. Sie wollen selbst erst festlegen in ihrem Rudel, wer der Größte ist. Moralische Entrüstung gegen Hitler? – Lars lachte stark und rhythmisch mit dem ganzen Körper. »Seit 5.45 Uhr wird zurückgeschossen«, erklärte Hitler vor dem deutschen Reichstag. Und bereits 4.45 Uhr beschießt das Linienschiff »Schleswig-Holstein« polnisches Gebiet. Das Kriegsschiff war zu einem Freundschaftsbesuch in den Danziger Hafen eingelaufen! Hatte die polnischen Vertreter herzlich begrüßt, um dann in der Nacht diesen feigen

Angriff zu starten. Pascal erwiderte empört, dieses Verbrechen ist nicht durch Kriegslist zu rechtfertigen.
Am 3. September 1939 erklären Großbritannien und Frankreich dem Deutschen Reich den Krieg. Außer einer begrenzten Offensive der französischen Armee gegen das Saarland blieb es bei einem so genannten Sitzkrieg.

Pascal kam im Februar 1940 von einem Praktikum in Pathologie nach Hause und fand dort eine Einberufung für den 3. des Monats vor. Er konnte also nicht zu Ende studieren. Vorerst, sagte sein Vater, der ihm Gesundheit und Zuversicht wünschte. Die Mutter weinte nur kurz, umarmte ihn innig. Und mit Jana konnte er noch eine Liebesnacht verbringen.
Nach einer kurzen Ausbildung in der Kaserne von G., wo er unter Schikanen von Ausbildern litt, kam er an die Westfront, wo er in einer Infanterieeinheit am 20. Mai des Jahres den Einmarsch der deutschen Wehrmacht in die Niederlande, Belgien und Luxemburg erlebte. In einer Feldpostsendung erfuhr er von Lars' Einberufung, der ebenfalls an die Westfront kam. Nach kurzer Zeit wurde Pascal, seines Medizinstudiums wegen, als Träger in eine Sanitätskompanie übernommen. Anstatt die Wunder des menschlichen Körpers zu studieren und von Krankheiten zu heilen, hatte er nun Menschen mit grauenvollen Verletzungen, die sie sich gegenseitig zufügten, in Lazarette zu schaffen. Im Januar 1941 durfte er, zum Unteroffizier befördert, in die Heimat zurückkehren um sein Studium wieder aufzunehmen. Am Abend seiner Ankunft traf er sich mit Jana. Sie umarmten sich am Bahnsteig und unter vielen Küssen

liefen sie in den Stadtpark, wo sie sich auf eine Bank setzten. – Erzähle mir von der Front, sagte sie zärtlich und umschlang seinen Hals. – Krieg ist unmenschlich, sagte er nach einer Weile des Schweigens. Was ich nicht begreife ist, dass Menschen, auch Soldaten, sich zu dem Morden bekennen, Töten für moralisch gerechtfertigt halten. Es gibt Meinungen, die so schlimm wie das Morden selbst sind. Zum Beispiel sagte mir ein Leutnant nach der Einnahme von Paris: »Wie es weitergeht, wissen wir auch nicht. Hoffentlich nach England. So kämpfen wir, bis der Krieg zu Ende ist. Unser ganzes Leben ist nur auf Kampf eingestellt.« Oder ein Wachtmeister räsonierte: »Vorgestern war ich in einem Lokal, wo wir bei Plutokratenmusik drei Fläschchen Bordeaux vertilgten.« Bei den meisten herrscht den Franzosen gegenüber ein Gefühl militärischer Überlegenheit. Das ist natürlich auch dem Einfluss der Propaganda zu danken wie in diesem Beispiel zu hören: »Hoffentlich fassen wir diesmal die Herren der Lügengesellschaft.« »Wie gerne würde ich eine kostenlose KDF-Reise nach England unternehmen«, sagte mir ein Soldat. – Jana erwiderte: Mir erscheint das Unterrichten mitunter wie ein Fluch. Obwohl ich Deutsch lehre, bin ich dazu Englischlehrerin. Und unser Lehrauftrag besteht im Beeinflussen der Schüler im Sinne der NS-Führung. Davon wird mir manchmal schwindelig. Ich habe die Absicht, mich als Krankenpflegerin zu bewerben, um diesem Stress zu entkommen. – Stress wirst du dort erst recht haben, sagte Pascal, und es ist lebensgefährlich. – Das weiß ich, aber Tausende machen es auch. – Da hat es Laura besser, die studiert Medizin.

Es war nicht so, dass Pascal ausdrücklich in das Zentrum gekommen wäre, um den Führer zu sehen. Das Hotel lediglich, hatte er zu Laura gesagt, wolle er sich anschauen, in dem der Führer absteigen würde. Und vielleicht die Menschen betrachten, die kämen, um Hitler zu sehen. Vor allem möchte er einmal erleben, wie der Führer redet. Er wird doch reden? Vielleicht vom Balkon aus, und auf Lauras Schweigen: Vielleicht hat das Hotel keinen Balkon? – Jedes Hotel, sagte Laura, in dem der Führer absteigt, hat einen Balkon.
Die Luft war trocken, und Pascal spürte den Staub im Mund und als Brennen in den Augen. Der Wind brach sich an den Menschen, die in Gruppen auf dem Platze standen wie Inseln oder langsam hin und her gingen. Zwischen ihnen schlängelten sich diejenigen, die den Platz lediglich überqueren wollten. Im Grunde hatte Pascal keine wirkliche Vorstellung vom Führer, dessen äußeres Bild in geschönten Posen durch Sonderfotografen und Parteimalern auf unzähligen Papieren und Plakaten ausgestreut wurde. Auch durch die Wochenschauen hatte er kein rechtes Bild von ihm bekommen. Er wirkte dort blasser, gedunsener als auf den bunten Bildern. Woran er sich erinnerte, war mehr in Pascals Gehör gespeichert. Die rauchig-rissige Stimme, die dem Mann stoßweise ausbrach, wie ein steter Wechsel zwischen Beten und Fluchen, trieben Pascal ehrfürchtige Schauer über den Rücken.
Die anfängliche Erregung Pascals war abgeklungen. Vielleicht trugen die alltäglichen Fassaden der den Platz umstehenden Kaufhäuser daran Schuld, das runde, profane Gebäude der Großmarkthalle und vor allem das Hotel Pa-

norama: Ein gewöhnliches graues Haus mit einem winzigen Balkon. Schon geraume Zeit hatte Pascal den Eindruck, der Wind habe nachgelassen oder ganz aufgehört. Und als er, wie andere auch, sich ein wenig hin und her bewegen wollte, fand der den Raum dafür so eingeengt, dass er nur ein bis zwei Schritte tun konnte, ohne an Menschen zu stoßen. Nach unten blickend, sah er den körnigen Belag des Platzes als Rest einer Außenwelt, von einer Unzahl von Schuhen und Beinen besetzt. Hatte Pascal noch vor Augenblicken, wie ihm vorkam, die Möglichkeit, den Platz zu verlassen, so ging das jetzt nicht mehr. Er war eingekeilt. Und plötzlich erschrak er vor einem unheimlichen Lärm. Es klang wie das Brüllen unzähliger Kühe in Durstqualen. Der Druck auf seinen Körper verstärkte sich, so dass er mit kleinen, trippelnden Schritten am Ort sein Gleichgewicht zu erhalten suchte.

Das Getöse kam von der Innenstadt, dem Rathaus her, auf das Hotel zu. Pascal und die Umstehenden machten vergebliche Versuche, das, was am Rande der Menge geschah, zu erkennen. So warteten sie darauf, dass der Führer im Hotel angekommen wäre, und, wie angesagt, nach einer Erfrischung sich ihnen auf dem Balkon zeigen würde. Inzwischen aber verging viel Zeit. Die Sonne, noch eben hoch über dem Kuppeldach der Markthalle, erschien Pascal nun über den Dächern des Hotels und der angrenzenden Zentralbank wie eine gleißende Brotbüchse aus Aluminium inmitten weißlicher Schlieren. Es war, als hätten sich die Ausdünstungen der Wartenden über Platz und Hotel zu einer Dunstglocke zusammengezogen. Da war auf dem Balkon eine Bewegung zu erkennen. Aus einer

Öffnung, der Tür wohl, quoll eine gelb-schwärzliche Masse, die sich in Personen zergliederte, deren mittelste der Führer sein musste. Aus der Entfernung, und weil sie auf der Schattenseite des Hotels standen, wirkten die Figuren enttäuschend klein und undeutlich. Und da brach es hervor und heraus – ein ungeheuerliches Getöse, ein Dauerschrei. Eine im Wortsinne unmenschliche Lautung. Auf dem Balkon hatte die mittlere gelbe Figur einen Arm erhoben. Das Gesicht über der Stofffarbe war weißlich und glich einem lumineszierenden Camembert.
Mit dem Einsetzen des Lärms war Pascal auf einen Schlag in die muskelharte Presse heranrückender Leiber geraten. Er konnte nicht einmal mehr trippeln und er stand nicht aufrecht. Die durch alle Körper hindurch wirkende Statik, die die Statik eines Tausendköpflers und Tausendfüßlers war, hatte ihn mit allen anderen in eine nach vorn gekippte Schräge gebracht, in der sie sich nicht zu halten brauchten, sondern gehalten wurden durch Druck und Gegendruck. Und immer noch sah Pascal den schwebenden Camembert, auf dem er jetzt sogar eine Schirmmütze zu erkennen glaubte, und den gereckten Arm, als erteile er allem Volk den Segen.
Pascal versuchte, sich von der gelben, in Schatten und Dunst immer mehr zerfließenden Figur abzuwenden und wenigstens den linken und rechten und vielleicht hinter ihm Stehenden bei deren Lebensschrei zu beobachten. Und was er sah, entsetzte ihn bis ins Mark. Dem Linken war die Jacke aufgeschlagen, das Futter nach außen gewendet, die oberen Knöpfe des Hemdes abgerissen, daraus hervorragend der Hals wie verlängert. Der Kopf war nach

hinten gekippt, als rufe er Gott an oder den Mond herbei; das Gesicht geteilt in eine untere Hälfte mit Kinn und Unterkiefer und eine obere, beginnend mit einer Zahnreihe, dazwischen die Zunge, zuckend wie ein gefangener Frosch. Darüber die Nase, ihre Löscher senkrecht unter der knopfigen Spitze. Das rechte Auge, das Pascal sehen konnte, lag wie das Ei einer Meise auf dem unteren Lid. Verrückt, dachte Pascal. Der ist verrückt geworden. Er merkt ja nicht einmal, wie ihm der Speichel aus dem Munde tropft. Pascal wendete mühsam den Kopf. Den Mann rechts von ihm sah er mehr von vorn. Im ersten Eindruck hatte Pascal den Gedanken, jener sehe etwas Grauenhaftes. Das Auffälligste war die riesig erscheinenden Augen, als hätte er Muskeln, sie aus ihren Höhlen herauszudrücken. Die Lider um sie herum wie ein erschlaffter rötlicher Gummiring. Die Stirn unter den weggebürsteten Haaren wie der Balg einer Ziehharmonika, und dann der Mund, vielmehr die bezahnte Höhle, unter der das Kinn verschwunden schien. Dieser Mann sabberte nicht, dafür tropfte ihm Nässe aus den Augenlidern. Die Zunge konnte Pascal nur als feuchte Kugel in der Tiefe des Mundes erkennen.

Pascal glaubte eine Weile ernsthaft, sich in einem Traum zu befinden, aber es gab keinen Zweifel, er war wach. Die Haltung der Menschen, die er mit seinen Blicken erreichte, zeigte eine unglaubliche Streckung von Gliedern und Körpern. Es war, als machten sie alle Anstalten, sich von Boden zu erheben, um, ihrem Schrei nach, dem Führer entgegen zu fliegen. Sie stellten sich auf Zehen, hoben die Becken im Wechsel links und rechts, die Schulterblätter

in gleicher Weise, und streckten die Hälse, so dass die Köpfe neben einer Abknickung nach hinten auch noch seitlich ruckende Bewegungen machten.
Pascal hatte einen faden Geschmack im Munde, als koste er seinen eigenen Speichel. Er hatte plötzlich die Vorstellung, dass sie losstürmen könnten, ihn tatsächlich umwerfen, zertrampeln oder wenigstens ein Paar Rippen brechen. Jetzt begriff er, was es heißt, außer sich sein. Er sah diesen Zustand als Krankheit, von der er wegen der Furcht, angesteckt zu werden, sich durch Flucht gern entzogen hätte. Er blickte wieder nach dem Mann auf dem Balkon, dessen phosphorisierender Gesichtsmond jetzt wie ein weißlicher Fleck in Höhe der Balkonfenster schwebte, während der Körper sich in dem zunehmenden Schatten grünlich verfärbt hatte, wie in Auflösung begriffen. Da brach plötzlich in Pascals Gehör ein tiefes Rauschen aus. Es dauerte, bis er begriff, es war die Wirkung plötzlicher Stille. Der Führer hatte den Balkon verlasen. Und in endloser Langsamkeit lösten sich die ineinander verklumpten Menschen voneinander.
Pascal kam erst in der Dunkelheit nach Hause.

Sein ruhiges Studium wurde am ersten Mai 1941 jäh verändert. Er wurde, wie viele Studenten deutscher Universitäten, zum Dienst in einer Studentenkompanie verpflichtet. Damit war er Angehöriger der Wehrmacht. Zwar hieß es, man könne normal studieren, müsse aber parallel zum Studium an häufigen Appellen und Übungen in Uniform teilnehmen. Zudem werde man in den Semesterferien an die Front abkommandiert.

Am 22. Juni 1941 wurde die Kapitulation Frankreichs im Wald von Combiegne unterzeichnet. Und am gleichen Tage begann der Krieg gegen die Sowjetunion.
Am darauf folgenden Sonntag ging Pascal mit Jana in den Stadtwald. Es duftet schon nach Bärlauch, sagte Jana. Schließlich kamen sie an einen Fluss. Seine Ufer waren mit Weiden bewachsen, deren Zweige bis in das langsam fließende Wasser hingen und ein Plätschern verursachten, das wie ein leiser Seufzer klang. Sie überquerten den Fluss auf einer hölzernen Brücke, in deren Mitte sie anhielten und sich über das Geländer beugten. Wie sich die Sterne im Wasser spiegeln, sagte Jana, als wäre es mit Silbermünzen bedeckt. Sie gingen weiter und betraten jetzt den Wald jenseits des Flusses, wo er dichter und dunkler war als der, den sie eben verlassen hatten. Plötzlich riss Pascal Jana an sich und küsste sie gierig, während er sie heftig an sich presste. Sie umschlang seinen Hals und ihre Zungen berührten sich in einem langen Kuss.
Pascal konnte keinen Schritt mehr tun. Er stieß einen Kiesel auf dem Sandweg mit dem Fuß weg und bemerkte, während er dem Flug des Steins nachsah, einen Pfad, der sich zwischen Büschen dahinzog. Er lenkte Jana auf diesen Weg, bog Zweige zurück, um ihr den Durchgang zu erleichtern. Plötzlich hörte der Pfad auf und eine kleine Waldwiese tat sich vor ihnen auf.
Sie bot einen wundervollen Anblick. Zwischen den Baumwipfeln hatten sie nur wenige Sterne sehen können, jetzt erblickten sie über dem Areal der Wiese den Himmel voller Sterne. Und über der Wiese und in den Büschen am Rande irrlichterten Hunderte von Leuchtkäfern. – Ein

Märchenland, sagte Jana ergriffen. – Jedenfalls eine Märchenwiese, erwiderte Pascal und fasste das Mädchen an der Hand. Es sah aus, als seien Gestirn und Käfer von gleicher Natur und bevölkerten Erde und Himmel gleichzeitig. – Das ist für uns, extra für uns gemacht, rief Pascal überschwänglich. Dann fasste er Jana an beiden Händen, drehte sie um sich herum wie in einem Tanz, zog sie an sich und hielt sie wieder von sich ab. Schließlich, von Lust übermannt, warf er sein Jackett auf den Rasen, zog Jana auf dieses Lager und schob ihr Kleid hoch. Er blickte auf ihren entblößten Leib und berauschte sich an diesem Anblick: Die Wölbung der weißen Schenkel, bedeckt von hellen Strümpfen, deren oberer Rand mit Spitzen verziert unterhalb der Leistengegend endete. Ein stimulierender Rahmen für das wild gewachsene blonde Vlies. All das umwirbelt von fliegenden winzigen grünlichen Lämpchen unter einem silberblauen Sternenmeer. Sie umarmten sich heftig. In der vollkommenen Stille der Nacht waren nur die Geräusche der Liebenden zu hören, die sich in unregelmäßigem Rhythmus gegen- und miteinander bewegten. In ihrer Ekstase lebten sie nur der Gegenwart.
Aber, viel später, auf dem Wege zur Straßenbahn, fragte Jana: Weißt du, ob du in diesen Semesterferien schon an die Front musst? Ihr Ton war sorgenvoll. – Nein, erwiderte Pascal, aber nach dem Angriff auf die Sowjetunion werde ich wohl einrücken müssen. – Das ist ja schrecklich, sagte Jana und blieb stehen, um ihn ins Gesicht zu sehen. – Du bist doch Mediziner, kommst sicher zu einer Sanitätsabteilung. – Das hoffe ich, sagte Pascal.

***

Und in den folgenden Semesterferien wurde Pascal tatsächlich an die Ostfront kommandiert. Man teilte ihn mit zwei weiteren Kameraden einem Verwundetennest zu. Es war eine Sammelstelle für Verwundete, die hier ihre ersten medizinischen Hilfe bekamen. Von hier aus übernahm dann der Truppensanitätsdienst den Weitertransport zu dem rückwärtigen Truppenverbandsplatz. Das »Nest« lag unmittelbar hinter der Front. Ein noch junger Arzt versorgte hier die Verletzten. Er war mittelgroß, braunäugig und dunkelhaarig, hatte immer gute Laune, die sich auch auf seine Mitarbeiter übertrug. Als er Pascal und dessen Kollegen begrüßte, hörte man deutlichen Gefechtslärm. – Da brauchen Sie nicht weit zu gehen, um Verwundete zu bergen, sagte er.
Vorerst musste Pascal Verletzte bergen. Mit einem Kameraden zusammen gingen sie mit einer Bahre auf die nahe Front zu. Sie verlief quer durch ein Waldstück, das unter heftigem Feuer lag. Erdklumpen flogen durch die Luft. Krachend stürzten Bäume und Zweige zu Boden. Gase sammelten sich im Unterholz. Die Wipfel noch stehender Bäume verschwanden in schwärzlichen Rauchwolken. Aus dem Inferno tönten Schreie, Rufe nach Sanitätern hallten durch den Kampflärm. Verwundete liefen zurück in Richtung des »Nestes«. Mit Klaus, seinem Kameraden, hielten sie neben einem Soldaten, der sich am Boden krümmte, die Hand gegen seine linke Schulter gepresst, aus der es stark blutete. – Ich habe einen heftigen Schlag gegen meine Schulter erhalten, sagte der Mann, und dann,

das Blut. Es war eine Schussverletzung durch ein Infanteriegeschoss. Pascal verband den Verletzten notdürftig. Dann legten sie ihn auf die Bahre und liefen so schnell wie möglich zurück. Unterwegs trafen sie auf einen Mann, der stand gegen einen Baum gelehnt, fast weiß im Gesicht, ein Gewebelappen hing an seinem Hinterkopf. Er stieß grauenvolle Schreie aus.

Der Sanitätsunterstand war mit einer Decke aus Baumstämmen überdacht. Zahlreiche Verletzte lagen schon auf Strohschütten. Ein schmaler Tisch diente dem Arzt als Behandlungsort.

Pascal und Klaus stellten die Bahre ab und eilten sofort wieder an die Front. Als sie an die Stelle kamen, an der sie den Kopfverletzten begegnet waren, fanden sie ihn. Er lag am Boden und war tot. Der nächste, den sie auf die Bahre luden, hatte einen Bauchschuss. Er litt furchtbare Schmerzen. – Geben Sie mir doch etwas, damit ich nicht mehr diese Schmerzen habe, flehte er.

Am Abend dieses Tages sagte der Arzt zu Pascal, Sie müssen einen Transport zu dem Hauptverbandsplatz begleiten. Der Truppenverbandsplatz hat nicht die nötigen Einrichtungen und Kapazitäten für diese Verwundeten. Wir haben einen Sanka zur Verfügung. Für den Transport müssen wir die Schwerverletzten fertigmachen. – Als die Verwundeten eingeladen worden waren, fuhr der Sanka los. Die Wege waren aufgeweicht. Es gab kaum befestigte Straßen. Unterwegs bat der Bauchverletzte jeden einzelnen, er solle ihn mit der Pistole des Sanitäters erlösen. Aber keiner antwortete ihm. Pascal hatte ihm ein starkes Schmerzmittel injiziert, so dass der Mann nur noch leise wimmerte.

Der Arzt im »Nest« hatte Pascal gesagt, laut Vorschrift dürfen im Hauptverbandsplatz nur lebensrettende Operationen wie Blutstillung, Schussbruchverletzung etc. gemacht werden. In der Praxis aber würden dort auch große und schwierige Operationen durchgeführt werden, wie zum Beispiel Kopf-, Brust- oder Bauchschüsse, weil die so Verletzten durch den Weitertransport ins Feldlazarett auf den holprigen »Straßen« zu verbluten drohten. Unter den Verwundeten war auch ein Unteroffizier mit einem Oberschenkelschussbruch links. Pascal lernte dabei, wie dem Verletzten schon im Verwundetennest eine Feldtransportschiene angelegt wurde. Das war eine Extensionsschiene, die so lange liegen musste, bis der Verletzten stationär mit einem Draht-Zug-Gipsverband in einem Feldlazarett versorgt werden konnte.
Pascal bewunderte den Fahrer des Sanka. Er war schon Stunden im Einsatz. Auf den schlammigen Straßen, im Sande, durch Furte und manchmal querfeldein fand er sich immer wieder mit traumwandlerischer Sicherheit zurecht. Der Transport dauerte über sechs Stunden. Das war nur wenig über die geforderten Stunden, die ein Bauchverletzter möglicherweise überleben konnte. Der Hauptverbandsplatz war in einer gereinigten ehemaligen Schule untergebracht. Pascal lud zusammen mit Sanitätssoldaten die Verwundeten aus dem Kraftwagen. Sie brachten sie in einen Vorraum. Ein Chirurg ließ den Gefreiten mit dem Bauchschuss sofort in den Operationstrakt bringen. Es stellte sich heraus, dass nur Dünn- und Dickdarm verletzt und Leber, Nieren und die übrigen Bauchorgane heil waren. So bestand Hoffnung, den Patienten durchzubringen.

Zwei am HVB stationierte Sankas brachten Schwerverwundete in das rückwärtige Feldlazarett der Division. Das kam in seinen Einrichtungen einem Kreiskrankenhaus gleich. Es lag etwa 25 Kilometer hinter der Front und hatte Platz für über 200 Schwerverletzte. Hier arbeiteten neben einem Chirurgenteam auch Krankenschwestern, die bei der Pflege der Verwundeten gute fachliche und moralische Hilfe leisteten.

***

Bei einem der Einsätze als Krankenträger traf er auf einen Feldwebel, der im Sterben lag. Er hatte einen Brustschuss, der wahrscheinlich das Herz getroffen hatte. Er war vor einem Unterstand hingesunken und hielt einen langen Brief in seiner Rechten, den er offensichtlich gerade in ein Kuvert hatte stecken wollen. Pascal löste den Brief aus den Fingern des Gefallenen in der Absicht, ihn an dessen Angehörige zu schicken. Da er aber im Augenblick einen Mann mit einer Weichteilverletzung am Gesäß einen Notverband über der stark blutenden Wunde anlegen und ihn dann mit seinem Kollegen wegtragen musste, stopfte er den Brief in seine Jackentasche. Später vergaß er ihn. Tage später fand er das zerknitterte Papier wieder. Er strich es glatt. Um die Heimatanschrift zu finden, überlas er das Geschrieben und erstarrte plötzlich förmlich. Er las es zum zweiten Mal. Da stand geschrieben:
»Es ist interessant, einen Vergleich zwischen Deutschland und Russland zu ziehen und erfreulich, wenn man dabei die deutsche Einheit betrachtet, wo ein Volk geschlossen

hinter seinem Führer steht, weil es weiß, dass er diesen aufgezwungenen Krieg nur führt, um dem Volk wieder die Freiheit zu geben und ein schöneres und besseres Leben. Und dazwischen steht nur noch England – der jüdisch-plutokratische Kapitalismus. England unterstützt nun Russland, nicht etwa, weil es besondere Sympathien für den Bolschewismus hat, sondern weil Russland uns militärisch unterlegen ist und England ohne eigene schwere Opfer den Krieg verlängern will, in der Hoffnung, dass D. und R. sich gegenseitig aufreiben, denn beide Länder und Regierungen sind ihm gleichermaßen verhasst. Bestimmt keine schlechte Politik, aber sie werden sich irren. Wir sind ja auf einen langen Krieg eingerichtet und haben auf jedem Gebiet vorgesorgt. Und selbst, wenn wir uns mit der Verpflegung noch mehr einschränken müssen, der Siegeswillen des Volkes ist nicht zu erschüttern. (Ich habe nämlich gehört, dass es im Sommer für die Zivilbevölkerung kein Fleisch und weniger Brot geben soll, da man ja bekanntlich im Sommer sowieso weniger isst.) Aber wir werden auch das noch überstehen, denn es ist bestimmt der letzte Kriegssommer und ich glaube auch nicht, dass es noch einen Kriegswinter in Russland gibt. Wir werden und müssen siegen, denn sonst würde es uns schlecht gehen. Das ausländische Judengesindel würde sich fürchterlich am Volk rächen, denn hier sind, um der Welt endlich Ruhe und Freiheit zu bringen, hunderttausende von Juden hingerichtet worden. Vor unserer Stadt sind auch zwei Massengräber. In einem liegen 20 000 Juden und in dem anderen 40 000 Russen. Zuerst ist man zwar davon erschüttert, aber wenn man an die große Idee denkt. Dann muss man selbst sagen, dass es nötig war. Jedenfalls hat die SS ganze Arbeit geleistet und man hat ihr viel zu verdanken. Vielleicht werden wir später einmal die ganze Größe der Zeit erfassen, vielleicht auch nie.«

Dann folgten Angaben aus seinem Dienst und über seine Angehörigen.

Pascal versuchte, zu erfahren, wieviele Soldaten und Zivilisten in Deutschland so eine Meinung haben. Immerhin haben Millionen die Braunen gewählt. Und in Großveranstaltungen mit Getöse dem Führer zu folgen skandiert. Diesen Schandbrief konnte er noch vernichten, aber die Gesinnung, die er ausdrückt, nicht. Das ist kein Volk der Dichter und Denker, dachte er; wahrscheinlich war es das niemals. Es gab, wie in jedem Volk auf dieser Welt, nur das »Nebeneinander« von Menschen, die auf jedem Gebiet ein eigenes Urteil hatten. Und Manipulierbare, die jedem Populisten auf den Leim krochen, vor allem, wenn er ihnen Wohlstand versprach, ein Feindbild aufzeigte, das an allen Übeln Schuld trug und sie gehörig als die Besseren lobte. Verdammt, verdammt.

Am Ende der Semesterferien kehrte er wieder in seine Stadt zurück, um weiter zu studieren. Im Frühjahr 1942 bestand er sein ärztliches Staatsexamen.

***

Nach dem Examen traf er sich mit Lars und Laura in der Wohnung von Jana. An diesem Tage fiel Regen in Strömen vom Himmel. In der Diele stellte sie ihre tropfenden Schirme in ein Behältnis. Janas Mutter, eine schlanke, dunkelhaarige Frau, die trotz ihrer 45 Jahre noch immer gut aussah, begrüßte sie freundlich und zog sich dann zurück. In Janas geräumigem Zimmer standen zwei Sessel um einen runden Tisch, die sie für Pascal und sich selbst bestimmt hatte und ein kurzes Lehnensofa, das sie Laura und Lars zuwies. Sie verließ dann das Zimmer und kam mit einem Tablett voller Kaffeegeschirr und belegten Brötchen zurück, das sie auf dem Tisch abstellte. – Dies erstmal zum Aufwärmen, sagte sie mit heiterer Stimme. – Wie lange dauert dein Urlaub? fragte sie dann Lars. – Noch eine Woche. Dann nahm Pascal das Wort: Er berichtete kurz von seinen Einsätzen an der Front. Lars hat sicher mehr durchgemacht im Westen als ich, fügte er hinzu. Ich bin immer noch erschüttert über einen Brief, den ich bei einem Sterbenden gefunden habe. Der Teil des Schreibens, um den es mir geht, ist noch in meinem Gedächtnis. Pascal trug nun den bewussten Inhalt vor. Ehe jemand antworten konnte, fuhr er fort: Ich bin fassungslos über eine solche Auffassung. Hat dieser Mensch denn kein Vorstellungsvermögen? Erlebt er einen Schmerz an sich selbst, läuft er klagend zu einem Arzt oder auch bei einfachen Zahnschmerzen. Hier redet er billigend von notwendigen Hinrichtungen unschuldiger Menschen. – So krass habe ich es selten gehört, sagte Lars jetzt, aber die meisten meiner Kameraden machen sich keine Gedanken über die Gründe, die zum Kriege geführt haben. Sie nehmen das Morden als Schicksal hin. Dazu kommt die Wirkung der Kriegsgerichte, die zum Beispiel »Feigheit vor dem Feind« oder »Selbstverstümmelung« mit dem Tode bestrafen. So genannte »Wehrkraftzersetzung« und »unerlaubte Entfer-

nung von der Truppe« sind ebenfalls mit Erschießen bedroht. Das alles fließt ein in das Verhalten und auch das Denken von Soldaten. Dennoch leugne ich nicht, dass es Zahlreiche gibt, die ein Sendungsbewusstsein haben und andere Völker für minderwertig halten. – Nach einem längeren Schweigen sagte Jana: Ich teile die These Pascals von dem »Nebeneinander« menschlicher Charaktere. Es gibt in meinen Klassen durchaus Schüler, die auch die Geschichte der Menschheit kritisch betrachten. Die zum Beispiel den deutschen Ritterorden für Landräuber hielten. Das werden sie nicht vor anderen sagen. Die Haltungen der Schüler werden natürlich auch im jeweiligen Elternhaus geprägt. Die Direktion der Schule verlangt von den Lehrern, die Genialität des Führers zu preisen. Und seinen Parolen zu folgen. Zum Beispiel müssen die Jungen im Chor folgendes aufsagen: »Ein deutscher Junge ist hart wie Kruppstahl, zäh wie Leder und flink wie ein Windhund.« Und gemeinsam wird das Lied gesungen: »Kamerad, Kamerad, alle Mädchen müssen warten, der Befehl ist da, wir starten, ran an den Feind, ran an den Feind. Bomben auf Engeland.«
Jana hatte ihre Tasse in der Hand gehalten und stellte sie jetzt ab, um sich Kaffee einzugießen. Im so genannten Jungvolk wurden und werden Lieder gesungen, die zum gewaltsamen Erobern von »Lebensraum im Osten« aufrufen. Zum Beispiel: »In den Ostwind hebt die Fahnen, denn im Ostwind stehn sie gut. Dann befehlen sie zum Aufbruch. Und den Ruf hört unser Blut. Denn ein Land gibt uns die Antwort. Und das trägt ein deutsch Gesicht. Dafür haben wir geblutet. Und drum schweigt der Boden nicht.«

Verheerend wirkt sich die Rassenlehre aus, sagte jetzt Laura. In der Anatomie zum Beispiel gibt es keine Unterschiede zwischen Schwarzen und Weißen, Juden oder Christen. Alle haben den gleichen Körperbau, einschließlich des Gehirns. Der Mensch, und zwar jeder, ist ein Organismus, der an Wunder grenzende Strukturen und Prozesse entwickelt hat. Seine Funktionen beruhend auf Enzymen, Hormonen, von Genen gesteuert, die in Stoffwechsel, Kreislauf, Verdauung, Fortpflanzung das Leben garantieren. Allein das Wunder Auge, ein optisches System, das unsere visuelle Welt in unser Bewusstsein führt. Keines dieser »Wunder« können Wissenschaftler nacherfinden. Wohl aber erfinden Menschen ohne Gewissensbisse Waffen, die Menschen auslöschen, verstümmeln. Immer schlimmere Zerstörungsmittel werden ausgedacht und produziert. – Und eingesetzt, warf Pascal ein.

Der Regen hatte jetzt aufgehört, durch die zwei Fenster des Raumes sickerte Sonnenlicht und erhellte ihn. Der Mensch, sagte jetzt Lars, entwickelte aber auch eine Kultur, in allen Teilen der Welt. Das ist die andere Seite menschlicher Eigenschaften. Kulturen, die entstanden und häufig wieder zerstört wurden, durch Eroberer und Plünderer. Wie uns die Geschichte zeigt. Selbst während dieses mörderischen Krieges entstehen große Kunstwerke, fuhr Lars fort. Zum Beispiel Brechts Uraufführung der »Mutter Courage« in Zürich, aber auch die Berliner Aufführung des »Faust II« von Gründgens. Im Allgemeinen stagniert aber das Kunstschaffen in Deutschland. Ein Skandal ist auch die Bezeichnung: »Entartete Kunst«, mit der zahlreiche Bilder und Skulpturen verboten oder wie beispielsweise die Bilder von Max Beckmann und Max Ernst unter der Hand für hohe Preise ins Ausland verschoben wurden.

***

In diesem Augenblick wurde die Tür heftig aufgestoßen und Helmut, Janas jüngerer Bruder, kam hereingestürmt. Er trug die Uniform des deutschen Jungvolkes: Braunhemd, schwarzes Halstuch mit Lederknoten, schwarze kurze Hosen mit Gürtel, an dem seitlich ein Dolch hing, das so genannte Fahrtenmesser. Er stürzte auf Jana zu und umarmte sie. Das war ein Tag, sagte er, noch keuchend: Wir haben einen Ausmarsch gemacht. Der gesamte Jungstamm war zusammen. Es ging gegen das Muckertum! Die Straße, sagte Stalke, unser Jungzugführer, gehört heute uns. Es war kühl, obwohl die Sonne am Himmel stand, wie ein polierter Zinnteller. Stellplatz war das Heim meines Fähnleins. Wir standen zu zweit oder in Gruppen und warteten. Einer nannte die Straßen, durch die wir ziehen würden: Die Stein-, Scharnhorst- und Hardenbergstraße, später die Moltkestraße bis zum Hindenburgplatz. Endlich kamen die Jungenschaftsführer aus dem Haus unseres Heimes, stellten sich regellos auf und schrien ihre Kommandos. In kurzer Zeit standen alle, jeweils der Größe nach, in gerader Reihe, vier Schritt vor unseren Führern. Dann waren die übrigen Jungzugführer erschienen. Stalke, der Rangälteste unter ihnen, ließ das Fähnlein in Marschordnung antreten. Wir bilden mit den anderen Fähnlein einen Marschblock, rief Stalke. Er hatte eine kräftige Stimme. Ich hatte den Eindruck, sie finge sich in

seinem breiten Brustkorb und töne aus dem ganzen Körper. Schon die Germanen, rief er, banden sich in ihren Schlachten mit Ketten zusammen, weil sie ein Gefühl hatten für Block, Stoßkeil und Rammbock. Rührt euch, brüllte Stalke und: Augen gerade aus! Und da trat er auf, unser Fähnleinführer. Ein Abiturient der Paulusschule. Die grünweiße Führerschnur schaukelte bei seinen strammen Schritten. Und Stalke: Zur Meldung an den Fähnleinführer, die Augen – links! Und bei dem hundertfünfzigfachen Führergruß spürte ich die Kraft der Gemeinschaft und ich fühlte mich gewissermaßen auf dem Rücken der Schallwellen hoch über Staub und Pflaster der Straßen getragen. Der Fähnleinführer lief auf dem Fußsteig neben der Kolonne her. Da spürte ich die Wirkung des Gleichschritts auf mein Ichgefühl. Eine Automatik hatte eingesetzt, die sich aus dem Rhythmus des Muskelspiels auf das Denken übertrug. Auch meine Gedanken marschierten. In der Ferne ertönten jetzt Fanfaren und dumpfe Trommelschläge. Auf der Kreuzung musste der Verkehr anhalten. In geschickten Marschmanövern hatten wir uns inzwischen mit den Fähnlein 36 und 37 vereint. Während wir alle »am Ort« marschierten, setzte sich das Fähnlein 21, aus der Pestalozzistraße kommend, mit seinem Spielmannszug an die Spitze. Nun war der ganze Jungstamm beisammen. Es mussten etwa 600 Jungen sein.
Ich dachte, wir leben im Zentrum der Welt, ja, dass wir dieses Zentrum bilden. Ganz vorn sah ich nun das blinkende Messing der Fanfaren, schwarze Runenwimpel flatterten. Ich hörte das Klopfen der Absätze, nahm den Geruch von Leder auf. Und plötzlich überkam mich ein

Gefühl von Unbändigkeit. Noch nie war ich in der Mitte der Straße gegangen. Einer für alle, alle für einen! Jetzt galt ich durch sie und alle durch mich. Ich sah die Fronten der Häuser mit ihren unendlichen Fensterreihen, Kreuzen und Glas. Die Fahrzeuge waren an den Rand gedrängt oder fuhren in langsamer, vorsichtiger Gangart. Die Passanten blickten auf mich, indem sie den Jungstamm sahen, sahen sie mich. Mir selbst kam die Bedeutung zu, die der Jungstamm hatte. Wir waren die Herausforderer. Wir zeigten sie vor, die Bewegung, die neue Zeit, wo der Prinz neben dem Bauern marschierte. Und jetzt war, wie das Pochen von tausend Herzen, der pulsende Rhythmus von Trommeln aufgekommen. Tromm, tromm, tromm, so dass die Beine, die Arme, die Körper keinen Willen mehr brauchten, sich in diesem Rhythmus zu bewegen. Die Passanten und Bewohner auf Gehsteigen, vor Haustüren, an Fenstern gerieten für Zeitbrüche in mein Blickfeld, ohne dass ich versucht hätte, sie als Personen zu unterscheiden. Menschen als Farbstreifen und Flächen, Gesichter wie Scheiben, farbige Kleider, Jacken, Hüte, während ich mein Blick in eine optische Unendlichkeit hielt, fühlte ich mich gleichsam entkörpert, oder besser, als Teil eines Überköpers, über dem Fahnen flatterten und knatterten.
Und mit einem Mal war es, als durchliefe den Marschblock ein Rauschen. Aus den vorderen Gliedern kommend, sich fortsetzend in die folgenden, ertönte wie stärker werdendes Blätterrauschen in aufkommendem Wind das Lied: »Es zittern die morschen Knochen der Welt vor dem großen Krieg … wir werden weiter marschieren, wenn alles in Scherben fällt, denn heute gehört

uns Deutschland, und morgen die ganze Welt«. Jetzt hatte der Block eine Stimme, einen Marschschritt, und alle Unterschiede in den Stimmungen und Handlungen der Einzelnen verschmolzen zu einer Ganzheit, wie das Tosen eines Wasserfalls, das Heulen eines Sturmes sich zusammensetzt aus tausend verschiedenen Quellen und tausend akustischen Phänomenen. Als der Jungstamm sich auf dem Hindenburgplatz nach einem schmetternden: Siegheil! auflöste, ging ich zurück durch den Abend. Hier, in der kommenden Schwärze der Nacht, dem Hort der Kälte, die über die nun leeren Straßen und glatten Fassaden der Häuser strich, ging ich, Helmut, mit hallenden Schritten, der Gefahr gewärtig, die ohne Gesicht in der Dunkelheit lauerte. Und ich werde sie bannen, vertreiben, wie Siegfried den Lindwurm, zu Pferde, zu Panzer, auf Schnellbooten oder in Stukas gegen alle Feinde Brandenburgs.
Nach dem Bericht des Jungen herrschte Schweigen. Helmut ließ von Jana ab und stellte sich in die Mitte des Zimmers. Ihr seid womöglich dem Muckertum verfallen? fragte er in einem Ton, in dem Enttäuschung deutlich zu erkennen war. – Ich denke nur an den Tod deines Großvaters. Er starb im Krieg 1916 unter schrecklichen Qualen an einem Bauchschuss. Das ist der Krieg, den du wohl als Abenteuer empfindest. Ach, sagte Helmut, es gab auch Helden in diesem Krieg und sie sind meine Vorbilder.
Es war inzwischen dunkel geworden. Man sah Lichter wie helle Löscher in den Fronten der Häuser. Die Vier waren wieder allein. Man kann seine verqueren Ansichten nicht ausrotten, sagte Pascal, und bald verabschiedeten sie sich voneinander.

***

Pascal hatte einen ungewöhnlich tiefen Schlaf. Als ihn die Mutter an der Schulter rüttelte, glaubte er, eben erst eingeschlafen zu sein. Fliegeralarm, sagte sie, und: horch doch, dieses Rollen. Das sind Bomber! Pascal trat ans Fenster, das er nicht verdunkelt hatte. Es war eine klare Nacht, Sterne blinkten, und ganz deutlich dieses polternde Rollen. Das waren Flugzeuge! Komm, sagte die Mutter, und Pascal zog sich rasch an.

Im Keller brannte eine schwache elektrische Birne, die mit einer Hülle aus schwarzem Papier umhüllt war. Nach kurzer Zeit verließ Pascal den Keller, um nach Bränden oder Schäden auszuschauen. Im Hofe herrschte frische Nachtluft. Der Himmel war mit Sternen bedeckt wie eine Wiese mit Gänseblümchen. Da war wieder dieses hallende Geräusch. Es klang, als würden Fuhrwerke mit eisernen Rädern über eine schwingende Brücke rasen. Und plötzlich ein hohes, hohles Poltern. Es entstand der Eindruck, dass sich die Flugzeuge auf die Dächer der Häuser stürzen würden. Da begriff Pascal, dass das, was er hörte, fallende Bomben waren. Er sprang ins Haus und wie von einem heftigen Stoß getroffen, stürzte er die Kellertreppe hinunter, wo er gleichzeitig mit einem betäubenden Krachen unten ankam. In kurzen Abständen explodierten weitere Bomben, die aber entfernter fielen und deren Luftdruck ihn nicht mehr erreichte. Da hörte Pascal eine weibliche Stimme sagen: Das Licht ist aus. Und im aufflammendem Licht eines Streichholzes hatte Pascal den Eindruck, dass alle Bewohner von dem Luftdruck betäubt wären oder gestorben. Wie Fische, dachte er, denen die Schwimmblasen zerrissen worden sind. Sie saßen, standen, lehnten oder hockten in vollkommener Erstarrung und Schweigsamkeit dort, wo sie die Detonation überrascht hatte.

Allmählich kam Unruhe auf. Von draußen war nichts zu hören. Jemand brachte eine Kerze hervor, die angezündet wurde. Pascal ging zusammen mit einem Schaffner ins Haus, um nach dem Rechten zu sehen. Doch alles war an seinem Platz. – Nichts, sagte der Schaffner. Dann gingen sie in den Hof und danach durch das Gittertor auf die Straße. Alle Nachbarhäuser waren unbeschädigt. Jetzt war ein grauer Schein im Osten aufgekommen, der den nahenden Tag anzeigte. Und deutlich, besonders über dem Zentrum der Stadt, sahen sie eine rötliche Färbung, als strömten farbige Wellen langsam über den Himmel.

Pascal beschloss, sich die Schäden in der Stadt anzusehen. Kaum aus dem Haus, nahm er Rauchgeruch wahr. Einige Straßen weiter traf er auf brennende Häuser. Auf der Fahrbahn standen Möbel und Hausrat. Weithin keine Feuerwehr, keine Polizei. Die lodernden Häuser zu retten, schien allein Sache ihrer Bewohner zu sein. Pascal stieg über noch intakte Treppen eines Hauses. Überall standen die Türen offen. Er konnte in das Innere der Wohnungen sehen, wo das Feuer hauste und beißenden Qualm entwickelte. Da hörte er Angstrufe aus den oberen Stockwerken. Pascal ging den Rufen nach und fand eine Frau inmitten des Qualms. Sie kniete, die Hände vor das Gesicht gepresst. Pascal, stark hustend, mit tränenden Augen, ergriff die Frau am Handgelenk, zerrte sie hoch. – Nicht einmal die Bilder, klagte sie, wenigstens die Bilder. Pascal sah, dass die Frau völlig verstört war. – Er ist tot, und ich soll zulassen, wie sie seine Bilder verbrennen. Pascal packte sie und hob sie sich über die Schulter wie einen Sack. Es war gut, dass sie so willenlos war und sich nicht versteifte. Er setzte sie auf der Straße in einen Lehnstuhl und machte sich weiter auf den Weg in die Stadt.

Es war inzwischen völlig hell geworden und die brennenden Gebäude leuchteten nicht mehr so abenteuerlich. Er entschloss sich, den Wald zu durchqueren, der den Westteil der Stadt vom Zentrum trennte. Er betrat die Brücke am Kottaweg, die den Fluss überspannte. Und blieb mit einem Ruck stehen. Hinter der Wiese des jenseitigen Flussufers brannte der Wald. Feuer umfloss die Stämme, umwob sie, bildete, von den Stämmen auf die Zweige und ihre Verästelungen überspringend, die Bäume in Flammen nach. Hier war kein Durchkommen. Er ging zurück bis zur Viktorianischen Straße. Dort, wo die Häuser wieder begannen, brannten die Gebäude ebenfalls. Pascal machte eine eigentümliche Erfahrung. Er hatte gelernt: Bei einem Angriff fallen Bomben auf ein bestimmtes Gebiet, das zerstört wird; dabei sind Opfer zu beklagen. Danach beginnen die Aufräumungsarbeiten. Der große Körper der Stadt, ihre Kraft, ihr Widerstandswille, ihre Organisationen sind unerschüttert. Alles bleibt steuerbar, unter Kontrolle. Aber für dieses Feuer gab es keine Grenzen. Es brannte in jeder Seitenstraße, in jedem Hinterhof. Die flachen Trümmerflächen, in die sich Häuser durch Sprengbomben, Luftminen verwandelt hatten, wirkten inmitten des Brandmeeres wie helle Flecken im roten Fell eines Fabeltieres.

Die zum Südbahnhof führende Bergstraße war eng. Pascal

ging wie durch eine Feuergasse. Er hielt sich in der Mitte der Straße. Er hatte den Eindruck, auf einer heißen Herdplatte zu gehen. Was er fühlte, wollte er nicht Angst nennen. Nur äußerste Aufmerksamkeit und Bereitschaft, jeden Augenblick zur Seite zu springen oder vor und zurück, wenn Teile der Dächer, Mauern plötzlich wie glühende Geschosse auf die Erde stürzen. Vorsichtig überstieg er gerissene Stränge der Oberleitung, die wie gerollte Schlangen auf den Schienen lagen. Nur selten sah er Menschen, dunkle Wesen, die langsam und stumm wie gesichtslos durch die Straßen trieben oder, auf Trümmern hockend, mit bloßen Händen durch Steine hindurch in eine Tiefe dringen wollten, die sich ihnen verwehrte. Müdigkeit überfiel ihn. Es war keine Müdigkeit der Glieder, eher eine Art Denkstörung und Gefühlsstillstand. Ihm kam ein absurder Gedanke: Man – das war Gott oder der Feind – habe ihm die Stadt genommen, zusammen mit allem Land. Pascal sei von nun an zu lebenslanger Wanderschaft über die Erde gezwungen. Die Welt sei leer, und alles, was er sich von ihr vorstellte, würde, da alle Wirklichkeit brannte oder in Trümmern lag, sich ausschließlich in seinem Kopfe abspielen. Bitterkeit überkam ihn, eine Vorstufe von Hass, den er sich wohl noch nicht eingestehen wollte. Pascal merkte, dass er die Hände zu Fäusten geballt hatte. Das Maul habt ihr aufgerissen, schrie er gegen die Häuser.
Schließlich hatte er den Südbahnhof erreicht. Jedenfalls nahm er an, dass hier, wo er sich befand, der Südbahnhof gestanden hatte. Jetzt sah Pascal nur noch eine sich scheinbar unendlich erstreckende Fläche, die ihn an afrikanische Wüsten erinnerte, nur dass sie, anstatt wie jene mit Sand

mit Trümmern bedeckt war. An ihrem Rande beobachtete er eine Gruppe von Männern in Helmen, die mit Spitzhacken und Spaten wohl verschüttete Keller freilegten. Dann zogen sie unendlich langsam Barren oder Menschen aus den Kellerlöchern, legten sie auf aufgespannte Zeltplanen oder Segeltuchlaken; packten die Tücher an den vier Enden und trugen die Barren oder die Toten an eine Stelle des ehemaligen Platzes, wo sie ihre Lasten stapelten. Pascal umging den Platz. Er hütete sich, genauer zu erkennen, was dort gestapelt wurde, einen Hügel hoch und breit wie ein Steingrab der Urzeit.
Pascal kletterte über Steinhalden und Eisenträger und gelangte in die Bunsenallee. Hier befanden sich ehemals Universitätsinstitute und Kliniken. Pascal hatte einst geglaubt, dass Kliniken, von deren Dächern rote Kreuze weithin leuchteten, verschont bleiben würden. Aber jetzt war ihm ihre Zerstörung selbstverständlich. Wenn die Feinde töten wollen, dachte er, warum die Kranken auslassen? Schließlich war totaler Krieg.
Das Feuer loderte nicht mehr, es kroch. Wie ein Belag bedeckte es Stein, Stahl, Glas und Holz, umwand alle Materie mit Girlanden aus Funken, Flämmchen. Das Brennen ging unter Geräuschen vor sich, wie sie ein Raubtier macht, das sein Opfer ausweidet in der Stille der Steppe. Und plötzlich, wenn das vorläufige Ende einer Brandphase gekommen war, loderten die Flammen noch einmal. Knisternd verschmolzen ihre bauchigen Glutleiber in heftiger Bewegung, um dann zusammenzuschlagen über ihrem Raub: Steinbrüstung, Mauer, Wand neigten sich polternd, Träger lösten sich, sausten in die Tiefe, zusammen mit ver-

kohlten Resten. Pascal nahm die Bilder der Zerstörung auf. Er dachte nicht in Begriffen des Krieges. Wer den Krieg gewönne oder verlöre war ihm keine wirkliche Frage mehr. Das war das Chaos.
Er ging jetzt schneller, keuchend, sich mit der Zunge über die Lippen fahrend wie ein Hund. Zurücklaufend nahm er den Weg durch das Zentrum. Er sah, dass auch das Opernhaus zerstört war, die Universität, die Kirchen, das Bildermuseum. In dem dunklen Himmel zeigte sich das Brandrot wieder deutlicher. Und er war erbittert, als er die ersten Sterne sah. Ihnen macht es nichts aus, was hier unten geschieht, dachte er – sie scheinen.

***

Im September 1942 wird Pascal als Truppenarzt an die Ostfront beordert. Schon am 13. September begann der Versuch der deutschen Wehrmacht, Stalingrad einzunehmen. Er erfuhr, dass deutsche Sturmpioniere bis zum 11. November versuchten, im Kampf um den Stalingrader Industriekomplex eine Entscheidung zu erzwingen. Es misslang. Dagegen unternimmt die Rote Armee einen Gegenangriff, wobei zwei rumänische Linien durchbrochen werden und sich die beiden sowjetischen Truppenteile bei Kalatsch am Don vereinen. Die 6. Armee in Stalingrad ist nun eingeschlossen. General Paulus hält sich an Hitlers Befehl, die Stellung zu halten und unterlässt einen geplanten Ausbruchsversuch. Mitte November überqueren deutsche Truppen den Don. Pioniere hatten eine zweispurige Behelfsbrücke gebaut. Bei Einbruch der

Dämmerung marschieren sie über eine schmale Spur dicht hintereinander in Dreierreihen. Auf der anderen Spur kamen ihnen Einheiten der Waffen-SS entgegen. In ihren Marschblöcken führen sie Gepäckwagen und Geschütze mit sich. Es war den Soldaten klar, dass die SS aus dem sich bildenden Kessel herauslief und sie hineingeführt würden. Der Vorgang trübte die Stimmung in der Truppe noch mehr ein. Am Abend wurden sie von schon warteten Kampftruppen empfangen und in die verschiedenen Einheiten aufgeteilt.
Pascal gelangte in eine der Sanitätskompanien. Sie reichten mit den wenigen verbliebenen Sanitätseinrichtungen nicht aus, die zehntausenden Verwundeten, Kranken, Verhungernden und Erfrierenden zu behandeln. Der Hauptverbandsplatz war in einem Erdbunkersystem untergebracht. In einem kleinen Operationsraum operierten die Chirurgen beinahe ständig unter Artilleriefeuer. Eine von Pascals Aufgaben bestand darin, Verbände der Verwundeten zu wechseln. Sie waren oft Tage alt und manchmal seit Wochen nicht erneuert worden. Der Zustand dieser Verwundungen und Erfrierungen war grässlich. Manchmal blieben Finger und Zehen in den verdreckten Verbänden, wenn Pascal sie abgelöst hatte.
Eine schlimme Plage waren die Läuse. Selbst an den Wänden der engen Operationskammer liefen sie in Mengen auf und ab. Sie hängten ein Bettlaken an die Tür, um sich gegen den Gang abzusichern. Das Tuch bewegte sich ständig, weil es voller Läuse war. Sie stopften sich Mullbinden in den Kragen, um sich gegen die Läuse zu wehren, mussten die Binden aber oft mit den Fingern ausdrücken und

sich wieder in den Kragen stopfen. Auf den Gliedmaßen und den Körpern der meisten Insassen zeigten sich von den Läusen herrührende blutige Kratzspuren, die häufig vereitert waren.
Einmal ging Pascal nach draußen. Vor dem Bunker fiel sein Blick auf Berge von Leichen. Der gefrorene Boden ließ keine normale Bestattung zu. Die Leichenberge waren über einem Meter hoch und zwölf Meter lang. In den nächsten Tagen wuchsen sie mehr und mehr an. Eine in der Nähe einschlagende Granate veranlasste Pascal, wieder in den Bunker zu flüchten.
Ein besonderes Problem waren die auftretenden Seuchen und Krankheiten wie Typhus und das besonders gefährliche Fleckfieber. Aber auch Ruhr, Diphtherie und Tuberkulose kamen vor. Die Versorgung aus der Luft war äußerst mangelhaft. So fehlten bald Medikamente und Verbandstoffe. Sanitäter, die täglich die Leichen aus dem Bunker schaffen mussten, starben an Fleckfieber. Sie hatten sich an den Leichen infiziert. Die sanitären Anlagen waren sämtlich zerstört. Man stellte Bottiche auf, die aber bald überliefen. Jene Soldaten, die neben diesen Kübeln lagen, waren so apathisch, dass sie vor diesen Jauchekübeln liegen blieben. Man musste sie mit Gewalt davon wegbringen.
Immer stärker setzte sich krasser Egoismus durch. Hoffnungslosigkeit und Aggressivität führten zu einem Kampf ums Überleben. Konvois mussten die Essenträger begleiten, wenn sie durch den Gang zu den Verwundeten gingen. Vorn zwei mit Prügeln, an der Seite zwei mit Prügeln und hinten das gleiche, sonst wären die Essenträger nicht bis

zum Ende des Ganges gekommen.
Verwundete zu bergen war, wenn überhaupt, nur unter großen Opfern der Sanitätssoldaten möglich. Es gab keine Schützengräben wie im ersten Weltkrieg, sondern nur Schützenlöcher, die eine Kette bildeten, die durch Boten in Verbindung standen. Über allen griffen die Ratas an und russische Scharfschützen schossen auf jede Bewegung. Wer aufrecht ging, wurde sofort beschossen. Dazu kam das andauernde Dröhnen der so genannten Stalinorgeln. Von einem Nachschubbataillon waren die meisten schnell gefallen. Sie hatten keine Fronterfahrung. Viele Soldaten erfroren in Schnee und Eis.

***

Die Truppe war bereits vor der Einkesselung völlig erschöpft und verhungert. Nach Weihnachten wurde die Verpflegung erneut gekürzt: Büchsenbrot in geringen Mengen, Konservenwurst, und manchmal das Fleisch von verendeten Pferden. Das Fleisch war gesundheitsschädlich. Aber welcher Hungernde lässt sich davon beeindrucken? Ein mutiger Arzt hatte in seinem Bericht an den Vorgesetzten zwei Tote durch Verhungern gemeldet. Wütend wurde er von einem Oberstabsarzt gerügt: »In der deutschen Wehrmacht gibt es keine Verhungernden.« Der Arzt antwortete: »Sie irren, das war einmal so, heute ist es anders.
In der von deutschen Bomben fast völlig zerstörten Stadt tobte ein Häuserkampf mit aller Härte. Es gab Fälle, wo sich in den Kellern noch fester Häuser russische Soldaten

befanden, im ersten und zweitem Stockwerk deutsche Einheiten und im Dachgeschoss wieder Russen. Sie führen einen brutalen Kampf Mann gegen Mann. Verwundete konnten dort nicht weggebracht werden.
In Kellern der Stadt liegen schwerverwundete und sterbende deutsche Soldaten. Pascal hatte den Auftrag, noch kampffähige Mannschaften aufzufinden. Es herrschte ein entsetzlicher Gestank. Viele konnten ihre Arme nicht mehr bewegen. Ihre Hose nicht öffnen. Sie ließen Urin und Kot unter sich, ohne es zu merken. Er verließ die Keller, ohne seinen Befehl ausführen zu können.
Pascal hatte sich an Fleckfieberkranken angesteckt. Er litt an hohem Fieber. Geriet später in ein Delirium. Hilfe konnte er hier nicht erwarten. Stabsarzt R. bemühte sich, ihn ausfliegen zu lassen. Er bekam schließlich die Erlaubnis.
Auf Umwegen wird Pascal im Januar 1943 in einem Kübelwagen zum letzen Flugplatz gebracht. Dort herrscht Chaos. Verwundete, Kranke, Verzweifelte stehen in Gruppen. Auch Spezialisten für Militärisches, die auf Befehl Hitlers auszufliegen sind, befinden sich darunter. Vor dem Flugzeug stauen sich die Menschen. Es gibt nur einen Eingang. Pascal wird förmlich hineingestopft. Auf dem Boden liegen schon Passagiere. Da beginnt russische Artillerie, den Flugplatz zu beschießen. Der Pilot verkündet, er müsse jetzt starten. An den Tragflächen und irgendwelchen Haltegriffen hängen Soldaten. Es ist eine schauerliche Situation. Der Pilot lässt mit verzweifelter Miene die Maschine wackeln, bis die Menschen vom Flugzeug abfallen.
Am 8. Januar erscheinen vor den deutschen Stellungen

russische Parlamentäre. Sie bieten der Armeeführung ehrenvolle Kapitulationsbedingungen an. Doch die Parlamentäre ziehen ohne Ergebnis ab. Hitler hat jegliche Verhandlungen verboten. Am 24. Januar geben sie der 6. Armee eine zweite Chance. Doch auch diese wird von Hitler zurückgewiesen. Zwei Tage später stürmen sieben sowjetische Armeen die Kesselfront und durchbrechen sie. Am 31. Januar kapituliert Paulus, von Hitler vor Tagen noch zum Generalfeldmarschall befördert.
Die erschöpften, halbverhungerten, verwundeten und kranken Soldaten sind nicht mehr fähig, die Märsche in die Gefangenschaft zu bewältigen. In den Gefangenenlagern um Stalingrad sterben die meisten an Hunger und Seuchen. Von 91 000 Überlebenden der Kämpfe sehen nur 6 000 ihre Heimat wieder.

***

Die Schlacht um Stalingrad hatte die Wende an der Ostfront bewirkt. Die Wehrmachttruppen mussten sich an der gesamten Front immer weiter zurückziehen. Im April 1943 hatte die Rote Armee das gesamte Territorium, das sie seit dem Sommer 1942 verloren hatte, wieder zurückerobert. Die Militärführung der Deutschen versuchte letztmals in einer Großoffensive gegen einen sowjetischen Frontvorsprung, den so genannten Kursker Bogen, die Russen zurückzudrängen und sie so zu schlagen, dass sie ihre Offensiven nicht mehr fortsetzen könnte. Am 5. Juli begann dieser Angriff, vorgetragen mit starken Panzerverbänden. Nach noch nicht einmal zwei Wochen musste der

Versuch wegen starker Abwehr abgebrochen werden.
Pascal lag jetzt in der Universitätsklinik in L. Seine Fleckfiebererkrankung hatte zu Komplikationen geführt. Es kam zu Ödemen und Blutungen. Dazu litt er an Nierenentzündung. So wurde er vom Frontdienst freigestellt. Er wohnte nun im elterlichen Haus. Am 18 Februar hörte er eine Rede von Goebbels aus dem Sportpalast. Plötzlich vernahm er einen Satz: Wollt ihr den totalen Krieg? Und alle Versammelten brüllten ja! Pascal war fassungslos. Auch die Frontberichte sprachen jetzt nicht mehr von Siegen. Es hieß »Schwere Abwehrkämpfe« oder auch »Frontbegradigungen«. .
Am 6. Juni 1944 erfolgte endlich die Landung einer angloamerikanischen Invasionsarmee. Sie eröffnete die zweite Front, die sehr bald zuerst Frankreich befreite und schließlich am 21. Oktober mit Aachen die erste deutsche Großstadt einnahm. Aber überall folgten die deutschen Soldaten weiterhin den Befehlen ihrer Vorgesetzten. Ebenso wenig gab es im Hinterland Widerstand gegen die Fortsetzung des Krieges. Auch der zunehmende Terror durch Luftangriffe änderte nichts am Gehorsam der Bevölkerung gegen ihre Regierung. Die Mehrheit der Deutschen folgte Hitler sehenden Auges in die unausweichliche Katastrophe. Das bewirkte auch die reale Drohung der Machthaber mit der immer häufiger verhängten Todesstrafe gegen Defätisten und Verweigerern. Aber es gab auch eine, wenn auch sehr kleine Zahl von Deutschen, die dem Regime widerstanden, es zu bekämpfen suchten. Kleine, organisierte Gruppen im Untergrund. Vorwiegend von Sozialdemokraten und Kommunisten, bürgerliche Hitlergegner, Pfarrer, und

nicht zuletzt todesmutige Einzelkämpfer. Aber alle wurden blutig von der Gestapo und der Justiz verfolgt. Das Ende des Krieges war nicht mehr weit. Am 30. April beging Hitler in Berlin Selbstmord. Doch noch vergingen Tage mit Kriegstoten, bis Hitlers Nachfolger Dönitz aus Flensburg, wo er sich aufhielt, den Westalliierten die Bereitschaft zur Kapitulation signalisierte. Zunächst unterzeichnete der Generalstabschef der Wehrmacht Jodl in der Nacht vom 7. zum 8. Mai eine Urkunde, nach der am 8. Mai alle Kampfhandlungen eingestellt werden sollten. Am 9. Mai unterzeichnete Generalfeldmarschall Wilhelm Keitel in Berlin-Karlshorst die definitive Urkunde über die Kapitulation. Das Kriegsende begingen Millionen Menschen als Festtag. Aber die Mehrheit der Deutschen empfand diesen Tag als eine Niederlage.

Auf der russischen Halbinsel Krim in Jalta wurde schon im Januar 1945 zwischen Roosevelt, Stalin und Churchill über die Zukunft Deutschlands gemeinsam entschieden. Am 2. August 1945 erfolgte die Konferenz in Potsdam in anderer Zusammensetzung. Für den verstorbenen Präsidenten Roosevelt nahm Harry S. Truman und für Churchill Clement Attlee teil. Neben der Besetzung Deutschlands, seiner Entmilitarisierung, Entnazifizierung etc. wurde auch die deutsche Ostgrenze zu Polen festgelegt, Deutschland in vier Besatzungszone geteilt. Für Berlin nahm man ebenfalls eine Vierteilung vor.

Die Bevölkerung begann mit dem Aufräumen der Kriegstrümmer. Dabei wurden sie in der bald eingerichteten westlichen Bizone von den USA massiv unterstützt. Die Einwohner der sowjetischen Zone mussten dagegen erhebliche Reparationen zahlen, die den Aufbau einer Wirtschaft stark behinderte.

Epilog

Dr. Keller bewohnte ein Einfamilienhaus am Rande der Stadt unweit eines Parks, in dem alte Bäume vorherrschten. Er hatte Pascal eingeladen, ihn zu besuchen, und dafür den 1. September 2015 vorgeschlagen. An diesem Tag saß Pascal schließlich dem Hausherrn in dessen Bibliothek gegenüber. Der Raum, mit einem großen Fenster nach der Parkseite zu, war geräumig, von Sonnenlicht durchflutet An zwei Wänden standen Bücherregale bis zur Decke. Vor dem Fenster drei beigefarbene Ledersessel um einen ovalen Tisch, in dessen Mitte ein Globus stand.
Der Gastgeber holte jetzt aus einem Büfett eine Flasche Hennessy und Gläser. Sie trinken doch mit? fragte er, während er die Gläser mit der duftenden bräunlichen Flüssigkeit füllte. Gern, sagte Pascal. Sie tranken sich zu und schwiegen dann eine Zeitlang, in der sie sich anblickten. Dr. Keller begann schließlich: Sie haben mir ausführlich von Ihren, sagen wir, Träumen, erzählt. – Ja, mein letztes Erlebnis war das Kriegsende. Die Menschen, mit denen ich damals zusammen war, haben sich maßlos über den Frieden gefreut. Auch ich dachte, dass es niemals wieder einen Krieg geben würde, nachdem die faschistische Macht gebrochen war. Statt »Wir kapitulieren nie!« hingen jetzt Plakate, auf denen stand: »Nie wieder Krieg.« Es herrschte ein richtiger Freudentaumel. Fast die ganze Welt hatte sich an der Vernichtung der Hitlermacht beteiligt und

ungeheure Opfer gebracht. Amerikanische und sowjetische Soldaten hatten sich am 25. April 1945 in Torgau an der Elbe brüderlich umarmt.
Dann setzte er hinzu: Ich muss Ihnen sagen, ich habe, was Sie »Träume« nennen, zu keiner Zeit als Traum empfunden. Was vorkam, habe ich als Wirklichkeit erlebt. Die schlimmsten Ereignisse habe ich tatsächlich erlitten. Auch die Liebe. Dr. Keller erwiderte: Darüber würde ich gern später reden. Vorerst möchte ich über Ihre Erinnerungen an das Kriegsende sprechen: Wie Sie wissen, wurden schon am 25. Juni 1945 die Vereinigten Nationen, kurz UNO, gegründet. In der Präambel heißt es:
»Wir, die Völker der vereinten Nationen, sind entschlossen, die kommenden Generationen vor der Geißel des Krieges zu bewahren, die zweimal zu unseren Lebzeiten unsägliches Leid über die Menschheit gebracht hat.«
Das weitere kann jeder nachlesen in der Charta der Vereinten Nationen. Die Frage ist, hat sie eine bessere Chance, den Frieden in der Welt zu sichern, als der ehemalige Völkerbund? Betrachten wir die Lage in der Welt bis heute: Nach den Gründungen der zwei deutschen Staaten entstand eine Teilung der Welt in einen Ostblock und einen Westblock. Beide Lager standen sich feindlich gegenüber. Der so genannte »Kalte Krieg« wurde geführt. Die Wiedervereinigung der beiden deutschen Staaten billigte die Sowjetunion unter Gorbatschow mit der Bedingung, die Grenze der Nato nicht weiter nach Osten zu verschieben. Das wurde vom damaligen Außenminister der USA Baker gegenüber Gorbatschow erklärt. Baker versicherte: »Wenn Ihr, die SU, der Wiedervereinigung Deutschlands keinen

Widerstand entgegensetzt, versprechen wir, die NATO keinen Zoll nach Osten zu erweitern. Deutschland wird Mitglied der Nato, es darf keine Atomwaffen besitzen, und ihr müsst eure Truppen aus der ehemaligen sowjetischen Besatzungszone zurück ziehen«. Es waren immerhin etwa 260 000 Soldaten. Nach einer Bedenkzeit stimmte der sowjetische Präsident zu. Betrachten wir die Karte der Nato heute, er drehte den Globus und wies auf Europa, es sind 26 Staaten in Europa, neben den USA und Kanada, die alle weit mehr als einen Zoll von der Ostgrenze Deutschlands entfernt sind. Und sie umzingeln Russland mehr und mehr. Die NATO war bis 1989 ein Bündnis zur Verteidigung gegen die Staaten des Warschauer Paktes. Nachdem dieser aufgelöst war, hätte man auch die Nato auflösen und eine neues Friedensbündnis für Europa gründen können unter Einbeziehung Russlands. Aber nein, man benutzte sie weiterhin als Schild gegen Russland. Die zahlreichen Vorschläge aus Moskau, eine gemeinsame Friedensordnung in Europa zu schaffen, wurden ignoriert, wie auch das Angebot, ein gemeinsames Raketenabwehrsystem in Europa aufzubauen.
Es folgten Kriege in Jugoslawien, Afghanistan, dem Irak, Israel, Syrien, Libyen sowie in afrikanischen und asiatischen Regionen.
Was waren die Gründe, die zum Kriege führten? Lügen beim Krieg gegen Irak und im Kosovo-Krieg hinterhältige »Verhandlungen« mit der serbischen Delegation in Rambouillet als Vorwand zur Bombardierung Belgrads.
Im Anhang B des Vertrags wurde in den Kapitel 7 und 8 »die freie Bewegung der NATO in ganz Jugoslawien ge-

fordert, inklusive des Luftraumes und der See und ihre Nutzung für Manöver, Training und andere Operationen. Dazu ihre Immunität gegenüber jugoslawischen Behörden«. Diese Bedingungen waren, weiß Gott, unannehmbar. Sie wurden deshalb auch geheim gehalten für die Öffentlichkeit.
Der Anschlag auf das World Trade Center 2001 war der Anlass für den ebenfalls völkerrechtswidrigen Krieg gegen Afghanistan. Gleichviel, wie man zu der Regierung der Taliban steht, es gab keine wirklichen Beweise für ihre Mitwirkung bei dem Anschlag. Für viele Beobachter war es zudem schleierhaft, wieso vier Flugzeuge über Stunden im amerikanischen Luftraum fliegen konnten, ohne dass Abfangjäger, deren Besatzungen bei Alarm innerhalb von fünf Minuten in der Luft sein mussten, diesmal nicht aufgestiegen waren. Die Welt weiß heute, wie es zum Irakkrieg kam, fuhr Keller fort. Präsident Bush behauptete seinerzeit, Saddam Hussein verfüge über Massenvernichtungswaffen, mit denen er die USA und die Welt bedrohe. Zudem habe er Verbindung zu Al-Qaida. Die UNO hatte auf Betreiben der USA gegen den Irak schon lange ein Embargo verhängt, das zu Engpässen in der Versorgung der irakischen Bevölkerung geführt hatte. Insbesondere war die Versorgung der Kleinkinder unterbrochen. Hussein bestritt den Besitz solcher Waffen. Die internationale Atombehörde schickte nun Inspektoren in den Irak, um das Vorhandensein von Atomwaffen zu überprüfen. Hussein erlaubte auch die Kontrolle seiner Paläste. Die Inspektoren fanden keine solchen Waffen. Ich selbst, sagte Dr. Keller, habe im Fernsehen die Reden vom damaligen Au-

ßenminister Colin Powell vor der UNO gehört, in der er behauptet hatte, es gäbe sichere Beweise für die Existenz solcher Waffen. Und zeitgleich hörte ich Blair verkünden, der Irak habe Waffen, um in kürzester Zeit Europa anzugreifen. Kurz, das alles waren Lügen, Vorwände, um den Irak militärisch anzugreifen. Ohne ein Mandat der UNO. Das Ergebnis ist bekannt. Heute herrscht im Irak das Chaos. Übrigens kann man in einer »Spiegel online«-Ausgabe unter der Überschrift »Der Krieg, der aus dem Think Tank kam« folgendes lesen: »In aller Öffentlichkeit schmiedeten ultrarechte US-Denkfabriken schon 1998 Pläne für eine Ära amerikanischer Weltherrschaft, für die Entmachtung der UNO und den Angriffskrieg gegen den Irak. Inzwischen geben die Falken in der Bush-Regierung den Ton an.« Zudem schreibt die Leipziger Volkszeitung am 4. April 2010: »Die USA ... haben eines ihrer wichtigsten Kriegsziele faktisch erreicht: Die Kontrolle über die irakischen Ölreserven und Traumrendite der Ölmultis.«

Was mich erschüttert, ist, dass der Angriffskrieg der USA nicht verurteilt wurde. Auch die zahlreichen Kriegsverbrechen der Aggressoren wurden nicht geahndet. Im Gegenteil, zahlreich war die Allianz »der Willigen«, die sich mit Truppen an der Aggression beteiligten. Heute leben wir in der Ukrainekrise. Sie entstand, nachdem der Präsident der Ukraine Wiktor Janukowytsch das geplante Assoziationsabkommen mit der EU nicht unterzeichnet hatte. Danach kam es auf dem Maidan in Kiew zu Protestkundgebungen, die sich rasch ausweiteten. Sehr bald kamen westliche Politiker den Rebellen zu Hilfe. Neben Lech Walesa, der da-

malige Außenminister Deutschlands Westerwelle bis hin zu Joe Biden, Vizepräsident der USA, sowie dem republikanischen Senator McCain. Sie ließen sich filmen und ergriffen in dem innerukrainischen Machtkampf eindeutig Partei. Oder besser, sie trugen dazu bei, die Protestaktion zu einem Machtkampf zu machen. Am 21. Februar trafen die Außenminister Deutschlands Steinmeier, Frankreichs Fabius und Polens Sikorski bei Janukowytsch ein. Sie erreichten, dass er einer vorzeitigen Präsidentenwahl Ende 2014 zustimmte. Das aber wollten die Drahtzieher der Maidanrevolte in keinem Fall. Sie wollten nicht bis Jahresende warten, zudem war der Ausgang der Wahl zu ihren Gunsten nicht sicher. So führten sie einen Staatsstreich durch. Man weiß, wie Vizepräsident Joe Biden einmal zugab, dass Jazenjuk in jenen Tagen in stündlichen Telefonkontakt mit dem Kiewer US-Botschafter Geoffrey Pyatt stand. Schon am Nachmittag des 21. Februars eroberten Stoßtrupps von militanten Maidan-Anhängern das Regierungsviertel. Janukowytsch war geflohen und ein neues Parlament installiert.
Die Sonnenhelle in der Bibliothek verlor sich mit einem Mal. Es sieht nach einem Gewitter aus, sagte Pascal. Dr. Keller blickte nach draußen, sagte dann: Wahrscheinlich, aber wir sitzen ja im Trockenen. Und Pascal: Das kann man symbolisch deuten. Sein Gegenüber äußerte etwas irritiert, das alles habe ich im Fernsehen verfolgen können. Dieser Tage habe ich im Internet ein Interview gesehen und gehört, das ein ehemaliger Geheimdienstmitarbeiter gegeben hat. Der Mann heißt Ray McGovern Er war über 27 Jahre unter sieben US-Präsidenten verantwortlich für

die tägliche Berichterstattung an den Präsidenten. Bei seiner Pensionierung zeichnete ihn Präsident Bush mit der Intelligence Commendation Medal aus. Im März gab McGovern die Medaille zurück aus Protest gegen die Mitwirkung von CIA-Mitarbeitern an Folterungen im Irak. 2003 gründete er zusammen mit anderen ehemaligen CIA-Mitarbeitern die Veteran Intelligence Professionals for Sanity. Unter der Überschrift: »Die wahren Schuldigen am Ukraine-Krieg« sagte er in dem Interview am 21. September 2014 folgendes: »Unser Beruf wurde korrumpiert, um einen Aggressionskrieg zu rechtfertigen. Viele der Leute, die damals zu diesem Krieg aufwiegelten, sind heute noch da. Ich meine nicht nur die in der Regierung, sonder noch schlimmere Typen in den Medien. Jetzt behauptet die US-Regierung, sie hätte Beweise für eine russische Invasion in der Ukraine. Das sind Bilder, die unscharf genug, keine Beweise sind.« – Welche Ziele verfolgt die US-Regierung mit der Erfindung solcher »Beweise?« Welche Rolle spielen die USA in der Ukrainekrise? fragte der Interviewer. »Ende Januar 2014 telefonierte die für Europa zuständige Staatssekretärin im US-Außenministerium mit dem amerikanischen Botschafter in Kiew. Unter anderem sagte sie, dass Arsenij Jazenjuk unser Mann ist. So wurde der von den USA für den Putsch ausgewählte Mann zum Ministerpräsidenten gemacht. Dazu bekamen die Profaschisten vier Ministerien. Also, es war ein vom Westen gesponserter Putsch. Daran besteht kein Zweifel. Dann wurde bekannt, dass nach Aussagen von Ärzten in den Kliniken Kiews die gleichen Geschosse aus denselben Waffen nicht nur Polizisten, sondern auch Demonstranten getroffen hat-

ten. Es waren also die selben Scharfschützen am Werke gewesen. Wer einem verfassungsmäßig gewählten Präsidenten Korruption vorwirft, lässt ihn in einer Demokratie durch eine Wahl ablösen, nicht durch einen Putsch, um damit Leute an die Macht zu bringen, von denen bekannt ist, dass sie von den USA gesponsert sind.
Warum erfährt man in den Medien fast nichts über den Rechtsblock in der Ukraine? Obwohl bekannt ist, dass sie auf ihren Territorien die Hakenkreuzflagge hissen? Aber das sind Probleme, die nicht nur die Ukraine hat, auch andere Länder wie Frankreich und weitere. Jedenfalls, es war ein Putsch in einem Lande, das die integralen Interessen Russlands und seine nationale Sicherheit bedroht. Erst nach dem Putsch hat Russland den Beitritt der Ukraine in die russische Föderation in Gang gesetzt. – Wobei 86 Prozent der Bevölkerung der Krim für den Beitritt zu Russland stimmten, fügte Pascal hinzu. Die Krim hat über 300 Jahre zu Russland gehört. Als sie von Chruschtschow ohne die Bevölkerung zu fragen seinerzeit der Ukraine »geschenkt« wurde, hat das keinen Protest ausgelöst. Dr. Keller erwiderte, da hat noch keiner nachgefragt. Aber unsere Gläser sind leer. Damit griff er nach der Flasche und goss sie wieder voll. Auf den Frieden, sagte er, und sie tranken einen Schluck. Dann fuhr er fort: Und wie war es damals in Libyen? Auf Betreiben der USA und anderer NATO-Länder wurde über das Land eine Flugverbotszone für die libysche Luftwaffe verhängt. Russland stimmte sogar zu. Der Erfolg war, dass allein NATO-Flugzeuge die Rebellen massiv unterstützten und auf diese Weise Gaddafi besiegt wurde. Heute ist Libyen ein instabiles Land. Nicht zuletzt

verhindert Israel mit seiner aggressiven Siedungspolitik den Frieden im nahen Osten. Dass die Hamas wirkungslose Raketenangriffe gegen Israel unternimmt, kann keiner verstehen, wie auch nicht die grausamen israelischen Gegenangriffe auf den Gazastreifen.
Dr. Keller lehnte sich jetzt in seinem Sessel zurück und meinte: Man kann also nicht sagen, die UNO habe den Frieden für die Welt erreicht, so wenig wie der ehemalige Völkerbund. Im Übrigen hat Frau Krone-Schmalz in ihrer Laudatio für die Preisträger des Aachener Friedenspreises 2014 auch gesagt: »Ob Irak oder Ukraine – falsche politische Entscheidungen des Westens, der mit Siegermiene durch die Welt trampelt, sind für einen großen Teil der Probleme verantwortlich, die uns jetzt um die Ohren fliegen.«

Jetzt schlugen Regengüsse gegen das Fenster; es wurde dunkel im Raum. Die beiden Männer schwiegen lange. Dann sagte der Hausherr zögernd: Nun zu Ihren »Träumen« oder der »Wiedergeburt«. Wenn wir sie für möglich halten, ist es kaum erklärlich, dass Sie in so kurzen Zeiträumen diese verschiedenen Leben erfahren konnten. Auch Sie haben sich kaum verändert, seit ich Sie bei jener Stadtführung zum ersten Male gesehen habe. Ich habe mich ein wenig mit der Materie befasst und möchte Ihnen einige Fakten vortragen.
Die Vorstellung eines neuen Lebens nach dem Tod ist in vielen Religionen und Kulturen verbreitet. Vor allem im Hinduismus und Buddhismus. In neuerer Zeit ist besonders in Deutschland die Lehre von Rudolf Steiner bekannt geworden. Er sagt: »In der Mitte zwischen Leib und Geist

lebt die Seele« und »meine Arbeit an mir (kann) nicht bei meiner Geburt begonnen haben. Ich muss als geistiger Mensch vor meiner Geburt vorhanden gewesen sein. Der Leib unterliegt den Gesetzen der Vererbung, die Seele dem selbst geschaffenem Schicksal, dem Karma. Und der Geist steht unter dem Gesetz der Wiederverkörperung, der wiederholten Erdenleben.« Und weiter: Das »Ich« sucht sich schließlich ein Elternpaar aus und inkarniert sich, bleibt aber ohne Erinnerung an sein früheres Erdenleben. Zwischen den Inkarnationen können, so meint er, Jahrhunderte liegen. Er nennt eine »Individualität«, die im alten Rom inkarniert war und den Märtyrertod erlitt, im 11. Jahrhundert als Frau wiedergeboren wurde. Dann kam sie wieder im 18. Jahrhundert und wurde als der deutsche Dichter Friedrich Schiller geboren.

Pascal fragte: Und das glaubt er wirklich? Als Antwort entgegnete Keller: Was meinen Sie, wie viele Menschen in unserem Kulturkreis an Wiedergeburt glauben? – Ich weiß nicht. – Statistische Untersuchungen weisen für 1990 folgendes aus: In Europa 23 Prozent, in den USA 26 und in Kanada 31. Den höchsten Anteil von ganz Europa hat übrigens Litauen mit 44 Prozent, die niedrigste Zahl weist Ostdeutschland mit 12 Prozent auf. Aber auch eine andere Quelle habe ich entdeckt: Bei meinen Studien über Carl Gustav Carus traf ich auf ein Buch aus dem »Verlag Freies Geistesleben«, erschienen 1986. Darin wird über Carus » Leben – seine Anschauung von der Erde« berichtet. Auf Seite 65 werden »Schicksalsuntergründe und Reinkarnationsgedanke« beschrieben. Dort wird Carus zitiert: »Es ist ferner deutlich, dass das, was die Sagen der Völker als

'Auferstehung zu neuem Leben' nach dem Tode bezeichneten, sonach ganz unleugbar nur die symbolische Darstellung ist der neuen Offenbarung einer Idee in irgendeinem neuen Leben 'nach wiedererstandenem Fleisch' – als Physis – und nach wiedererwachtem Geist – als Psyche – und zwar immer hervorgehend aus dem Zustande reinen An-sich-seins ...« .
Nun wird von einem Seelenerlebnis berichtet, das Carus am 20. Juni 1833, von einer Reise aus Böhmen kommend, bei der Rückkehr nach Dresden hat. Dieses Erlebnis wird jetzt zitiert. Es wiederzugeben, dauert zu lange. Interessant sind die Folgerungen, die Karl Boegner daraus zieht: Das von Carus beschriebene 'Erleuchtungserlebnis' sieht er als spontane Rückerinnerung, als eine wieder ins Bewusstsein gekommene Natur-Einweihung aus einer früheren Inkarnation.
Sie können also sehen, dass auch moderne Autoren an eine Wiedergeburt glauben. Aber Wiedergeburt hin und her: Der Mensch wird sich in seiner Gegenwart, die seine Vergangenheit enthält, in seine Zukunft entwickeln. Ebenso die Menschheit. Was eignet der Menschheit? Zwei Erscheinungen hat sie hervorgebracht und wird sie weiter hervorbringen. Die eine heißt Kunst und Wissenschaft, die andere Krieg und Zerstörung. Diese beiden »Eigenschaften« bilden den Inhalt der Weltgeschichte. Die jeweils erlernten Fähigkeiten und Fertigkeiten wurden von Generation zu Generation weitergegeben. Aus den Höhlenmenschen entwickelte sich der »moderne« Mensch, der in Hochhäusern lebt, und aus den Höhlenmalereien die heutige Kunst.

Was aber nicht weitergegeben wurde, nicht weitergegeben kann, sind die Erfahrungen: Gefühle, die menschliche Handlungen begleiten. Nur die jeweils Betroffenen haben den Schmerz erfahren, das Leid, die Verzweiflung, den Hunger, den Durst, Trostlosigkeit, aber auch das Mitleid, Freude und Lustgefühle. Die Unerfahrenen aber sind außerstande, das ihnen von den Erfahrenen Geschilderte nachzuerleben. Aus diesem Grunde haben sie nur Zugang zu erzählter, gelesener Historie, nicht zu deren Wirklichkeit. Und damit auch nicht zur Wirklichkeit des Krieges. Die jeweils Nachgeborenen ziehen deshalb auch keine Lehren aus den beiden verlorenen Kriegen. Immer wieder gibt es Menschen, die bereit sind, in Kriege zu ziehen. ‚Wiedergeboren werden' müsste also die Wirklichkeit des Krieges. Das geht auch, indem diese Wirklichkeit erinnert wird.

Lieber Pascal, Sie sind in diesem Sinne so ein »Wiedergeborener«, der sich erinnert, so lebendig, als hätten Sie die Kriege wirklich erlebt. Erstaunlich und für mich jedenfalls nicht einfühlbar ist die Tatsache, dass die Behauptungen, ja Drohungen der Kriegsherren, »das Volk« werde durch den Feind bei einer Niederlage zu Sklaven werden, niemals eingetroffen ist. Sowenig wie die Niederlage im ersten Weltkrieg das deutsche Volk hat untergehen lassen. »Gnade uns Gott, wenn die jüdisch-bolschewistische Flut über uns hereinbricht«, lautete die Botschaft Hitlers. Doch heute ist Deutschland eines der reichsten Länder geworden. Das »Volk« aber hat diese Wahrheit verdrängt oder vergessen. Es wird sich wahrscheinlich wieder manipulieren lassen, wenn die Mächtigen einen neuen, alten Kriegs-

grund verkünden und »zu den Waffen« rufen. Die logische Folge wäre, zu erkennen, dass alle Opfer, die Kriege gekostet haben, umsonst gewesen sind. Aber Menschen, die einen nahen Verwandten verloren haben oder auch Kriegsversehrte wehren sich gegen diese Erkenntnis. Sie alle brauchen für den Verlust ihrer Lieben oder Gliedmaßen eine Rechfertigung, einen Grund. Und den lieferte das amtliche Schreiben, das sie seinerzeit bekommen hatten. »Für Führer, Volk und Vaterland« oder »für Kaiser und Reich« haben Ehemänner, Söhne, Brüder, Väter ihr Leben hingegeben. Diese Botschaft bleibt wohl in ihrem Unterbewusstsein erhalten. Und deshalb gibt es in zahlreichen Orten und Städten Kriegerdenkmale statt Mahnmale gegen den Krieg.
Aber die Kriegsveteranen müssten doch Kriegsgegner geworden sein, versetzte Pascal. – Einige sind es auch geworden, so Dr. Keller, aber viele preisen ihr Soldatensein. Als Besatzer hatten sie ein gutes Leben. Sie haben ihre vaterländische Pflicht erfüllt, loben ihre Tapferkeit vor dem Feind, haben kein Unrechtsbewusstsein, Teilnehmer eines Angriffs- und Vernichtungskrieges gewesen zu sein. Dr. Kellers Stimme war lauter geworden, aggressiver. Jetzt schwieg er abrupt. In die entstandene Stille hinein stellte Pascal die Frage: Halten Sie eine Wiedergeburt für möglich? Der Befragte antwortete nicht gleich. Dann sagte er: Es ist dunkel geworden, ich will Licht machen. Er knipste die neben den Sesseln befindliche Stehlampe an. Dann hielt er die Cognac-Flasche hoch, sagte: Da ist noch einiges drin, und goss die leer getrunkenen Gläser wieder voll. Er räusperte sich und sagte. Mir ist Ihr Erinnerungsvermö-

gen rätselhaft. Wahrscheinlich haben Sie ein phänomenales Gedächtnis. An eine Seelenwanderung kann ich nicht glauben. Obwohl alle Religionen ein Paradies kennen, in das der Verstorbene eingehen wird, wenn er Prüfungen bestanden hat.
Der Hausherr stand jetzt auf, fasste die Hand Pascals und sagte feierlich: Das Wichtigste für uns Menschen ist wohl, zu einem eigenen Urteil über die Weltläufe zu gelangen. Dann umarmte er seinen Gast.
Pascal hatte das Haus verlassen. Die Straße, die er nun betrat, war noch nass vom Gewitterregen. Am Himmel eilten Wolkenfetzen an einem Vollmond vorbei, der sein bleiches Licht über sie ergoss. Das Gespräch mit Dr. Keller ging ihm durch den Kopf. Er blieb stehen und betrachtete den Himmel mit seinen geisterhaften Wolkenbildern. Der Mond, dachte er, seit Urzeiten umkreiste er die Erde und er wird es bis in alle Ewigkeit weiter tun. Und plötzlich kam ihm ein Artikel in den Sinn, den er neulich gelesen hatte: »Das Ende des Raumschiffes Erde«. Darin wird unter anderem wiedergegeben, was der deutsche Astrophysiker Albrecht Unsöld 1967 prophezeit hatte. »In 3,5 Milliarden Jahren wird die Sonne bereits 40% heller scheinen als heute. Dann wird sie die Erdoberfläche über den Siedepunkt des Wassers erhitzen. Organisches Leben ist dann unmöglich.«
Eine solche Zeitspanne fasst unser Vorstellungsvermögen nicht, dachte Pascal.
Er ging weiter. Die Menschen werden ihre Welt als ewig existierende empfinden. Sie werden ihren Lebenszyklus als ihr Zeitmaß betrachten und ihre Ziele wohl kaum in

der Verbesserung der Lebenssituation aller Menschen sehen. Und nur sehr wenige werden sich weiterhin für einen Weltfrieden einsetzen!